自动驾驶规划控制技术与最优化方法

AUTONOMOUS DRIVING PLANNING AND CONTROL TECHNOLOGY & OPTIMIZATION METHODS

李德仁　王燕舞　颜伏伍　卢　放　周浩洋 ● 顾问
王　猛　苏晓聪　陈珏璇　崔　鹏　吴　鑫 ● 著

長江出版傳媒　湖北科学技术出版社

图书在版编目（CIP）数据

自动驾驶规划控制技术与最优化方法 / 王猛等著 .
武汉 ：湖北科学技术出版社， 2025. 4. -- ISBN 978-7
-5706-4108-6

Ⅰ . U463.61

中国国家版本馆 CIP 数据核字第 2025L33A87 号

出 品 人：邓　涛　　责任校对：陈横宇
策划编辑：张波军　　封面设计：曾雅明
责任编辑：张波军　　责任印制：胡　博

出版发行：湖北科学技术出版社
地　　址：武汉市雄楚大街 268 号（湖北出版文化城 B 座 13—14 层）
电　　话：027-87679468　　邮　　编：430070

印　　刷：湖北新华印务有限公司　　邮　　编：430035

---

710 毫米 ×1000 毫米　1/16　14.5 印张　260 千字
2025 年 4 月第 1 版　　2025 年 4 月第 1 次印刷
定　　价：88.00 元

（本书如有印装问题，可找本社市场部更换）

主要作者介绍

王猛，博士，高级工程师，华中科技大学、武汉光庭信息技术股份有限公司博士后，武汉光昱明晟智能科技有限公司技术总监，岚图汽车科技有限公司外聘技术专家，长江工程职业技术学院青年科研人才。研究方向为自动驾驶、智能机器人。主持和参与9项省级、市级科研项目，发表国内外学术论文16篇，授权发明专利11项，曾获湖北省技术发明奖二等奖，荣获武汉市“3551光谷人才计划”优秀青年人才称号。

苏晓聪，博士就读于日本名古屋大学，武汉光庭信息技术股份有限公司创始团队成员，武汉光昱明晟智能科技有限公司总经理，武汉市人工智能专家库专家，武汉市汽车行业协会理事。自2013年起带领团队耕耘智能驾驶领域，主持和参与了10余项国家及省市区智能网联汽车相关课题攻关，牵头打造了“光谷梦”智能网联汽车创新平台，曾获湖北省科技进步奖二等奖、中国汽车工程学会科技进步二等奖，荣获武汉市优秀民营企业家等称号。

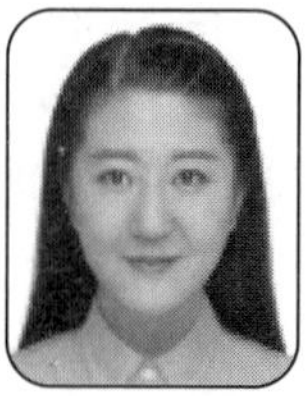

陈珏璇，女，硕博就读于新加坡国立大学，新加坡国立大学博士研究生全额奖学金获得者，武汉光昱明晟智能科技有限公司副总经理，IEEE会员、中国汽车工程学会会员，岚图汽车科技有限公司特聘外部技术专家。发表学术论文10余篇，参与制定行业标准和团体标准4项，获得湖北省科技进步奖二等奖、中国汽车工程学会科技进步二等奖等荣誉，入选湖北省“楚天英才计划”创新型企业家。

序言1

汽车从遥控驾驶发展到电动化和自动化，进而朝着智能化和网联化的发展方向演进。2014年至今，由于人工智能技术的快速发展，汽车电子电气架构的演变以及“软件定义汽车”理念的兴起，新型感知与控制传感器不断涌现，器件成本大幅快速降低，无人自动驾驶正历经第三次浪潮，L3、L4等级的自动驾驶已开展商业化应用。

导航定位、融合感知、决策、规划与控制都是自动驾驶的核心技术。目前，我国北斗卫星导航系统完成组网，高精度卫星定位技术逐步自主可控，环境感知传感器等国产核心关键器件也正在逐步实现国产化替代，将这些定位感知传感器信息作为辅助驾驶和自动驾驶的输入源之一，与车辆控制局域网总线提供的多源传感器信息融合，共同服务自动驾驶车辆决策和规划控制。规划控制技术负责根据环境模型对车辆的行驶路线进行规划，并根据规划结果生成可执行的控制信号，由车辆执行后可按照规划结果安全行驶。规划控制的结果直接影响车辆的行驶质量，体现着自动驾驶车辆的智能程度，在自动驾驶系统中至关重要。

在国内，专注于自动驾驶规划控制的书籍比较少。本书系统地介绍了自动驾驶规划控制技术的基本原理、方法和实践应用，以深入浅出的方式将复杂的理论和技术呈现给读者，使得读者能够更加清晰地理解自动驾驶技术的内涵和精髓。书中还详细阐述了最优化方法在自动驾驶中的应用，为读者展示了如何通过数学优化手段解决自动驾驶系统中的关键问题。

本书作者为自动驾驶一线的研发人员、技术团队负责人及行业专家，书中凝聚了他们的知识经验和实践总结,具有较高的理论意义和实践价值,是我国自动驾驶事业上的宝贵知识财富,能够为后来的研究者和实践者提供重要的参考和借鉴。希望本书能够为自动驾驶领域的学者们所用!

中国科学院院士、中国工程院院士　李德仁

序言2

自动驾驶汽车是具备环境感知能力、可自动决策与行驶的轮式运输工具，是众多功能技术的交叉融合，涉及传感器技术、信号处理、模式识别、计算机技术、自动控制等多个学科。目前，自动驾驶核心功能技术的主流分类为感知技术、规划技术和控制技术。将自动驾驶汽车类比成人，则感知技术相当于人的眼睛，规划技术相当于人的大脑，而控制技术相当于人的四肢。规划控制技术直接影响车辆的行驶质量，体现着自动驾驶车辆的智慧水平，对于自动驾驶技术的实现十分重要。

本书是对自动驾驶规划控制这一问题深入研究的结晶，作者以独特的视角和深入浅出的方式，为我们揭示了自动驾驶技术的核心奥秘。本书详细介绍了基于优化方法的路径规划、基于最优控制的轨迹跟踪控制，以及基于智能优化方法的轨迹规划与控制。这些内容不仅涵盖了自动驾驶技术的关键要素，还通过丰富的实例和案例分析，使读者能够更好地理解和应用。值得一提的是，本书还对最优化基本理论和智能优化基本理论进行了深入探讨。这为读者提供了一个全面的视角，使读者能够看到自动驾驶技术与其他领域的联系，并进一步挖掘其深层次的科学原理。本书不仅涵盖了自动驾驶的核心技术，更从最优化理论的视角为读者揭示了其深层次的科学原理。

总之，《自动驾驶规划控制技术与最优化方法》是一本理论与实践相结合、内容丰富的佳作，非常适于从事自动驾驶工作的技术人员和高校学生阅读，可以帮助他们从更深层次理解自动驾驶规划控制技术的理论依据。本书还系统地描述了最优化和智能优化的基本理论，利用这些基本理论原理可以解决与规划控制类似的问题，对其他相关领域的学者、技术人员来说同样值得参考。

华中科技大学人工智能与自动化学院教授、博导　王燕舞

序言3

汽车产业是我国国民经济的战略性、支柱性产业。21世纪以来，我国汽车产业快速发展，产业规模稳居世界首位。随着汽车普及程度不断提高，我国已快速进入汽车社会。当前，新一轮科技革命和产业变革蓬勃兴起，智能汽车已成为汽车产业发展的战略方向。

智能汽车是汽车产业与人工智能、高性能计算、大数据、物联网等新一代信息技术以及交通出行、城市管理等多领域深度融合的产物，对降低交通拥堵、事故率，助力城市构建安全、高效的未来出行结构，以及对汽车产业变革、城市交通规划具有深远的影响。随着智能环境感知、多传感器融合、智能决策、控制与执行系统、高精度地图与定位等核心技术的快速发展与成熟，自动驾驶汽车已经从实验室走向公开道路实地测试及商业化示范的阶段。

自动驾驶规划与控制技术作为智能汽车关键共性技术，研究智能汽车最优全局路径规划方法和车辆轨迹跟踪系统与控制方法，实现智能车辆在全局参考轨迹和环境感知信息引导下的自动重规划与高精度轨迹跟踪。本书的作者长期从事自动驾驶研发工作，在规划控制技术方面积累了丰富的实践经验，从揭示规划控制系统蕴含的基本数学原理开始，为读者展示了经典的最优化理论所涉及的数学原理和物理意义，然后利用经典理论解决自动驾驶中的实际问题，进一步阐述了最优化方法在自动驾驶的轨迹规划、轨迹跟踪控制中的应用，最后提出创新的解决方案，将人工智能、进化论等智能优化手段引入自动驾驶规划控制问题，全文内容翔实、层次清晰，具有较高的学术价值。

本书凝聚了自动驾驶一线研发人员的智慧，无论是对自动驾驶技术感兴趣的初学者，还是在这一领域深耕多年的专家，都能从中获得宝贵的启示和收获。我热切地希望这本书能够激发更多人的兴趣和智慧，共同推动自动驾驶技术的进步！

武汉理工大学汽车工程学院院长　颜伏伍

序言4

过去10年是中国汽车工业高速发展的10年，汽车产销量迅猛增长，产业链条迸发出巨大的发展潜能。中国的新能源汽车已成为世界汽车的重要一极，引领着世界汽车发展的潮流。目前，汽车从单纯的交通工具向智能终端和第三生活空间演进的趋势愈发明显。消费者的关注点也产生变化，对汽车的智能化和网联化需求越来越高，智能化和网联化成为刚需趋势。

麦肯锡预计，中国未来很可能成为全球最大的自动驾驶市场，至2030年，自动驾驶相关的新车销售及出行服务创收将超过5000亿美元。在这场技术变革中，掌握技术创新的企业才能获得更强的话语权和主动权，只有将自动驾驶关键技术实现自主可控，才能进一步巩固我国来之不易的汽车大国局面，这也是当代汽车人的职责和使命。

在科技日新月异的今天，自动驾驶技术作为前沿领域，已经引起了广泛的关注。《自动驾驶规划控制技术与最优化方法》是自动驾驶领域的一本专业的务实之作。该书作者均是自动驾驶领域高级技术人才，参与了大量的自动驾驶项目研发与实践活动，取得了显著的成绩，推动了自动驾驶事业的发展；同时，他们参与了许多自动驾驶关键技术攻关项目，并总结了自动驾驶实践过程中的实际问题，积累了丰富的技术研发经验。将这些一线研发人员的经验进行总结，分享给本领域更多的技术人员，实属难得。

该书重点阐述了自动驾驶规划控制问题的解决方案及其理论依据，对本领域的技术人员具有非常高的参考价值，可以帮助他们应对企业在自动驾驶技术研发中遇到问题,也可以作为即将进入自动驾驶行业的工程师们的入门书。在此,我希望更多的研发人员通过学习和分享,促进自动驾驶行业人才的共同进步,提高民族车企的竞争力,推动我国自动驾驶事业进步,助力我国汽车产业发展。

岚图汽车科技有限公司 CEO　卢放

序言5

自动驾驶技术作为现代交通科技的前沿技术，正在以前所未有的速度推动着交通运输业的变革。在这场变革中，自动驾驶规划控制技术是实现车辆自主行驶的核心。它负责根据环境感知数据和目标规划最佳路径，并实时调整车辆动作以确保安全、高效地到达目的地。这项技术对于提高交通安全、减少交通拥堵、节约能源等具有重要作用，是实现自动驾驶的关键。《自动驾驶规划控制技术与最优化方法》正是对这一核心领域的深入探索和全面解析。

本书涵盖了自动驾驶规划控制技术的多个方面，从基础概念到前沿技术，从理论方法到实际应用，既有对已有成果的总结，也有对未来发展的展望。在撰写过程中，作者团队注重理论与实践相结合，力求为读者提供一本既有深度又有广度的参考书。

本书的一大特色是对最优化方法在自动驾驶规划控制中的应用进行了全面且深入的剖析。最优化方法是解决自动驾驶规划控制问题的关键，本书通过详细的数学推导和案例分析，展示了如何运用最优化方法解决轨迹规划、轨迹跟踪等核心问题。这对于读者深入理解自动驾驶技术的内在逻辑和工作原理具有重要意义。此外，本书关注了智能优化方法在自动驾驶规划控制中的应用。随着人工智能技术的快速发展，智能优化方法已经成为自动驾驶领域的研究热点。本书对神经网络、遗传算法等智能优化方法进行了介绍，并展示了它们在自动驾驶规划控制中的实际应用。这有助于读者把握自动驾驶技术的发展趋势和未来方向。值得一提的是，本书的作者团队在自动驾驶领域具有丰富的实践经验和深厚的学术背景。他们在书中不仅分享了自己的研究成果和实践经验，还借鉴了前人在本领域的一些成果，使本书的内容更加全面、深入和实用。

我深知科技创新是推动企业发展和行业进步的核心动力。本书所介绍的自动驾驶规划控制技术正是我们不断探索和创新的方向之一。希望本书的出版能够进一步推动自动驾驶技术的发展和应用，为人们的出行带来更加便捷、安全和高效的体验。让我们共同期待自动驾驶技术的美好未来！

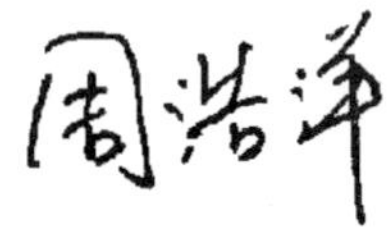

日立汽车系统(中国)公司 AD/ADAS 事业部总经理　周浩洋

寄　言

记得是2014年元旦后的一天晚上，武汉大学和武汉理工大学的几位教师来到光庭公司，与光庭公司讨论如何在武汉开展自动驾驶的研究和合作。在这之前，光庭公司的苏晓聪已经和国外的汽车厂商开展了一些基础研究，如基于个人驾驶行为数据的自主导航路径规划、基于驾驶者生理特征事实监控数据的安全驾驶等。武汉大学也多次参加国内的智能车挑战比赛，积累了丰富的整车控制经验。我们一拍即合，决定在2014年北京车展上集成各方已有成果，展出自动驾驶概念车。

自北京车展上展出自动驾驶概念车至今已有10年，汽车工业开启了百年一遇的大变革。汽车的智能化和电动化在中国得到消费者的热情拥抱，产业化走在了世界汽车工业的前列。

开弓没有回头箭，光庭公司10多年来紧紧跟随自动驾驶发展的步伐，积极与上下游生态伙伴合作，做了许多开创性的工作。2016年，光庭公司投放10台比亚迪e5电动汽车，在武汉东湖新技术开发区开设辅助自动驾驶的体验专线，开Robotaxi之先河。与此同时，光庭公司和东风商业车携手，分别在港口、矿山、园区、干线物流、环保等多个场景开展L2、L2＋和L4自动驾驶研究，取得了一系列业内领先的成果。

王猛博士和苏晓聪等撰写的《自动驾驶规划技术和最优化方法》一书，汇集了光庭公司10多年来在自动驾驶领域的研究和开发成果。王猛博士理论功底深厚，潜心于研究，在光庭公司的博士后工作站工作期间，与苏晓聪领导的团队精诚合作，不但解决了一个又一个理论和技术难题，而且奉献给业内这部理论结合实践、来自一线研发现场的关于自动驾驶核心技术问题的专著。

对高等院校的师生以及从事自动驾驶研究的技术人员来说，本书是一部非常有帮助的参考书，通过它可以很快理解自动驾驶的核心技术和关键模型及其算法。

武汉光庭信息技术股份有限公司董事长　朱敦尧

前　　言

随着自动驾驶技术研究的深入，涌现出了许多经典理论方法的应用创新，形成了许多学术成果和实践经验，并以各种形式分享给本领域的研究者和开发人员。通过这些宝贵的知识资源，工程师们可以提升自己的知识水平能力，继续投身到自动驾驶的探索实践中。

目前，市面上有关自动驾驶的技术资料类型丰富，但是聚焦于规划控制技术的著作不多，而其中大多文献资料专注于技术难点攻克、技术方法详解、技术方法应用等方面，缺乏成体系的介绍。对于有一定经验的自动驾驶工程师而言，能够运用熟练的编码能力，解决某个或几个自动驾驶规划控制问题，但是对于方法背后蕴含的丰富的数学基础缺乏整体的认识。一本好的技术书，应该包含数学基础、方法体系、应用实现等各个方面的剖析，从最表面的自动驾驶功能开发和算法应用，到揭示深层次的数学基础和方法关联体系，包含由浅入深的过程。在本书的撰写过程中，我们感受到工程师们往往关注于运用经典理论方法解决自动驾驶的实际工程问题，而忽视了方法理论的钻研和方法理论的数学基础以及它们之间的关联，或许我们写作的这本书能够帮助工程师们，在解决零碎工程实践问题的同时，提高他们对方法理论的认识，从一名软件工程师演进为一名合格的自动驾驶规划控制工程师。

自动驾驶规划与控制最核心的任务是规划最优的行驶轨迹和计算最优的控制量，即轨迹规划和轨迹跟踪。轨迹规划问题和轨迹跟踪问题都可以转化为最优化问题，在解决方法上有非常高的相似度，都可以基于最优化方法理论解决。

关于最优化方法理论，数学界的研究成果已经相当成熟，形成了一套完备的最优化方法理论体系，并运用这些理论方法解决了人类社会工业活动中的一些通用问题。基于这些成熟的理论，结合自动驾驶规划控制实际问题，形成了本书撰写的思路。本书以最优化方法解决自动驾驶规控问题为主线，从经典的最优化方法数学基础开始，阐述了自动驾驶规划控制中涉及的最优化方法基本理论，然后运用这些经典理论，逐个解决自动驾驶规划控制中的具体问题，最后提出运用当前热门的智能优化方法解决规控问题的思路。

本书共分为6个章节。第1章，自动驾驶规划与控制技术概况，主要对当前自动驾驶概况、关键技术以及规划控制方法进行了概要阐述。第2章，最优化方法基础理论，主要介绍了与自动驾驶规控密切相关的最优化方法基础理论，包括无约束最优化方法、带约束的优化方法、最小二乘法、动态规划等。这些基础理论是后续章节中解决具体的自动驾驶规划控制问题的数学基础。第3章，自动驾驶轨迹平滑方法，主要介绍最小二乘法在自动驾驶轨迹平滑中的应用。第4章，自动驾驶轨迹规划方法，主要介绍路径规划方法和速度规划方法，采用了最优化方法基础理论中的无约束优化方法、动态规划方法。第5章，自动驾驶轨迹跟踪控制方法，主要介绍了路径跟踪控制和速度跟踪控制方法，均采用了最优化方法基础理论中的带约束的优化方法。第6章，基于智能优化的规划控制方法，主要介绍了智能优化的基本方法，包括神经网络和遗传算法，给出了智能优化方法解决自动驾驶规划控制问题的具体过程。

本书的撰写得到了武汉光庭信息技术股份有限公司和武汉光昱明晟智能科技有限公司的大力支持，汇聚了光庭集团许多一线工程师的智慧和经验总结，同时借鉴了前人在本领域的一些成果，在此一并表示衷心的感谢！

由于作者水平能力有限，书中恐有不足之处，请广大读者批评指正。

2025年3月

特别感谢

以下基金项目对本书的资助

湖北省重点研发计划项目

《基于5G的量产级智能驾驶域控制器关键技术研发》

(2021BAA020)

湖北省自然科学基金项目

《人在回路的自动驾驶一体化规划控制方法研究》

(2024AFB897)

湖北省重点研发计划项目

《量产级干线物流牵引车智能驾驶控制系统开发及整车集成示范》

(2022BAA081)

目　录

第1章　自动驾驶规划与控制技术概况

1.1 自动驾驶概况

随着新一轮科技变革的大潮兴起，自动驾驶技术成了汽车行业的一个新的热点[1]。许多学者和技术人员投身到自动驾驶探索中，推动自动驾驶技术向前发展。无论是汽车领域的从业者，还是汽车爱好者，都期盼着自动驾驶早日实现。

1.1.1 自动驾驶的背景

2010年以来，国家在新兴技术领域进行了多方面探索，将前沿研究上升为国家重要专项和国家战略，推动了高端芯片、机器视觉、5G通信、新一代人工智能的发展。国家战略成果转化，为当前的汽车产业格局，尤其是自动驾驶奠定了坚实的支撑。汽车制造、信息通信、互联网等领域企业深度合作，组织实施了智能汽车关键技术攻关，形成了一批车载传感器、芯片、中央处理器、操作系统等研发与产业化团队，智能汽车研发力量蓬勃发展。2015年，国务院发布《中国制造2025》，涉及智能驾驶汽车[2]，提出到2020年，掌握智能辅助驾驶总体技术及各项关键技术，初步建立智能网联汽车自主研发体系及生产配套体系；到2025年，掌握自动驾驶总体技术及各项关键技术，建立较完善的智能网联汽车自主研发体系、生产配套体系及产业群，基本完成汽车产业转型升级。自动驾驶被普遍认可为汽车产业未来发展的趋势之一，将重新定义汽车产业规则[3]。

在政策引导和资本推动下，多方造车势力已经提前布局自动驾驶。互联网科技公司凭借在技术平台、软件人才、软件应用方面的优势，投入自动驾驶软件研发浪潮中；传统的汽车制造商在危机中开始积极探索自动驾驶技术，并尝试与新兴科技公司的深度合作；经济全球化的背景下，许多先进的外资企业研发部门进驻中国，助推了国内本土智能汽车制造业的发展，也促成了技术竞争格局。

自动驾驶基础技术储备初具成效，自动驾驶落地呼之欲出。汽车电动化格局下，机器视觉、人工智能、5G通信、高端芯片等技术的成熟为自动驾驶奠定了技术基础。以车路协同、智能网联、智慧交通为代表的新趋势、新理念，以无人港口、无人矿山、高速货运、智慧工地为主的示范应用领域，无人送餐、无人快递等“最后一公里”的商业需求，为自动驾驶提供了广阔的市场环境和无穷的潜在需求。在此背景下，自动驾驶技术的成熟和落地众望所归。

1.1.2 自动驾驶的发展

美国国防部高级研究计划局(DARPA)于1983年启动陆地自动巡航项目，与卡内基梅隆大学开展自动驾驶应用研究，标志着自动驾驶正式拉开序幕[4][5]。DARPA在2004—2007年举办了3届无人驾驶挑战赛，世界各大高校、无人驾驶研究机构及相关汽车公司都参与了此项比赛[6]。

美国凭借在信息技术的领先优势，全面布局各关键技术领域，配合硅谷企业强创新能力和整合能力，使自动驾驶汽车获得了快速发展。Waymo、Uber、Tesla、GM等公司代表了自动驾驶领域领先水平。2010年，Waymo公司推出了无人驾驶汽车，实现了自主感知、识别，自主决策及控制等功能，截至2018年，Waymo无人驾驶公路行驶里程突破1600万km，并推出无人驾驶出租车收费服务，探索商业化运作。欧洲汽车工业基础极强，产业链完备，传统汽车和零部件巨头已开始加强智能网联领域的对外合作，潜力十足。2018年，奥迪发布全球首款L3自动驾驶量产车A8，博世联合英伟达着手开发可实现L4自动驾驶的人工智能计算平台。从2019年开始，陆续有量产车型出炉，自动驾驶产业进入黄金发展期。2016年,日产推出ProPilot 1.0辅助驾驶系统,通过前置单目摄像头以及毫米波雷达等传感器实现了ACC自适应巡航功能,并且还具备一定的车道保持能力,随后在天籁、逍客以及奇骏等车型上搭载了这一功能。2020年,为了加速自动驾驶商业化,以及为东京奥运会做智能化交通运输,日本推出了首款L3自动驾驶车辆本田Legend。(图1-1)

图1-1　国外自动驾驶车型

在国内,无人驾驶研究得到了国家自然科学基金委员会的支持,作为“视听觉信息的认知计算”的重要组成部分,2009—2019年连续举办了11届“中国智能车挑战赛”[7][8][9],推动了科研院所开展无人驾驶的探索和实践,促进了无人驾驶基础理论的普及。与此同时,国内互联网企业百度、阿里和华为等,以其资金及人工智能技术方面的优势,逐渐展开研制[10]。2015年,百度无人车研发成功,完成了在北京城市道路上实车测试,并于2018年推出Apollo无人车,亮相港珠澳大桥。传统汽车企业依靠整车制造优势,陆续出台自动驾驶商业计划,与科技公司强强合作,共同致力于中国自主无人驾驶技术研发和开发。一汽集团、上汽集团、长安汽车、北汽集团、长城汽车等已展示了其配备初级自动驾驶技术的试验车型。新能源汽车公司在自动驾驶领域更注重于技术落地应用,部分新能源汽车公司已经具备L2自动驾驶能力,如小鹏汽车、蔚来汽车、理想汽车。2020年,天津港携手中国重汽、主线科技攻克集装箱码头无人自动化改造世界难题,开展了北斗卫星导航定位、5G通信、远程模拟控制驾驶、设备安全故障诊断等一系列新技术集成应用，率先突破L4全无人驾驶状态，为国家级港口自动驾驶示范区建设奠定坚实基础。2021年，慧拓智能的无人矿卡实现了在极寒型复杂气候环境露天煤矿的示范运行，成果达到国际先进水平。(图1–2)

图1–2　国内自动驾驶应用

作为国内自动驾驶标杆，百度自动驾驶着眼未来智能交通布局，包括地图、车载系统、车路协同三个方面，百度Apollo旨在向汽车行业及自动驾驶领域的合作伙伴、研究者提供一个开放、完整、安全的软件平台，帮助其结合车辆硬件系统快速搭建一套属于自己的完整的自动驾驶系统。2022年12月28日，百度面向所有开发者，正式推出了自动驾驶开放平台的全新升级版本Apollo 8.0。(图1–3)

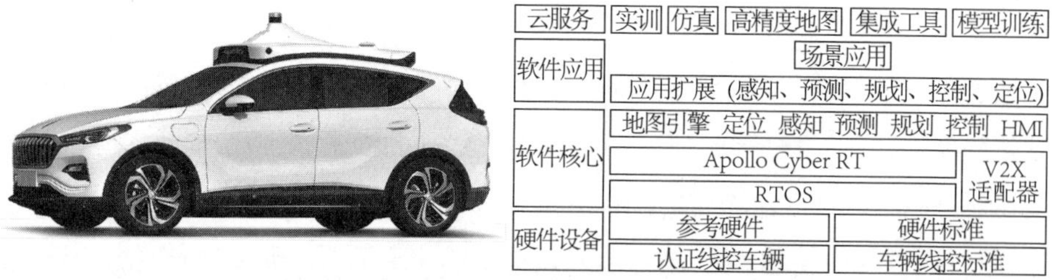

图1–3　百度Apollo自动驾驶平台

1.1.3 自动驾驶的关键技术

自动驾驶从功能角度主要分为感知、决策规划、控制[11][12]，如图1–4所示。自动驾驶车辆通过相机、激光雷达、毫米波雷达、惯导等车载传感器来感知车辆的行驶状态和环境的信息，依据所获取的信息进行决策判断，由适当的工作模型来制订相应的驾驶策略，如避障、超车、跟随、紧急制动等，并进行轨迹规划，然后通过控制技术引导车辆沿着期望的轨迹行驶。

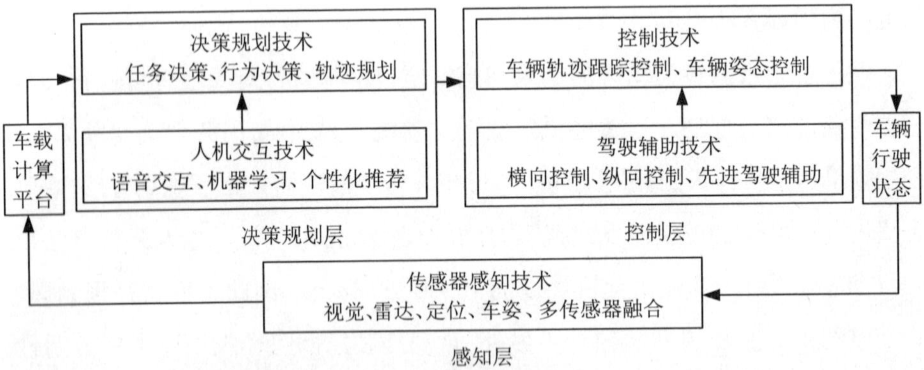

图1-4　自动驾驶技术架构

(1)感知定位技术。

为确保自动驾驶车辆对周围环境的获取和识别,感知系统通过各种传感器获取环境信息,包括交通流信息、道路状况、交通标志等,主要传感器包括激光雷达(LiDAR)、摄像头(camera)、毫米波雷达(millimeter wave radar)等。多传感器融合感知是当前普遍采用的高精度识别分类方法;运动目标跟踪(MOT)技术,负责检测和跟踪运动物体的姿态;针对传感器测量的不确定性,采用Bayes滤波、Kalman滤波和粒子滤波技术进行状态预测。

定位模块负责估计自动驾驶车辆相对于地图或道路的位姿(位置和航向),目前使用最广泛的是融合全球卫星导航系统(GNSS)和惯性导航系统的定位技术,定位精度达厘米级别。在某些特定场景下,如高架桥、地下车库、涵洞隧道等,需要通过其他辅助定位方法保证精度,如激光定位、相机定位、基于激光和视觉的定位。

(2)决策规划。

自动驾驶车辆根据当前的道路环境以及自身运动状态,同时考虑自动驾驶任务目标以及安全行驶行为准则,在不同的驾驶行为模式之间做出及时准确的驾驶行为决策。根据车辆在行驶过程中的不同运动状态,可将自动驾驶过程分解为4种基本的驾驶行为模式[13]:车道保持行为、车道变换行为、避撞停车行为和车辆跟随行为。行为决策方法的类型包括基于规则的行为决策方法[14][15]、基于模糊逻辑的行为规划方法[16][17]、基于概率的行为规划方法[18][19]和基于增强学习的行为规划方法[20][21]。

路径规划根据行为决策的结果和感知定位信息来针对周围环境进行规划，或称为局部路径规划[22]。智能汽车属于移动机器人领域，因此自动驾驶局部路径规划借鉴了机器人路径规划的一些思想。传统的机器人路径规划方法包括广度优先、深度优先方法、启发式搜索方法（如A*算法、D*算法）以及采样算法（如RRT算法）。由于车辆不允许在地面上360°方向移动，因此车辆路径规划属于非完整约束的路径规划问题[23]。另外，自动驾驶局部路径规划要考虑舒适性、安全性等一些指标，与机器人存在一些差异。

速度规划通常与路径规划相结合，路径规划解决了针对静态环境的车辆避障问题，规划了空间上的行驶轨迹，该空间轨迹以(x, y, θ, ψ)表示。由于驾驶场景时刻变化，为解决动态障碍物避障问题，需要在空间路径上规划时间轨迹，即速度规划，形成车辆行驶的时空轨迹$(x, y, \theta, \psi, t, a, v)$。

（3）跟踪控制。

自动驾驶轨迹跟踪控制主要分为横向跟踪控制和纵向跟踪控制[24][25]。横向跟踪控制主要是根据规划的期望路径，结合车辆当前姿态、位置、车速等信息计算方向盘转角（前轮偏角），使车辆行驶在期望的路径上[26]。横向控制算法包括预瞄控制、模型预测控制（MPC）等。MPC是基于多点预瞄理论的控制方法，通过预测模型、滚动优化及反馈校正三个基本过程，实现对已知参考路径的跟踪，MPC具有一定的前瞻性和鲁棒性，更符合人类实际的驾驶逻辑[27]。纵向速度控制则基于PID或模糊控制实现车辆加速或制动，以跟踪规划的速度。

最终将控制信息转换成车辆线控的加速、制动的纵向控制命令和转向的横向控制命令，来完成轨迹跟踪控制的执行。

1.2 自动驾驶轨迹规划技术

轨迹规划是生成车辆当前位置和目标位置间的空间几何路径，同时给出沿该路径运动的速度信息，并使车辆在整个运动过程中满足运动学/动力学约束、碰撞躲避约束，同时保证沿该路径行驶的舒适性。轨迹规划包含了空间路径规划和时间轨迹规划，将规划的时空轨迹发送至智能车辆控制系统，执行时空轨迹跟踪控制。原则上应在整个时间、空间维度寻找最优路径，但在算法复杂度、硬件条件的限制下，一般采用了路径–速度解耦方案。

1.2.1 基于图搜索的规划算法

借鉴机器人路径规划的思想，将连续环境模型转换为离散图，进而将路径规划问题转化为图搜索问题，利用搜索算法寻找从起始点到目标点间的无碰撞路径。图搜索算法产生的基础路径会出现不连续的现象，需要进一步将路径平滑，获得一条从起点到目标点连续光滑的曲线[28]。因此，路径规划通常包括3个环节，分别是环境建模、路径搜索和路径平滑。

图搜索算法将环境地图进行离散化生成栅格，在栅格图上进行路径搜索。常见图搜索算法有深度优先算法、广度优先算法、Dijkstra[29][30][31]算法。A*算法是一种启发式搜索算法[32]，在路径规划领域广泛应用，如图1–5所示。它是通过代价函数估计候选节点的代价，然后选择代价最小的节点添加进路径中去，以此逐步扩展得到最优路径。Ziegler J和Werling M[33]在停车场采用基于A*算法的路径搜索算法，完成自动泊车的路径规划任务。图搜索算法属于静态规划的算法，要求环境已知，静止障碍物、目标点位置固定。

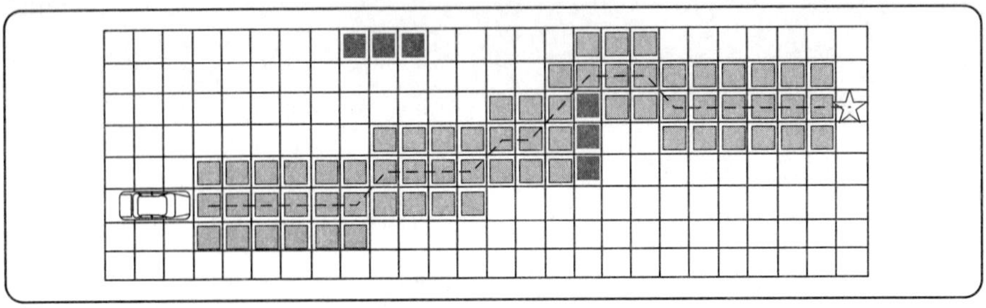

图1–5　A*算法

1.2.2 基于仿生智能的规划算法

随着人工智能的发展，路径规划的算法也借鉴了许多仿生智能算法，如遗传算法、蚁群算法、粒子群算法、神经网络算法等。遗传算法是一种模拟自然界生物进化过程进行全局最优搜索的算法[34][35][36]。其优点在于能够进行并行搜索，能够自适应地调整搜索方向进行全局搜索，可以找到全局最优解，适合大规模复杂问题的优化。张毅、代恩灿、罗元[37]利用遗传算法解决全局路径搜索，将可能连接起点和终点的路径编码为个体的染色体，通过初始化、选择和复制、交叉和变异步骤，反复迭代优化，模拟生物进化过程，最终得到表示最优路径的个体。(图1–6)

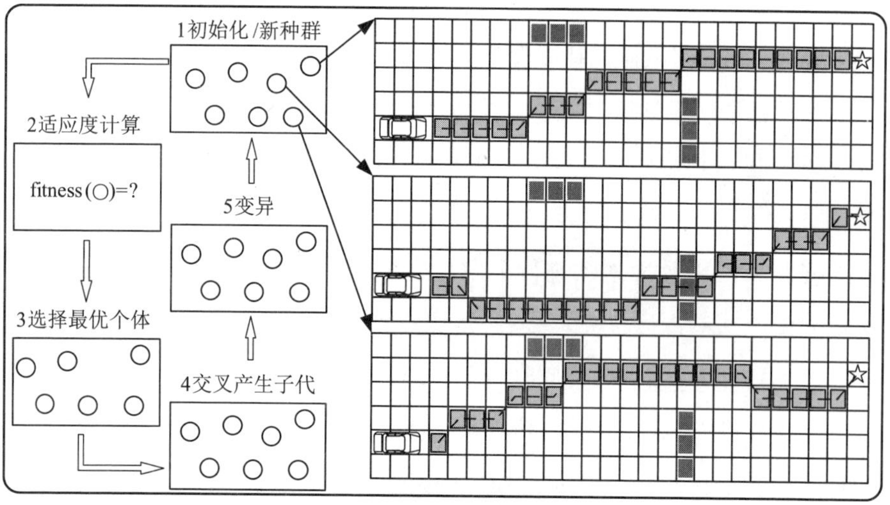

图1–6　遗传算法进化过程

智能算法缺点是运算量大、运算速度慢、容易过早收敛陷入局部最小、不能较好地处理约束与优化的关系等。

1.2.3 基于采样的规划算法

另一类路径规划方法的思想，是通过采样的方式获得可能的中间路径点，将所有的路径点顺次连接，构成从起点到终点的通路。这一类路径规划方法按照规律对道路采样，由于中间采样点仍然是离散点，所以当中间采样点搜索完成，仍然需要通过路径平滑处理或差值拟合，使得规划路径符合车辆行驶特点。这一类路径规划方法包括基于采样的增量式搜索算法、曲线插值算法等。

(1)基于采样的增量式搜索算法。

基于采样的增量式搜索算法主要是为了在复杂多变环境下能快速求解路径

而提出的，典型算法快速随机树搜索算法（RRT）[38][39]在整个空间内随机选择中间路径点，从起点开始，以递增方式将采样点加入已构建的生长树中，直至将终点加入生长树中。然后从搜索树的终点开始，反向搜索到起点，选择从终点到起点的唯一路径[40]，如图1–7所示。为加快搜索速度，Han L等[41]同时从起点和终点双向开始采样，构建生成树，并将该方法应用于自动泊车的路径规划中。RRT这种随机采样搜索的算法在牺牲了一定最优性的前提下，提高了求解速度[41]。

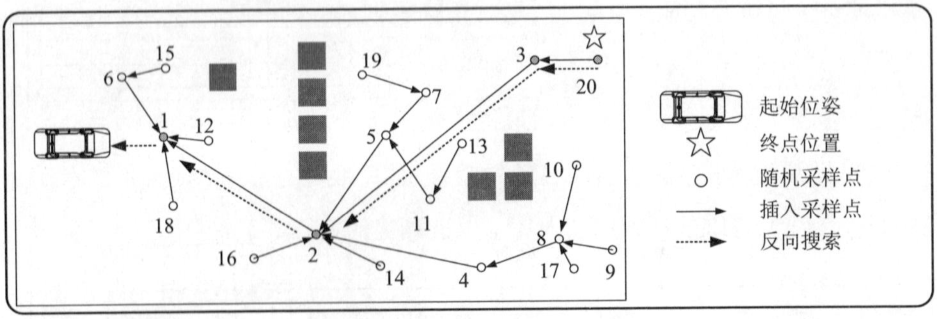

图1–7　RRT算法

（2）曲线插值算法。

曲线插值算法的前提是已经获得了所需的采样点，而不关注如何获得采样点。假设已经通过预先采样获得了起点到终点一系列的空间离散采样点(x_i, y_i, θ_i)，如图1–8所示，可以通过曲线插值算法，对所有已知采样点进行两两插值，生成每2个采样点间的插值曲线。然后对每个插值曲线进行代价计算，并通过遍历算法求得从当前位置到目标位置的最优的插值曲线组合。常用的插值曲线有贝塞尔曲线[43][44]、B样条曲线、多项式曲线、β样条曲线等[45]。多项式曲线通常应用于对路径起始点和目标点存在航向、曲率约束的路径规划中，在满足起点和终点约束的前提下，根据优化指标调整多项式系数，从而找到最优路径[46]。张琳等[47]运用六次多项式解决未知环境多约束下全局最优轨迹的问题，基于六次多项式生成曲率连续的轨迹，并将最优轨迹的求解转换为对单个多项式系数的求解。

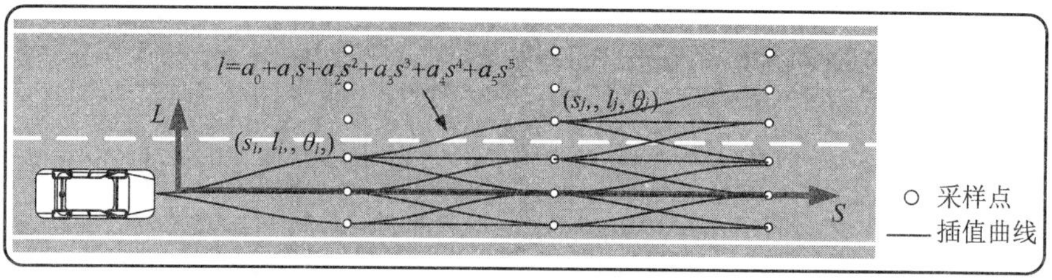

图1-8　曲线插值算法

由于动态障碍物的存在，轨迹规划需要将时间作为一个维度，叠加在空间轨迹上，构成时间和空间上的可行轨迹[48]。Mcnaughton M等[49][50]提出了空间路径和时间空间轨迹的概念，为自动驾驶车辆规划最优的时空轨迹。在轨迹采样时，采样点包含空间信息(x,y)和时间信息(a,t,v)，如图1-9所示。同样地，生成轨迹后，采用动态规划方法搜索最优的轨迹组合。此类方法能够解决动态障碍物场景的避障问题，更适合于自动驾驶，但是高维度的采样造成大量的存储计算，可能无法在有限的规划周期内完全保证算法的执行。

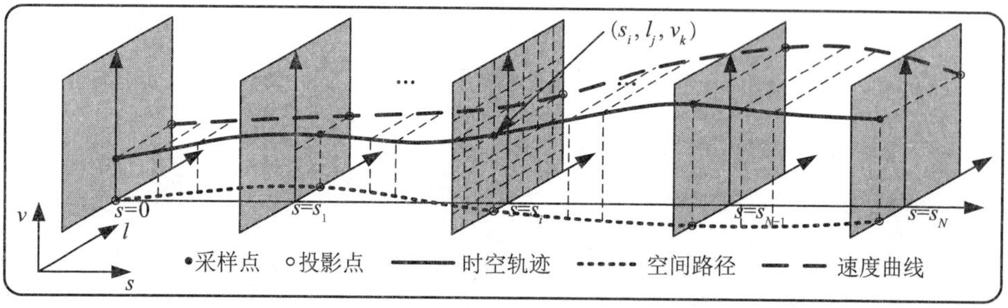

图1-9　时空轨迹优化算法

空间和时间维度的叠加计算，会增加算法的时间复杂度，实时性和稳定性难以保证。为降低轨迹规划方法的时间复杂度，余卓平等[51]提出了路径–速度分解法，先构造一条曲率连续有界的可行路径，再在该路径上进行规划速度，这种分阶段的计算架构能够有效降低算法的复杂度，如图1-10所示。基于多阶段计算架构，在空间避障路径基础上，根据预设曲线模型生成速度曲线[52][53]，该模型将速度曲线分为加速段、等速段和减速段，组合起来形成速度曲线。由于驾乘人员的不适感主要是由加速度的变化引起[54]，Solea R等[55][56][57]将最大加速度和最大加加速度作为约束条件，构造速度曲线，以保证乘客的舒适度。Dixit S等[58]采用了典型的梯形速度曲线，包括加速、恒速和减速过程，在每个过程中，都可以根据给定的加速度和减速度来计算速度，同时保证过渡过程的连续光滑性。

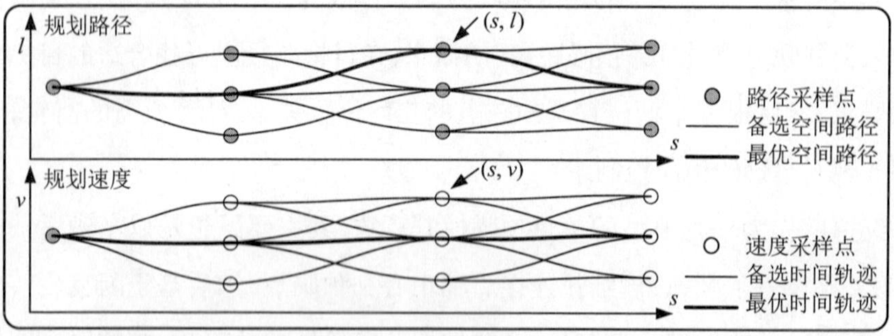

图1–10　路径–速度分解法

1.3 自动驾驶轨迹跟踪技术

轨迹跟踪控制是自动驾驶车辆的一项关键技术，通过对汽车行驶方向的控制和油门/刹车控制，使车辆沿着目标路径和目标速度行驶，同时保证车辆的稳定性和舒适性。常见的路径跟踪控制方法有基于几何、基于PID控制、基于最优化方法、基于滑膜控制等四类方法。对于速度控制，多采用模糊、PID控制。

1.3.1 基于PID的路径跟踪算法

PID控制是经典控制理论中最有代表性的控制算法，在工业领域中因其简单和高效而得到大规模使用(图1–11)。自动驾驶路径跟踪控制中，以目标状态与实时状态之差，通常指位置偏差和航向偏差，通过比例、积分、微分运算，得到前轮转角控制量，车辆按照此控制量执行，能够使得车辆的实时状态与目标状态之差趋近于零，即实现了横向控制[59]。

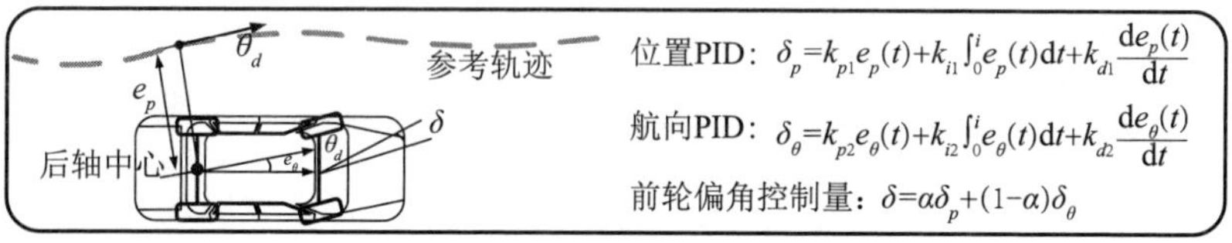

图1–11　PID控制

1.3.2 基于几何方法的路径跟踪算法

典型的基于几何方法的路径跟踪控制如预瞄算法、Stanley算法。预瞄算法模仿人类驾驶习惯，提出“预瞄距离”的概念，在目标路径上寻找合适的目标点作为预瞄点，然后根据车辆位置与预瞄点的几何位置关系，计算所需的前轮转角，从而实现对车辆的横向控制。

纯追踪作为一种典型的单点预瞄控制算法，其主要思想是以车辆后轴中心为圆心，预设一条圆弧，该圆弧连接后轴中心和预瞄点，然后基于阿克曼转向模型，计算车辆的前轮转角控制量，车辆按照此前轮转角执行，行驶的轨迹即为预设的圆弧，因而车辆必将经过预瞄点。纯追踪算法具有非常简单的计算特点，参数易调，对硬件平台系统计算能力要求较低。前视距离是纯追踪算法的关键参数，其取值的大小在很大程度上影响车辆的跟踪效果。Wang等[60]介绍了选择前视距离的方法，将前视距离表示为速度的二次多项式形式；吕文杰等[61][62][63]利用驾驶经验制定模糊规则，根据输入信息直接输出前视距离，实现前视距离动态调整；郭璧玺等[64]制订了模糊规则调节增益系数，间接调整前视距离。其他相关研究也在前视距离的选择方法上对纯追踪算法进行改进，获得了改善的跟踪效果[65]。应用于斯坦福大学“Stanley”号上的控制算法也是一种经典的基于几何的控制算法，该算法基于前轴中心与目标路径之间的横向误差和航向误差，计算方向盘控制量。Stanley算法在经过转弯时不会出现走捷径的现象，但对航向误差较为敏感，控制输出会出现抖动现象[66]。（图1–12）

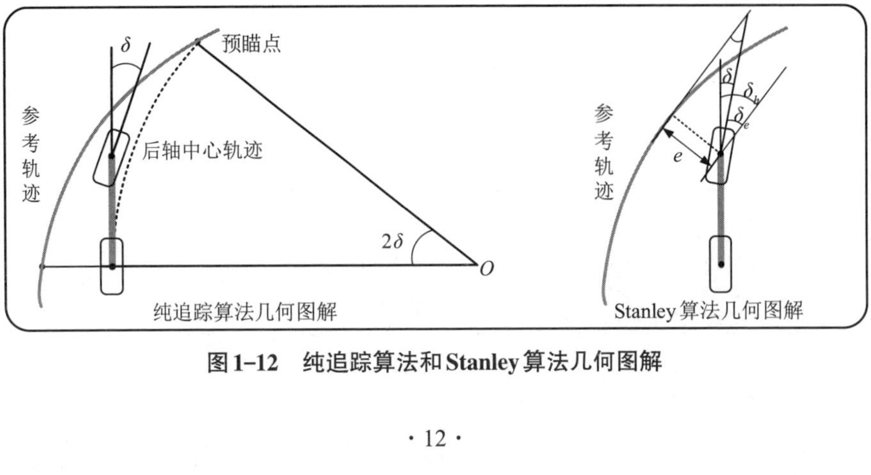

图1–12　纯追踪算法和Stanley算法几何图解

1.3.3 基于最优化方法的路径跟踪算法

近年来，随着计算机性能的进步，模型预测控制被认为是解决自动驾驶路径跟踪问题的一种有效算法。作为一种最优控制策略，模型预测控制考虑了车辆行驶中的运动约束和状态变量、控制量约束，能够实现驾驶舒适度、跟踪精度等多目标优化。

模型预测控制的思路如下。首先根据车辆运动学/动力学模型，预测车辆未来行驶路径。考虑到车辆模型的非线性特点，需要进行线性化和离散化处理，近似得到车辆线性化模型，基于线性模型，预测车辆未来状态量和输出量。然后根据车辆控制的性能需求，构建目标函数。为了保证跟踪精度，以路径跟踪误差最小为目标，为了保证舒适性，以控制量波动最小为目标。根据以上指标，建立以跟踪精度和舒适性综合性能最优的目标函数，该目标函数通常是二次型形式。同时，考虑状态量和控制量的约束，建立优化问题的约束条件。最后采用二次规划求解方法对最优化问题求解。对于最优化问题的目标函数和约束条件，一般要转化为标准的二次规划形式，然后采用求解器求解，一般采用了QP求解器求解最优控制量。（图1-13）

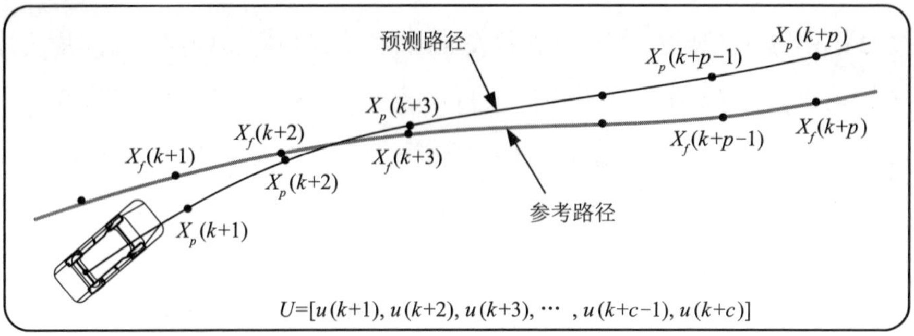

图1–13　模型预测控制示意图

北京理工大学的龚建伟等[67]在《无人驾驶车辆模型预测控制》一书中详细介绍了应用模型预测控制理论进行无人驾驶车辆控制的基础方法，结合运动规划与跟踪实例详细说明了预测模型建立、方法优化、约束处理和反馈校正的方法，给出了Matlab仿真代码和详细图解仿真步骤。Wang等[68]提出了一种基于模糊自适应MPC的改进方法,根据横向位置误差和航向误差自适应调整目标函数的权值,提高跟踪精度和舒适性。Tang L等[69]指出,虽然MPC方法具有预测未来动态行为的能力,并显著改善了路径跟踪,但在每个控制周期反复求解优化问题,这可能导致沉重的计算负担和计算超时的潜在风险。此外,车辆动力学建模的准确性至关重要,而模型参数可能会随时间变化,如车辆质量、转弯刚度,用现有的轮胎半经验模型很难准确地表征非线性。因此,在考虑计算效率和预测精度的同时,纯MPC方法在实际应用中可能不能令人满意。

1.3.4 纵向速度跟踪控制算法

对于给定的目标速度曲线,结合车辆实时速度、加速度,计算目标加速度发送至执行机构,实现对目标速度曲线的跟踪。可以简单采用PID算法,根据目标速度和实时速度之差,计算PID控制量;也可以建立速度跟踪的最优化问题,求解最优控制量。而在一些L2自动驾驶中,例如ACC功能,通常直接根据自动驾驶车辆与障碍物之间的距离关系,直接计算加速度控制量,从而减少了速度规划环节。Naranjo J E等[70]通过建立13个模糊规则,在不同场景下,根据自车与障碍物的位置关系和速度关系,直接计算加速度控制量。Chen X W等[71]提出了一种生成期望速度的模糊逻辑方法,模糊模型描述了输入变量(相对距离和相对速度)到输出变量(速度)之间的映射关系,然后根据期望速度与实时速度之差,计算输出加速度控制量。在分析了自适应巡航控制系统(ACC)的基础上,Gong L等[72]提出了一种参数自整定模糊PID算法来产生期望速度,根据场景状况,采用模糊规则在线调整PID参数。Milances V等[73]采用模糊算法和智能PI算法,设计油门和制动踏板的控制策略,以实现汽车纵向控制。这一类方法实现了较小的速度波动,保证了舒适性能,控制结构简单。然而,这些速度规划模型无法执行复杂的驾驶行为,例如处理紧急制动、避障超车或跟随动态车辆等。此外,这类系统仍然需要驾驶员的人工监督[64],以确保驾驶安全。

1.4 规划控制中的最优化思想

最优化理论是一门应用数学分支,在工程技术、自然科学及经济管理等诸多领域中有广泛应用。从数学意义上说,最优化方法是一种求极值的方法,即在一组约束等式或不等式的条件下,使系统的目标函数达到极值,即极大值或极小值。自动驾驶规划控制涉及轨迹平滑、轨迹规划、轨迹跟踪等问题,求解的这些问题都可以利用最优化思想,因为规划控制问题可被认为是求解最优的轨迹和最优的控制量,使得某些量化指标达到最大或最小。在实际自动驾驶应用中,也或多或少采用了最优化方法,例如采用最小二乘法进行轨迹平滑,采用无约束的优化方法生成满足车辆运动学模型的轨迹。又比如在车辆运动控制中采用模型预测控制,最终是转化为了求解带约束的优化问题。

1.4.1 轨迹规划与最优化方法

自动驾驶轨迹规划主要是规划车辆行驶的局部轨迹,在目前常见的几类规划方法有基于图搜索的路径规划方法、基于仿生智能的路径规划方法、基于采样的路径规划方法,均可以分为3个步骤。①规划离散路径点:离散路径点可以是等步长,也可以是变步长,其反映了路径的整体走势。②路径生成:设计一条连续平滑的路径,连接每2个采样点。③路径优化:通过一定的评价模型,获得最优的路径组合,连接起点和终点。

在规划离散轨迹点阶段,采用了仿生智能算法是一类典型的最优化方法思想,将群体中的单个个体定义为一种可能的离散点组合(离散路径),以个体所代表的离散路径点组合的安全性能、经济性能作为适应度参考,利用仿生智能的自进化能力,不断优化群体的适应度,最终获得适应度最高的个体,即最优的离散点组合。

在规划生成阶段,通常采用贝塞尔曲线、样条曲线、多项式曲线或其他特殊曲线将离散轨迹点连接起来,这种方式虽然简单实用,且连接曲线具备高阶可导性,保证了规划轨迹的舒适性,但是并没有考虑到车辆的运动学/动力学等因素。针对这一问题,相关研究也提出了基于最优化思想的路径生成方法,将车辆运动学/动力学作为一个约束条件,构建最优化问题,以最优化问题的形式描述路径生成,具有直观、准确、客观的特点,这是前述几种方法所不具备的。最后,通过求解最优化问题,获得最优的满足车辆运动学/动力学的路径。

在轨迹优化阶段,采用拟合方法对所有离散轨迹点进行平滑处理,本身就是一种优化方法。另外,若采用评价方法获取最优的轨迹组合,简单的方法是采用遍历方法,对每一种组合计算代价值,以筛选最优的轨迹组合。这种遍历方法显然造成较大的计算和存储负担,而采用动态规划搜索最优组合,则能够显著降低运算量,动态规划也是最优化方法解决大规模组合问题的一种途径。

1.4.2 轨迹跟踪与最优化方法

在控制应用中,往往希望能有一个最优的控制指令,使得系统的输出达到最符合预期的状态,这个称为最优控制。最优控制问题本身就属于最优化问题范畴,往往会制订一个目标函数和一些约束条件,通过找到一个控制量在满足约束的条件下使目标函数达到最小,这个控制量就是最优问题的解。在自动驾驶轨迹跟踪控制应用中,LQR和MPC是最典型的最优控制方法。

如果目标函数是控制量或者状态量的二次表达式,且控制系统是线性的,此类问题可以称为线性二次型问题,LQR算法是求解此类问题的典型方法。对于自动驾驶轨迹跟踪问题,希望能在控制量尽量小(即方向盘或者速度变化尽量平缓)的前提下,尽可能能接近地完成目标轨迹的跟随,即与期望轨迹的偏差达到最小;此外,对于简化的二自由度车辆模型,可以认为车辆系统是近似线性的。因此,LQR可以用来作为自动驾驶运动控制的求解算法。

MPC算法比LQR算法更具有适用性,因为MPC不像LQR那样特别依赖模型的准确性。在实际的驾驶场景中,MPC能够预测未来一段时间内的行驶轨迹,这一点放到自动驾驶中也是非常有必要的。MPC算法本身就需要根据系统状态方程,对未来若干个时间点的状态进行预测,根据预测轨迹与目标轨迹的误差建立目标函数,而优化问题的实际上是求解最优的控制量,使得目标函数最小。

本章参考文献

[1] 边明远，李克强．高级别自动驾驶的技术特征和落地场景[J]．智能网联汽车，2019，3(2)：23-27.

[2] 周济．智能制造："中国制造 2025"的主攻方向[J]．中国机械工程，2015，26(17)：2273-2284.

[3] 宫天丞．综述自动驾驶发展与组成情况[J]．通讯世界，2018，342(11)：293-294.

[4] 张双琳．纯电动自动驾驶汽车任务规划算法的设计与实现[D]．哈尔滨：哈尔滨工业大学，2018.

[5] 田赓．复杂动态城市环境下无人驾驶车辆仿生换道决策模型研究[D]．北京：北京理工大学，2016.

[6] IAGNEMMA K，BUEHLER M. Editorial for Journal of Field Robotics：Special issue on the DARPA Grand Challenge [J]. Journal of Field Robotics，2010，23(9)：655-656.

[7] XIONG G，ZHOU P，ZHOU S，et al. Autonomous Driving of Intelligent vehicle BIT in 2009 Future Challenge of China [C]// Intelligent Vehicles Symposium (Ⅳ). IEEE，2010.

[8] 姜岩，赵熙俊，龚建伟，等．简单城市环境下地面无人驾驶系统的设计研究[J]．机械工程学报，2012，48(20)：103-112.

[9] TAO M，HUAWEI L，BIN K，et al. Development of "Intelligent Pioneer" unmanned vehicle [C]// 2012 IEEE Intelligent Vehicles Symposium. IEEE，2012.

[10] 徐优志．自动驾驶车辆高速道路环境下超车行为决策研究[D]．北京：北京理工大学，2016.

[11] 左磊．智能驾驶车辆自主决策与规划的增强学习方法研究[D]．长沙：国防

科学技术大学，2016.

[12] 王羽，张美芳，张凯帆. 汽车自动驾驶的关键技术研究[J]. 世界汽车，2018，438(10):84-87.

[13] 冀杰，黄岩军，李云伍，等. 基于有限状态机的车辆自动驾驶行为决策分析[J]. 汽车技术，2018，519(12)：5-11.

[14] BAKER C R，DOLAN J M. Traffic interaction in the urban challenge：Putting boss on its best behavior[C]// 2008 IEEE/RSJ International Conference on Intelligent Robots and Systems. IEEE，2008.

[15] WEI J，DOLAN J M. A Robust Autonomous Freeway Driving Algorithm [C]// Intelligent Vehicles Symposium. IEEE，2009.

[16] NARANJO J E，GONZALEZ C，GARCIA R，et al. Lane-Change Fuzzy Control in Autonomous Vehicles for the Overtaking Maneuver [J]. IEEE Transactions on Intelligent Transportation Systems，2008，9(3)：438-450.

[17] JOSHUE P，VICENTE M，ENRIQUE O，et al. Longitudinal fuzzy control for autonomous overtaking. Proceedings of 2011 IEEE International Conference on Mechatronics，Istanbul，Turkey. IEEE，2011.

[18] SCHUBERT R. Evaluating the Utility of Driving：Toward Automated Decision Making Under Uncertainty [J]. IEEE Transactions on Intelligent Transportation Systems，2012，13(1)：354-364.

[19] ARDELT M，COESTER C，KAEMPCHEN N. Highly Automated Driving on Freeways in Real Traffic Using a Probabilistic Framework [J]. IEEE Transactions on Intelligent Transportation Systems，2012，13(4)：1576-1585.

[20] NGAI D C K，YUNG N H C. A Multiple-Goal Reinforcement Learning Method for Complex Vehicle Overtaking Maneuvers [J]. IEEE Transactions on Intelligent Transportation Systems，2011，12(2)：509-522.

[21] 刘春明. 基于增强学习和车辆动力学的高速公路自主驾驶研究[D]. 长沙：国防科学技术大学，2014.

[22] 李文越. 无人驾驶汽车自动寻路与动态避障研究[D]. 西安：长安大学，2018.

[23] 郑效光. 非完整约束条件下移动机器人路径规划[D]. 大连：大连理工大学，2007.

[24] YANAKIEV D, KANELLAKOPOULOS I. Longitudinal Control of Automated CHVs with Significant Actuator Delays [J]. IEEE Transactions on Vehicular Technology, 2001, 50(5): 1289–1297.

[25] XIA Y Q, PU F, LI S F, et al. Lateral Path Tracking Control of Autonomous Land Vehicle Based on ADRC and Dificrential Flatness [J]. IEEE Transactions on Industrial Electronics, 2016, 63(5): 3091–3099.

[26] 陈治莹，聂琳真，管家意. 自动驾驶汽车横向跟踪控制方法研究[J]. 数字制造科学，2019，17(01)：21–24.

[27] 张金城. 自动驾驶电动汽车的轨迹跟随控制研究[D]. 长沙：长沙理工大学，2017.

[28] 高健博. 无人驾驶汽车运动规划方法研究综述[J]. 汽车工业研究，2018，291(8)：37–42.

[29] COOMBS D, MURPHY K, LACAZE A, et al. Driving autonomously off–road up to 35 km/h[C]// IV 2000. Proceedings of the IEEE, 2000: 186–191.

[30] BOHREN J, FOOTE T, KELLER J, et al. Little Ben: The Ben Franklin Racing Team's entry in the 2007 DARPA Urban Challenge [J]. Journal of Field Robotics, 2008, 25(9): 598–614.

[31] NOTO M, SATO H. A method for the shortest path search by extended Dijkstra algorithm[C]// IEEE International Conference on Systems. IEEE, 2000.

[32] HART P E, NILSSON N J, RAPHAEL B. A formal basis for heuristic determination of minimum path cost [C]// Sequences, Subsequences, & Consequences. 1968.

[33] ZIEGLER J, WERLING M. Navigating car–like robots in unstructured environments using an obstacle sensitive cost function [C]// Intelligent Vehicles Symposium.IEEE, 2008:787–791.

[34] WOJCIECH P. Genetic Algorithms, a Nature-Inspired Tool: Survey of Applications in Materials Science and Related Fields [J]. Advanced Manufacturing Processes, 2009, 24(2): 174-197.

[35] TU J, YANG S X. Genetic algorithm based path planning for a mobile robot [C]// IEEE INTERNATIONAL CONFERENCE ON ROBOTICS AND AUTOMATION. IEEE, 2003: 1221-1226.

[36] 唐健, 史文中, 孟令奎. 基于遗传算法的时相关动态车辆路径规划模型[J]. 武汉大学学报:信息科学版, 2008, 33(8): 875-879.

[37] 张毅, 代恩灿, 罗元. 基于改进遗传算法的移动机器人路径规划[J]. 计算机测量与控制, 2016, 24(1): 313-316.

[38] 王滨, 金明河, 谢宗武, 等. 基于启发式的快速扩展随机树路径规划算法[J]. 机械制造, 2007, 45(12): 1-4.

[39] LAVALLE S M. Rapidly-Exploring Random Trees: A New Tool for Path Planning[J]. Algorithmic & Computational Robotics New Directions, 1998: 293-308.

[40] 宋晓琳, 周南, 黄正瑜, 等. 改进RRT在汽车避障局部路径规划中的应用[J]. 湖南大学学报(自然科学版), 2017, 44(4): 30-37.

[41] HAN L, DO Q H, MITA S. Unified path planner for parking an autonomous vehicle based on RRT [C]// IEEE International Conference on Robotics and Automation. IEEE, 2011: 5622-5627.

[42] LIANG MA. Efficient Sampling-Based Motion Planning for On-Road Autonomous Driving [J]. IEEE TRANSACTIONS ON INTELLIGENT TRANSPORTA-TION SYSTEMS, 2014: 1-16.

[43] HAN L, YASHIRO H, NEJAD H T N, et al. Bézier curve based path planning for autonomous vehicle in urban environment [C]// Intelligent Vehicles Symposium. IEEE, 2010 :1036-1042.

[44] GONZALEZ D, PEREZ J, LATTARULO R, et al. Continuous curvature planning with obstacle avoidance capabilities in urban scenarios [C]// IEEE,

International Conference on Intelligent Transportation Systems. IEEE, 2014, 1430–1435.

[45] GÓMEZ–BRAVO F, CUESTA F, OLLERO A, et al. Continuous curvature path generation based on β–spline curves for parking manoeuvres[J]. Robotics & Autonomous Systems, 2008, 56(4): 360–372.

[46] 姜岩, 龚建伟, 熊光明, 等. 基于运动微分约束的无人车辆纵横向协同规划算法的研究[J]. 自动化学报, 2013, 39(12): 2012–2020.

[47] 张琳, 章新杰, 郭孔辉, 等. 未知环境下智能汽车轨迹规划滚动窗口优化[J]. 吉林大学学报(工学版), 2018, 48(3): 652–660.

[48] XU W, WEI J, DOLAN J M, et al. A Real–Time Motion Planner with Trajectory Optimization for Autonomous Vehicles[C]// IEEE International Conference on Robotics and Automation. IEEE, 2012.

[49] MCNAUGHTON M, URMSON C, DOLAN J M, et at. Motion planning for autonomous driving with a conformal spatiotemporal lattice [C]// in IEEE ICRA, ShangHai, China, 2011.

[50] GU T, DOLAN J M. On–Road Motion Planning for Autonomous Vehicles [C]// in ICIRA, Montreal, Canada, 2012.

[51] 余卓平, 李奕姗, 熊璐. 无人车运动规划算法综述[J]. 同济大学学报(自然科学版), 2017, 45(8): 1150–1159.

[52] BIANCO C G L, ROMANO M. Optimal velocity planning for autonomous vehicles considering curvature constraints[C]// in IEEE ICRA, Roma, Italy, 2007.

[53] BIANCO C G L, ROMANO M. Bounded velocity planning for autonomous vehicles[C]// in IEEE/RSJ IROS, Edmonton, Canada, 2005.

[54] WANG F, MA N, INOOKA H. A driver assistant system for improvement of passenger ride comfort through modification of driving behavior[C]// in IEEE ADAS, Birmingham, UK, 2001.

[55] SOLEA R, NUNES U. Trajectory Planning with Velocity Planner for Fully–

Automated Passenger Vehicles[C]// in IEEE ITSC, Centre Toronto, Canada, 2006.

[56] VILLAGRA J, MILANES V, PEREZ J, et al. Smooth path and speed planning for an automated public transport vehicle[C]// Robot Auton Syst, 2012, 60(2): 252-265.

[57] GUARINO L B C. Minimum-Jerk Velocity Planning for Mobile Robot Applications[J]. IEEE T ROBOT, 2013, 29(5): 1317-1326.

[58] DIXIT S, FALLAH S, MONTANARO U, et al. Trajectory planning and tracking for autonomous overtaking: State-of-the-art and future prospects [J]. ANNU REV CONTROL, 2018, 45: 76-86.

[59] 王禹涵. 基于Fast_MPC的自动驾驶车辆轨迹跟踪控制方法研究[D]. 吉林大学, 2021.

[60] WANG W J, HSU T M, WU T S. The Improved Pure Pursuit Algorithm for Autonomous Driving Advanced System [C]// IEEE 10th International Workshop on Computational Intelligence and Applications (IWCIA), Hiroshima, 2017, 33-38.

[61] 吕文杰, 马戎, 李岁劳, 等. 基于纯追踪模型的路径跟踪改进算法[J]. 测控技术, 2011, 30(7) :93-96.

[62] YU L, YAN X, KUANG Z, et al. Driverless Bus Path Tracking Based on Fuzzy Pure Pursuit Control with a Front Axle Reference [J]. Applied Sciences, 2019, 10: 230.

[63] HUA W, XI C, YU C, et al. Trajectory Tracking and Speed Control of Cleaning Vehicle Based on Improved Pure Pursuit Algorithm [C]// Proceedings of the 38th Chinese Control Conference, Guangzhou, 2019: 4348-4353.

[64] 郭璧玺, 杜兴乐, 陶小松. 基于纯追踪模型的算法改进[J]. 汽车实用技术, 2019, 294(15): 32-34.

[65] SUN Q, WANG Z, LI M, et al. Path Tracking Control of Wheeled Mobile

Robot Based on Improved Pure Pursuit Algorithm*[C]// 2019 Chinese Automation Congress (CAC), Hangzhou, 2019 4239–4244.

[66] 魏浩源. 自动驾驶车辆的动态规划与轨迹跟踪控制研究[D]. 广州：广东工业大学, 2022.

[67] 龚建伟, 姜岩, 徐威. 无人驾驶车辆模型预测控制[M]. 北京:北京理工大学出版社, 2014.

[68] WANG H, LIU B, PING X, et al. Path Tracking Control for Autonomous Vehicles Based on an Improved MPC[C]// in IEEE Access, vol. 7, pp. 161064–161073, 2019.

[69] TANG L, YAN F, ZOU B, et al. An Improved Kinematic Model Predictive Control for High-Speed Path Tracking of Autonomous Vehicles[C]// in IEEE Access, vol. 8, pp. 51400–51413, 2020.

[70] NARANJO J E, GONZALEZ C, GARCIA R G, et al. ACC+Stop&go maneuvers with throttle and brake fuzzy control[C]// in IEEE T Intell Transp, vol. 7, no. 2, pp. 213–224, 2006.

[71] CHEN X W, ZHANG J G, LIU Y J. Research on the Intelligent Control and Simulation of Automobile Cruise System Based on Fuzzy System[C]// in Math Probl Eng, vol. 2016, pp. 1–12, 2016.

[72] GONG L, LUO L, WANG H, et al. Adaptive Cruise Control Design Based on Fuzzy-PID[C]// in IEEE ICEEE, Henan, China, 2010.

[73] MILANES V, VILLAGRA J, GODOY J, et al. Comparing fuzzy and intelligent PI controllers in stop-and-go manoeuvres[C]// in IEEE T Contr Syst T, vol. 20, no. 3, pp. 770–778, 2012.

第2章　最优化方法基础理论

2.1 最优化方法基础

在现实生活中，经常会遇到某类实际问题，要求在众多的方案中选择一个最优方案。例如，在个人投资理财中，如何选择理财产品及分配资金投入比例，使得预期收益率最高；在驾车通过山坡时，使用多大的油门和刹车力度，能够安全舒适地经过山坡且油耗最低。这些案例的共同点是，在许多可能的方案中，找出最合理的方案，达到预期的目标。这种寻找最优方案的方法即最优化方法。

2.1.1 最优化问题

在面对一个具体的问题时，我们首先要做的是对问题进行数学描述，将抽象的问题用具体的数学模型来表示。最优化问题的数学模型一般形式为

$$\begin{cases} \min f(\boldsymbol{x}) \\ \text{s.t. } c_i(\boldsymbol{x}) \leqslant 0, i=1,2,\cdots,m \\ c_i(\boldsymbol{x})=0, i=m+1,m+2,\cdots,n \end{cases} \tag{2-1}$$

其中，$\boldsymbol{x}=[x_1, x_2, x_3, \cdots]^{\mathrm{T}}$是决策变量，即为所求，$f(\boldsymbol{x})$称为目标函数，$\boldsymbol{x}$的求解要使得目标函数最小，$c_i(\boldsymbol{x})\leqslant 0$是不等式约束条件，$c_i(\boldsymbol{x})=0$是等式约束条件，$\boldsymbol{x}$

的求解要使得约束条件成立。用最优化方法求得的最优解记为$\boldsymbol{x}^*=[x_1^*, x_2^*, x_3^*, \cdots]^T$。

以投资理财为例，小王有100万元闲余资金用于投资理财，通过手机银行了解到3款理财产品：A产品为1月起，年收益率2%，B产品为3月起，年收益率3%，C产品为6月起，年收益率5%。任何理财产品都有风险，假设A产品低风险，但有0.1%可能血本无归；B产品中风险，有0.5%可能血本无归；C产品高风险，但有2%可能血本无归。小王应如何选择理财？

首先，我们定义决策变量$\boldsymbol{x}$，包含3款产品投资额和投资时长，即$\boldsymbol{x}=[x_1, x_2, x_3, x_4, x_5, x_6]^T$。$x_1, x_2, x_3$分别表示A，B，C产品投资的金额，$x_4, x_5, x_6$分别表示A，B，C产品投资的时长。

然后，可以定义目标函数，以收益金额总数为目标。对于A产品，预计收益为$f_A(\boldsymbol{x})=x_1x_4\times2\%\times99.9\%-x_1\times0.1\%$；对于B产品，预计收益为$f_B(\boldsymbol{x})=x_2x_5\times3\%\times99.5\%-x_2\times0.5\%$；对于C产品，预计收益为$f_C(\boldsymbol{x})=x_3x_6\times5\%\times98\%-x_3\times2\%$。总收益为$f_A(\boldsymbol{x})+f_B(\boldsymbol{x})+f_C(\boldsymbol{x})$，通常研究使目标函数最小，因此本例中的目标函数可选为

$$f(\boldsymbol{x})=-f_A(\boldsymbol{x})-f_B(\boldsymbol{x})-f_C(\boldsymbol{x})=-0.01998x_1x_4+0.001x_1-0.02985x_2x_5+0.005x_2-0.049x_3x_6+0.02x_3$$

最后，确定问题的约束条件。对于A产品，$0\leqslant x_1\leqslant100$，$1/12\leqslant x_4\leqslant1$；对于B产品，$0\leqslant x_2\leqslant100$，$3/12\leqslant x_5\leqslant1$；对于C产品，$0\leqslant x_3\leqslant100$，$6/12\leqslant x_6\leqslant1$。有$x_1+x_2+x_3=100$。因此，约束条件为

$$\begin{cases}0\leqslant x_1\leqslant100, 1/12\leqslant x_4\leqslant1\\0\leqslant x_2\leqslant100, 3/12\leqslant x_5\leqslant1\\0\leqslant x_3\leqslant100, 6/12\leqslant x_6\leqslant1\\x_1+x_2+x_3\leqslant100\end{cases}\tag{2-2}$$

该案例的最优化问题形式为

$$\min f(\boldsymbol{x})=-0.01998x_1x_4+0.001x_1-0.02985x_2x_5+0.005x_2-0.049x_3x_6+0.02x_3$$

$$\text{s.t.}\begin{cases}0\leqslant x_1\leqslant 100, 1/12\leqslant x_4\leqslant 1\\0\leqslant x_2\leqslant 100, 3/12\leqslant x_5\leqslant 1\\0\leqslant x_3\leqslant 100, 6/12\leqslant x_6\leqslant 1\\x_1+x_2+x_3\leqslant 100\end{cases}\tag{2-3}$$

如此,我们就将一个简单的经济问题转换成了一个最优化问题。针对式(2-3)的最优化问题,如何求解最优的变量$\boldsymbol{x}=[x_1, x_2, x_3, x_4, x_5, x_6]^{\mathrm{T}}$,读者可以在后文中找到求解方法,在这里只是作为一个案例便于理解。

2.1.2 凸函数与凸优化问题

最优化问题中的目标函数可以是不同的类型,当目标函数是凸函数形式时,求解方法能够大大简化,因此对凸函数做单独分析。

凸函数是一类特殊的函数,针对凸函数的特性,能够采用凸优化方法方便地求最优化问题的解。非凸优化问题可以转化成凸优化问题求解,这是凸优化最有价值的地方。

(1) 凸集与凸函数。

凸集的定义:集合$D\subseteq \mathrm{R}^n$,如果对于任意$\boldsymbol{x},\boldsymbol{y}\in D$,$\lambda\in(0, 1)$有

$$\lambda\boldsymbol{x}+(1-\lambda)\boldsymbol{y}\in D\tag{2-4}$$

图形展示如图2-1所示,集合D中的任意两点连线上点处于集合中,则集合D为凸集,反之为凹集。

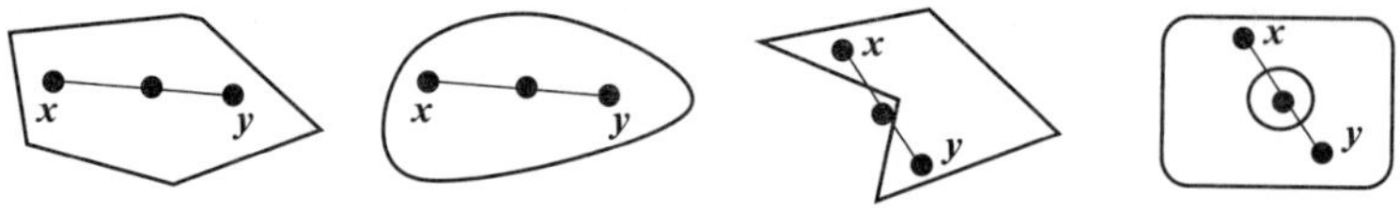

图2-1 凸集与凹集

凸函数的定义:设$f(\boldsymbol{x})$是定义在凸集D上的函数,如果对于任意$\boldsymbol{x},\boldsymbol{y}\in D$和$\lambda\in(0, 1)$,有

$$f(\lambda\boldsymbol{x}+(1-\lambda)\boldsymbol{y})\leqslant\lambda f(\boldsymbol{x})+(1-\lambda)f(\boldsymbol{y})\in D\tag{2-5}$$

则称$f(x)$是D上的凸函数，如果上式对$x \neq y$严格成立，则称$f(x)$是D上的严格凸函数。若$-f(x)$是一个凸函数，那么$f(x)$则是一个凹函数。如果等号处处不成立，则称它是一个严格凹函数。(图2-2)

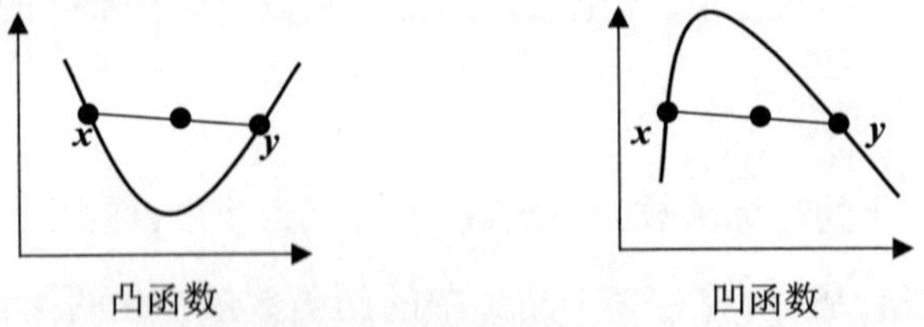

图2-2　凸集与凹集

对于凸函数的判定，可以通过海森(Hession)矩阵判断：

$$H=\begin{bmatrix} \frac{\partial^2 f(\boldsymbol{x})}{\partial {x_1}^2} & \frac{\partial^2 f(\boldsymbol{x})}{\partial x_1 \partial x_2} & \cdots & \frac{\partial^2 f(\boldsymbol{x})}{\partial x_1 \partial x_n} \\ \frac{\partial^2 f(\boldsymbol{x})}{\partial x_2 \partial x_1} & \frac{\partial^2 f(\boldsymbol{x})}{\partial {x_2}^2} & \cdots & \frac{\partial^2 f(\boldsymbol{x})}{\partial x_2 \partial x_n} \\ \vdots & \vdots & \vdots & \cdots \\ \frac{\partial^2 f(\boldsymbol{x})}{\partial x_n \partial x_1} & \frac{\partial^2 f(\boldsymbol{x})}{\partial x_n \partial x_2} & \cdots & \frac{\partial^2 f(\boldsymbol{x})}{\partial {x_n}^2} \end{bmatrix} \tag{2-6}$$

如果$f(x)$的海森矩阵半正定，则$f(x)$为凸函数；如果$f(x)$的海森矩阵正定，则$f(x)$为严格凸函数。

一些常见的函数，例如二次型函数$f(\boldsymbol{X})=\boldsymbol{X}^{\mathrm{T}}\boldsymbol{AX}={x_1}^2+x_1x_2+{x_2}^2$，就是一种典型的凸函数。又如$g(\boldsymbol{X})=\boldsymbol{CX}=x_1+2x_2$，也是一种凸函数。不难证明，凸函数+凸函数也是一种凸函数，所以对于函数$F(\boldsymbol{X})=f(\boldsymbol{X})+g(\boldsymbol{X})=\boldsymbol{X}^{\mathrm{T}}\boldsymbol{AX}+\boldsymbol{CX}={x_1}^2+x_1x_2+{x_2}^2+x_1+2x_2$，也是凸函数，在本章的二次规划问题中将会用到这个特性。图2-3所示为几种凸函数的图形。

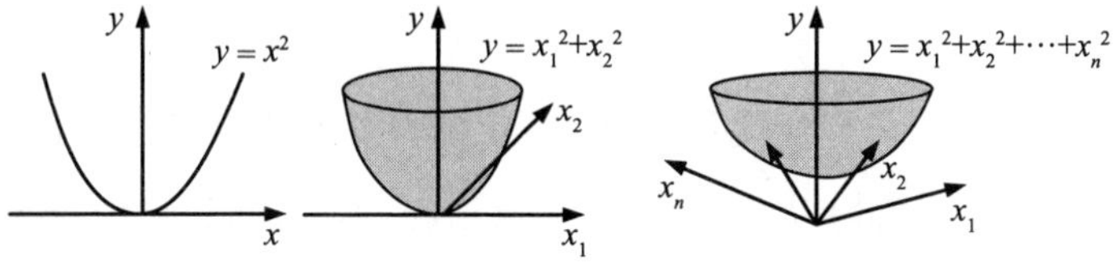

图2-3　凸函数的图形

对于一元函数，可以用平面坐标系的曲线表示，对于二元函数，可以用空间坐标系的曲面表示，而对于多变量函数，可能无法用图形表达，我们将其想象为一个高维空间的超曲面。由此可见，这些凸函数共同特点在于其开口向上，并且在凸集定义域内存在最小值，当函数是严格凸函数时存在唯一的最小值。

(2) 凸优化问题。

同时满足优化的目标函数为凸函数，可行域为凸集，称为凸优化。凸优化是最优化的一个子领域，研究定义于凸集中的凸函数最小化的问题。凸优化非常易于解决，如果一个实际的问题可以被表示成凸优化问题，则可以认为其能够得到很好的解决。对凸优化问题来说，局部最优解就是全局最优解。同时，非凸优化问题可以转化为凸优化问题进行解决。

2.1.3 优化问题一般解法

随着优化理论和最优化技术的发展，以及最优化越来越广泛的应用，已经有大量的最优化方法适用于不同类型的最优化问题的求解。本节介绍最普遍使用的最优化方法。尽管最优化问题的类型和求解的方法千差万别，但所有的方法都具有下述基本的迭代格式：

(1) 给定最优解的一个初始估计 $x^{(0)}$，置 $k=0$。

(2) 如果 $x^{(k)}$ 满足对最优解估计的终止条件，停止迭代。

(3) 确定一个改善 $x^{(k)}$ 的修正量 $\delta^{(k)}$。

(4) 得到最优解的一个更好的估计 $x^{(k+1)}=x^{(k)}+\delta^{(k)}$，置 $k=k+1$ 后转(2)。

2.2 无约束最优化方法

无约束问题是指只有优化目标，而不存在约束条件的问题。通常是由给定的初始点出发，按一定的规则不断向最优解趋近，根据不同的趋近思想/规则，有不同的优化方法。

2.2.1 无约束最优化方法基本概念

对于如下的优化问题：

$$\min f(x) \tag{2-7}$$

其中，$f(x)$称为目标函数，在搜索域内连续。对于无约束优化问题，通常给定了一个迭代求解的公式，一类常用的迭代格式为

$$\boldsymbol{x}_{k+1}=\boldsymbol{x}_k+d_k\boldsymbol{\alpha}_k,\ k=0,1,2,\cdots \tag{2-8}$$

其中，k为迭代次数，$\boldsymbol{x}_k$为当前最优解，$\boldsymbol{x}_0$为已知的初始解，d_k为迭代搜索的步长，$\boldsymbol{\alpha}_k$表示下降方向。在这里，d_k可认为是一个控制率，而$\boldsymbol{\alpha}_k$可认为是搜索的方向。

为求最优解，关键是建立如式(2-8)的迭代公式。根据迭代公式和给定的初始值，依此向前搜索，直至达到确定迭代次数或目标函数不再发生变化为止。

当目标函数$f(x)$为一元函数时，优化问题等效于求解平面曲线的极小/大值点；当目标函数$f(x)$为二元函数时，优化问题等效于求解空间曲面的极小/大值点；当目标函数$f(x)$为多元函数时，优化问题等效于求解超曲面的极小/大值点。为了便于后续分析，我们只讨论函数的极小值问题。

2.2.2 梯度下降法与牛顿下降法

(1) 梯度下降法。

梯度下降法的基本思想可以类比为一个下山的过程。假设这样一个场景：一个人被困于山上，他对山上的环境不熟悉。为了尽快脱困到达山底，他会从当前位置开始，查找最陡峭的方向前进一段距离，到达新的位置，然后在新位置重新查找最陡峭的方向前进，按照此规律行走，将会在最短时间内到达山底。梯度下降法也称最速下降法。结合二维平面曲线的极小值求取方法，描述梯度下降法，如图2-4所示。

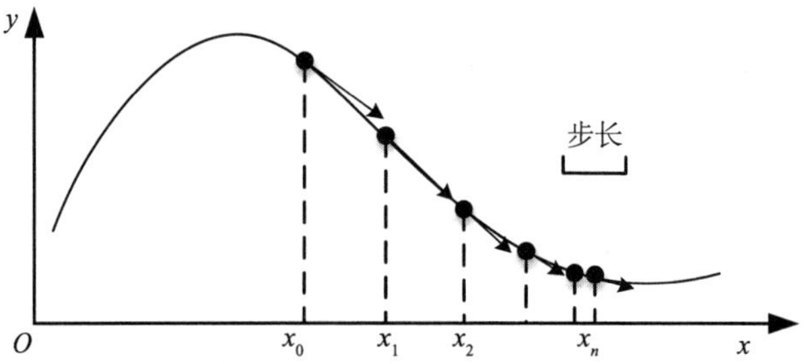

图2-4 梯度下降法图示

对于给定的目标函数$f(x)$和初始点x_0，要求$f(x)$的极小值。可知，从x_0开始，沿着斜率的反方向搜索，能够逐步趋向$f(x)$的极小值。设步长为d，$f'(x)$为函数在x处的导数，则迭代公式为

$$x_{k+1}=x_k-df'(x_k), k=0, 1, 2, \cdots \tag{2-9}$$

以求$y=f(x)=x^4+x^3+2x^2+3x+1$的极小值为例，假设初始点选择为8.00，按照梯度下降法的迭代公式，最优解搜索过程如表2-1和图2-5所示。

表2-1 梯度下降法搜索过程

迭代次数k	定步长搜索		变步长搜索	
	x	步长d	x	步长d
0	8.00	0.001	8.00	0.002
1	3.45	0.001	3.45	0.004
2	3.02	0.001	2.58	0.006
3	2.71	0.001	1.97	0.008
4	2.48	0.001	1.55	0.010
5	2.30	0.001	1.23	0.012
6	2.14	0.001	0.99	0.014
7	2.01	0.001	0.80	0.016
8	1.90	0.001	0.64	0.018
9	1.80	0.001	0.50	0.020
10	1.72	0.001	0.37	0.022

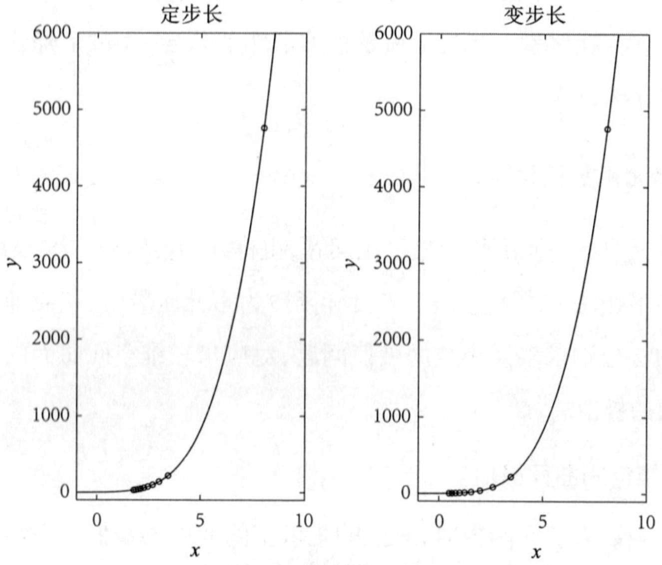

图2–5　搜索过程对比

通过上例可知，迭代步长或学习因子d的选取对迭代收敛有较大影响。较小的迭代步长导致收敛慢，而较大的迭代步长容易造成不收敛的问题。

(2) 牛顿下降法。

牛顿下降法的基本思想是利用目标函数$f(x)$在迭代点x_k处的泰勒二阶展开作为模型，并用这个模型函数的极小点序列去逼近目标函数的极小点。

设$f(x)$二阶连续，在x_k附近作泰勒二阶展开，近似得到

$$f(x)=f(x_k)+f'(x_k)(x-x_k)+\frac{1}{2}f''(x_k)(x-x_k)^2 \tag{2-10}$$

对于$f(x)$的极小值点x满足$f'(x)=0$，因此式(2-10)等号两边对x求导得到

$$f'(x)=f'(x_k)+f''(x)(x-x_k)=0 \tag{2-11}$$

取$x=x_{k+1}$得到牛顿下降法的迭代公式：

$$x_{k+1}=x_k-[f''(x_k)]^{-1}f'(x_k) \tag{2-12}$$

对比梯度下降法的迭代公式(2-9)和牛顿下降法的迭代公式(2-12),两者仅在步长这一项存在区别。梯度下降法的步长人为设定,牛顿下降法的步长则由函数的二阶导函数确定。

2.2.3 多元函数优化问题

以上讨论的是一元函数的最优化问题,也称线性搜索或一维搜索,分别给出了梯度法和牛顿法的求解过程。当目标函数为多元函数时,相应地可以通过梯度法和牛顿法分别求多元函数的极值问题,对应求三维空间曲面的极值和高维空间超曲面的极值。

(1) 三维空间曲面极值。

当目标函数为二元函数时,对应的是求空间曲面的极值。设给定目标函数$z=f(x, y)$和初始点(x_0, y_0),要求$f(x, y)$的极小值。

采用梯度下降法,类似于曲线的极小值求法,沿着曲面的"斜率"反方向搜索,就能够逐步趋向$f(x, y)$的极小值。这里的"斜率"反映在三维空间曲面,就是梯度,即

$$\operatorname{grad} f(x,y)=\nabla f(x,y)=\left(\frac{\partial f(x,y)}{\partial x}, \frac{\partial f(x,y)}{\partial y}\right) \tag{2-13}$$

设步长为d,$\nabla f(x,y)$为函数在(x, y)处的梯度,则迭代公式为

$$(x_{k+1}, y_{k+1})=(x_k, y_k)-d\nabla f(x_k, y_k) \tag{2-14}$$

采用牛顿下降法时,设$z=f(x, y)$二阶连续,将目标函数$z=f(x, y)$在迭代点x_k处做二阶泰勒展开,得到

$$\begin{aligned} f(x,y)=&f(x_k,y_k)+f_{x_k}{}'(x-x_k)+f_{y_k}{}'(y-y_k)+\frac{1}{2}f_{x_kx_k}{}''(x-x_k)^2 \\ &+\frac{1}{2}f_{x_ky_k}{}''(x-x_k)(y-y_k)+\frac{1}{2}f_{y_kx_k}{}''(x-x_k)(y-y_k)+\frac{1}{2}f_{y_ky_k}{}''(y-y_k)^2 \end{aligned} \tag{2-15}$$

在这里讨论的是$z=f(x, y)$属于正定二次函数。对于$f(x, y)$的极小值点

(x, y)满足偏导数为0，即$f_x'(x, y)=0, f_y'(x, y)=0$。因此，可以进一步得到

$$\begin{cases} f_x'(x,y)=\dfrac{\partial f(x,y)}{\partial x}=f_{x_k}'+f_{x_kx_k}''(x-x_k)+\dfrac{1}{2}f_{x_ky_k}''(y-y_k)+\dfrac{1}{2}f_{y_kx_k}''(y-y_k)=0 \\ f_y'(x,y)=\dfrac{\partial f(x,y)}{\partial y}=f_{y_k}'+\dfrac{1}{2}f_{x_ky_k}''(x-x_k)+\dfrac{1}{2}f_{y_kx_k}''(x-x_k)+f_{y_ky_k}''(y-y_k)=0 \end{cases} \tag{2-16}$$

令$x=x_{k+1}$，由式(2-16)得到牛顿下降法的迭代公式为

$$[x_{k+1}, y_{k+1}]^{\mathrm{T}}=[x_k, y_k]^{\mathrm{T}}-\begin{bmatrix} f_{xx}'' & f_{xy}'' \\ f_{yx}'' & f_{yy}'' \end{bmatrix}^{-1}[f_{x_k}', f_{y_k}']^{\mathrm{T}} \tag{2-17}$$

(2) 高维空间超曲面极值。

进一步将目标函数推广到多元函数时，对应的是求高维空间超曲面的极值。设给定目标函数$y=f(x_1, x_2, \cdots, x_n)$和初始点$(x_1^{(0)}, x_2^{(0)}, \cdots, x_n^{(0)})$，要求$f(x_1, x_2, \cdots, x_n)$的极小值。下面直接给出了相应的结果，推导过程不再赘述。

当采用梯度下降法时，迭代公式为

$$(x_1^{(k+1)}, x_2^{(k+1)}, \cdots, x_n^{(k+1)})=(x_1^{(k)}, x_2^{(k)}, \cdots, x_n^{(k)})-d\nabla f(x_1^{(k)}, x_2^{(k)}, \cdots, x_n^{(k)}) \tag{2-18}$$

当采用牛顿下降法时，迭代公式为

$$[x_1^{(k+1)}, x_2^{(k+1)}, \cdots, x_n^{(k+1)}]^{\mathrm{T}}=[x_1^{(k)}, x_2^{(k)}, \cdots, x_n^{(k)}]^{\mathrm{T}}-\boldsymbol{H}^{-1}[f_{x1}^{(k)\prime}, f_{x2}^{(k)\prime}, \cdots, f_{xn}^{(k)\prime}]^{\mathrm{T}} \tag{2-19}$$

其中，$\boldsymbol{H}$为海森矩阵，具体形式为

$$\boldsymbol{H}=\begin{bmatrix} f_{x_1x_1}'' & f_{x_1x_2}'' & \cdots & f_{x_1x_n}'' \\ f_{x_2x_1}'' & f_{x_2x_2}'' & \cdots & f_{x_2x_n}'' \\ \cdots & \cdots & \cdots & \cdots \\ f_{x_nx_1}'' & f_{x_nx_2}'' & \cdots & f_{x_nx_n}'' \end{bmatrix} \tag{2-20}$$

2.2.4 牛顿法求方程的根

在前面内容中，我们是将目标函数做泰勒二阶展开，推导出了牛顿迭代公式，用于求目标函数的极值。当将目标函数做泰勒一阶展开时，得到的迭代公式可求方程的根。对于如下二元方程组，采用牛顿法求方程的根。

$$\begin{cases} f(x,y)=0 \\ g(x,y)=0 \end{cases} \tag{2-21}$$

对$f(x, y)$和$g(x, y)$在(x_k, y_k)处分别做泰勒一阶近似展开，得到

$$\begin{cases} f(x,y)=f(x_k,y_k)+f_{x_k}{}'(x-x_k)+f_{x_k}{}'(y-y_k)=0 \\ g(x,y)=g(x_k,y_k)+g_{x_k}{}'(x-x_k)+g_{x_k}{}'(y-y_k)=0 \end{cases} \tag{2-22}$$

用x_{k+1}代替x，可以得到方程组求解的迭代公式：

$$\begin{bmatrix} x_{k+1} \\ y_{k+1} \end{bmatrix}=\begin{bmatrix} x_k \\ y_k \end{bmatrix}-\begin{bmatrix} f_{x_k}{}' & f_{y_k}{}' \\ g_{x_k}{}' & g_{y_k}{}' \end{bmatrix}^{-1}\begin{bmatrix} f(x_k,y_k) \\ g(x_k,y_k) \end{bmatrix} \tag{2-23}$$

进一步推广到多元函数方程组求根，对如下的方程组：

$$\begin{cases} f_1(x_1,x_2,\cdots,x_n)=0 \\ f_2(x_1,x_2,\cdots,x_n)=0 \\ \qquad\vdots \\ f_n(x_1,x_2,\cdots,x_n)=0 \end{cases} \tag{2-24}$$

方程组求根的迭代公式：

$$\begin{bmatrix} x_1{}^{(k+1)} \\ x_2{}^{(k+1)} \\ \vdots \\ x_n{}^{(k+1)} \end{bmatrix}=\begin{bmatrix} x_1{}^{(k)} \\ x_2{}^{(k)} \\ \vdots \\ x_n{}^{(k)} \end{bmatrix}-\begin{bmatrix} f_{1\,x_1^{(k)}}{}' & f_{1\,x_2^{(k)}}{}' & \cdots & f_{1\,x_n^{(k)}}{}' \\ f_{2\,x_1^{(k)}}{}' & f_{2\,x_2^{(k)}}{}' & \cdots & f_{2\,x_n^{(k)}}{}' \\ \vdots & \vdots & \vdots & \vdots \\ f_{n\,x_1^{(k)}}{}' & f_{n\,x_2^{(k)}}{}' & \cdots & f_{n\,x_n^{(k)}}{}' \end{bmatrix}^{-1}\begin{bmatrix} f_1(x_1{}^{(k)},x_2{}^{(k)},\cdots,x_n{}^{(k)}) \\ f_2(x_1{}^{(k)},x_2{}^{(k)},\cdots,x_n{}^{(k)}) \\ \vdots \\ f_n(x_1{}^{(k)},x_2{}^{(k)},\cdots,x_n{}^{(k)}) \end{bmatrix} \tag{2-25}$$

例：求下面二元线性方程组的根。

$$\begin{cases} f(x,y)=x^2+x+1+y=0 \\ g(x,y)=2x^2-11+y^2=0 \end{cases}, (x_0,y_0)=(3,0)$$

根据方程组，得到迭代公式为

$$\begin{bmatrix} x^{(k+1)} \\ y^{(k+1)} \end{bmatrix}=\begin{bmatrix} x^{(k)} \\ y^{(k)} \end{bmatrix}-\begin{bmatrix} 2x^{(k)}+1 & 1 \\ 4x^{(k)} & 2y^{(k)} \end{bmatrix}^{-1}\begin{bmatrix} (x^{(k)})^2+x^{(k)}+1+y^{(k)} \\ 2(x^{(k)})^2-11+(y^{(k)})^2 \end{bmatrix}$$

表2-2 搜索过程

迭代次数	方程根	f, g	迭代次数	方程根	f, g
1	$x=3, y=0$	$f=13, g=7$	4	$x=1.2, y=-3.3$	$f=0.2, g=2.8$
2	$x=2.4, y=-8.9$	$f=0.3, g=80.2$	5	$x=1, y=-3$	$f=0, g=0.1$
3	$x=1.7, y=-4.8$	$f=0.6, g=17.8$	6	$x=1, y=-3$	$f=0, g=0$

2.3 带约束的优化问题

往往在解优化问题的过程中，自变量的取值会受到一定的限制，这种限制叫约束条件，相应的优化问题也叫约束优化问题。在解决实际优化问题时，可以先将问题转换为带约束的优化问题，通过求解带约束的优化问题，得到最优解。

2.3.1 等式约束与不等式约束

(1) 等式约束问题。

含有等式约束的优化问题如下：

$$\begin{cases} \min f(x) \\ \text{s.t. } h_i(x)=0, i=1,2,\cdots,l \end{cases} \tag{2-26}$$

对于带等式约束的优化问题，一般采用拉格朗日乘子法，作拉格朗日函数：

$$L(x)=f(x,\boldsymbol{\lambda})=f(x)-\sum_{i=1}^{l}\boldsymbol{\lambda}_i h_i(x) \tag{2-27}$$

其中，$\boldsymbol{\lambda}=[\lambda_1, \lambda_2, \cdots, \lambda_l]$，称为拉格朗日向量。

根据最优性条件，可得最优解的必要条件如下：

$$\begin{cases}\nabla_x L=\dfrac{\partial L}{\partial x}=\nabla f+\boldsymbol{\lambda}\nabla g=0\\ \nabla_\lambda L=\dfrac{\partial L}{\partial \boldsymbol{\lambda}}=h_i(x)=0\end{cases} \tag{2-28}$$

通过上式，可以求得带等式约束的优化问题的最优解。

(2) 不等式约束问题。

含有不等式约束的优化问题如下：

$$\begin{cases}\min\ f(x)\\ s.t.\ h_i(x)\leqslant 0, i=1,2,\cdots,l\end{cases} \tag{2-29}$$

其中，可行域为$D=\{x\in R^n|\ h_i(x)\leqslant 0\}$。

(3) 一般约束问题。

考虑如下的一般约束问题，既包含等式约束，也包含不等式约束。

$$\begin{cases}\min\ f(x)\\ \text{s.t.}\ h(x)\leqslant 0\\ g(x)=0\end{cases} \tag{2-30}$$

其中，可行域为$D=\{x\in R^n|\ h_i(x)\leqslant 0,\ g_i(x)=0\}$。

上述三类带约束的优化问题是最优化理论中经常研究的内容，针对这些约束优化问题，产生了一些不同的求解方法。在这里，将不对这些方法做具体介绍。

2.3.2 二次规划问题

二次规划问题也称QP (quadratic programming)问题，它是一类特殊数学规划问题，在很多方面都有应用。具体地说，QP 是一个(线性约束)二次优化问题，即优化(最小化或最大化)多个变量的二次函数，并服从于这些变量的线性约束。二次规划问题的一般形式为

$$\begin{aligned}&\min f(\boldsymbol{X})=\frac{1}{2}\boldsymbol{X}^{\mathrm{T}}P\boldsymbol{X}+\boldsymbol{C}^{\mathrm{T}}\boldsymbol{X}\\&\text{s.t.}\boldsymbol{GX}\leqslant\boldsymbol{H}\end{aligned} \tag{2-31}$$

其中，$\boldsymbol{X}$是一个n维向量，$\boldsymbol{P}$是$n\times n$矩阵。二次规划问题可以是带等式约束条件$\boldsymbol{GX}=\boldsymbol{H}$，或者带不等式约束条件$\boldsymbol{GX}\leqslant\boldsymbol{H}$。在这里主要研究带不等式约束的凸二次规划问题，即要求$\boldsymbol{P}$是半正定矩阵，那么$f(\boldsymbol{X})$是一个凸函数。下面介绍凸二次规划问题的外点法求解过程。

(1) 原问题。

原问题(2-31)中，有

$$\boldsymbol{P}=\begin{bmatrix}p_{11}&p_{12}&\cdots&p_{1n}\\p_{21}&p_{22}&\cdots&p_{2n}\\\vdots&\vdots&\vdots&\vdots\\p_{n1}&p_{n2}&\cdots&p_{nn}\end{bmatrix},\boldsymbol{G}=\begin{bmatrix}g_{11}&g_{12}&\cdots&g_{1n}\\g_{21}&g_{22}&\cdots&g_{2n}\\\vdots&\vdots&\vdots&\vdots\\g_{m1}&g_{m2}&\cdots&g_{mn}\end{bmatrix} \tag{2-32}$$

$$\boldsymbol{GX}\leqslant\boldsymbol{H}\to\begin{cases}G_1\boldsymbol{X}-H_1\leqslant 0\\G_2\boldsymbol{X}-H_2\leqslant 0\\\quad\vdots\\G_m\boldsymbol{X}-H_m\leqslant 0\end{cases},\begin{cases}\boldsymbol{X}=[x_1,x_2,\cdots,x_n]^{\mathrm{T}}\\\boldsymbol{C}=[c_1,c_2,\cdots,c_m]^{\mathrm{T}}\\\boldsymbol{H}=[H_1,H_2,\cdots,H_m]^{\mathrm{T}}\\G_i=[g_{i1},g_{i2},\cdots,g_{in}]\end{cases} \tag{2-33}$$

(2) 约束条件转换。

对于约束条件$G_i\boldsymbol{X}-H_i\leqslant 0$，可等效为如下的惩罚函数：

$$g_i(\boldsymbol{X})=\begin{cases}0,G_i\boldsymbol{X}-H_i\leqslant 0\\(G_i\boldsymbol{X}-H_i)^2,G_i\boldsymbol{X}-H_i>0\end{cases} \tag{2-34}$$

(3) 重定义目标函数。

通过约束条件转换,可以将带约束的原问题(2-31)转换为无约束的优化问题:

$$\min f(\boldsymbol{X})=\frac{1}{2}\boldsymbol{X}^{\mathrm{T}}\boldsymbol{P}\boldsymbol{X}+\boldsymbol{C}^{\mathrm{T}}\boldsymbol{X}+q\sum_{i=1}^{m}\left(g_i(\boldsymbol{X})\right)^2 \tag{2-35}$$

其中,$q\sum_{i=1}^{m}\left(g_i(\boldsymbol{X})\right)^2$称为惩罚项,惩罚项可以认为是:若当前解$X$满足第$i$个约束条件,即$G_i\boldsymbol{X}-H_i\leqslant 0$,则惩罚值为0;若当前解$\boldsymbol{X}$不满足第$i$个约束条件,即$G_i\boldsymbol{X}-H_i>0$,则惩罚值为$(G_i\boldsymbol{X}-H_i)^2$。同时,增加了惩罚因子$q$和惩罚因子的增长系数$a$(取$a=2$),使得$q=a^{k-1}$。其中,$k$为迭代次数。随着迭代次数的增加,惩罚项将逐渐加重,使得解X逼近可行域内或可行域边界。

(4) 求解无约束的优化问题(内循环)。

对于式(2-35)的最优化问题,可以采用牛顿迭代法求解最优$\boldsymbol{X}^*$。牛顿法迭代公式为

$$X_{k+1}=X_k-\boldsymbol{H}^{-1}f'(X_k) \tag{2-36}$$

$$f'(\boldsymbol{X}_k)=\boldsymbol{P}\boldsymbol{X}_k+\boldsymbol{C}+\left(q\sum_{i=1}^{m}\left(g_i(\boldsymbol{X})\right)^2\right)'=\boldsymbol{P}\boldsymbol{X}_k+\boldsymbol{C}+\begin{bmatrix}\dfrac{\partial\left(q\sum_{i=1}^{m}\left(g_i(\boldsymbol{X})\right)^2\right)}{\partial x_1}\\ \dfrac{\partial\left(q\sum_{i=1}^{m}\left(g_i(\boldsymbol{X})\right)^2\right)}{\partial x_2}\\ \vdots\\ \dfrac{\partial\left(q\sum_{i=1}^{m}\left(g_i(\boldsymbol{X})\right)^2\right)}{\partial x_n}\end{bmatrix} \tag{2-37}$$

$$\boldsymbol{H}=\boldsymbol{P}+\begin{bmatrix} \dfrac{\partial^2\left(q\sum\limits_{i=1}^{m}\left(g_i(\boldsymbol{X})\right)^2\right)}{\partial x_1\partial x_1} & \dfrac{\partial^2\left(q\sum\limits_{i=1}^{m}\left(g_i(\boldsymbol{X})\right)^2\right)}{\partial x_1\partial x_2} & \cdots & \dfrac{\partial^2\left(q\sum\limits_{i=1}^{m}\left(g_i(\boldsymbol{X})\right)^2\right)}{\partial x_1\partial x_n} \\ \dfrac{\partial^2\left(q\sum\limits_{i=1}^{m}\left(g_i(\boldsymbol{X})\right)^2\right)}{\partial x_2\partial x_1} & \dfrac{\partial^2\left(q\sum\limits_{i=1}^{m}\left(g_i(\boldsymbol{X})\right)^2\right)}{\partial x_2\partial x_2} & \cdots & \dfrac{\partial^2\left(q\sum\limits_{i=1}^{m}\left(g_i(\boldsymbol{X})\right)^2\right)}{\partial x_2\partial x_n} \\ \vdots & \vdots & \vdots & \vdots \\ \dfrac{\partial^2\left(q\sum\limits_{i=1}^{m}\left(g_i(\boldsymbol{X})\right)^2\right)}{\partial x_n\partial x_1} & \dfrac{\partial^2\left(q\sum\limits_{i=1}^{m}\left(g_i(\boldsymbol{X})\right)^2\right)}{\partial x_n\partial x_2} & \cdots & \dfrac{\partial^2\left(q\sum\limits_{i=1}^{m}\left(g_i(\boldsymbol{X})\right)^2\right)}{\partial x_n\partial x_n} \end{bmatrix} \tag{2-38}$$

上述最优解 $\boldsymbol{X}^*$是在 $q=a^{k-1}$时求得的，因而也称为内循环。显然，当q的取值较小时，惩罚项的权重值较小，不足以保证最优解 $\boldsymbol{X}^*$在可行域内。因而，当内循环结束后，如果最优解 $\boldsymbol{X}^*$不在可行域内，应适当增加惩罚项的权重，也即外循环。

(5) 检验迭代终止条件(外循环)。

当第(4)步中的最优解满足约束条件时，则优化结束；当不满足约束条件时，更新q后，继续迭代。

由于第(4)步中，求解的 $\boldsymbol{X}^*$仅仅是 $q=a^{k-1}$时内循环的最优解，并不能保证 $\boldsymbol{X}^*$满足约束条件(因为惩罚项不够重)，因此外循环更新 $k+1\rightarrow k$，使得q增加，因而增加了惩罚权重，进入下一次循环迭代。

检验方法：① 第k次外循环时，$q=a^{k-1}$，牛顿迭代求得最优解为 $\boldsymbol{X}^*$；② 若满足$|\boldsymbol{G}\boldsymbol{X}^*-\boldsymbol{H}|\leqslant\delta$，则迭代结束，最优解为 $\boldsymbol{X}^*$；③ 否则，令 $k+1\rightarrow k$，更新q，并将 $\boldsymbol{X}^*$作为初始解 X_0，进入内循环。

案例：求如下二次规划问题。

$$\min\ \frac{1}{2}\left(x_1{}^2+x_2{}^2\right)-20x_1-30x_2$$

$$\text{s.t. } x-y\leqslant-1, x+y\leqslant-1,\ -x+y\leqslant 11,\ -x-y\leqslant 11$$

解：

(1)由原问题可得：

$$P=\begin{bmatrix}1 & 0\\0 & 1\end{bmatrix}, G=\begin{bmatrix}G_1\\G_2\\G_3\\G_4\end{bmatrix}=\begin{bmatrix}1 & -1\\1 & 1\\-1 & 1\\-1 & -1\end{bmatrix}, \begin{array}{l}X=[x_1, x_2]^{\mathrm{T}}\\C^{\mathrm{T}}=[-20,\ -10]\\H=[-1,\ -1, 11, 11]^{\mathrm{T}}\end{array}$$

(2)定义4个约束条件的系数(布尔型)B_1、B_2、B_3、B_4：

$$\begin{array}{l}\text{if } G_1X_0-H(1)\leqslant 0, B_1=0; \text{else } B_1=1\\\text{if } G_2X_0-H(2)\leqslant 0, B_2=0; \text{else } B_2=1\\\text{if } G_3X_0-H(3)\leqslant 0, B_3=0; \text{else } B_3=1\\\text{if } G_4X_0-H(4)\leqslant 0, B_4=0; \text{else } B_4=1\end{array}$$

则可构造新的约束条件为：

$$g_i(X)=B_i(G_iX-H_i)^2$$

(3)重定义新的目标函数为

$$\min f(X)=\frac{1}{2}X^{\mathrm{T}}PX+C^{\mathrm{T}}X+q\sum_{i=1}^{4}\left(g_i(X)\right)^2$$

任意选择初始点$X_0=(0, 0)$，定义迭代次数$k=1$，$a=2$，惩罚因子$q=a^{(k-1)}=1$。计算$f(X)$，$f'(X)$，H。

$$\begin{aligned}f(X)&=\frac{1}{2}X^{\mathrm{T}}PX+C^{\mathrm{T}}X+q\sum_{i=1}^{n}(g_i(X))^2\\&=\frac{1}{2}X^{\mathrm{T}}PX+C^{\mathrm{T}}X+q\sum_{i=1}^{n}B_i\left(G_iX-H(i)\right)^2=\frac{1}{2}X^{\mathrm{T}}PX+C^{\mathrm{T}}X\\&+q\left(B_1\left(G_1X-H(1)\right)^2+B_2\left(G_2X-H(2)\right)^2+B_3\left(G_3X-H(3)\right)^2+B_4\left(G_4X-H(4)\right)^2\right)\end{aligned}$$

$$\begin{aligned}f'(X)&=\begin{bmatrix}\frac{\partial F}{\partial x_1} & \frac{\partial F}{\partial x_2}\end{bmatrix}=PX+C\\&+2q\begin{bmatrix}B_1(G_1X-H_1)G_{11}+B_2(G_2X-H_2)G_{21}+B_3(G_3X-H_3)G_{31}+B_4(G_4X-H_4)G_{41}\\B_1(G_1X-H_1)G_{12}+B_2(G_2X-H_2)G_{22}+B_3(G_3X-H_3)G_{32}+B_4(G_4X-H_4)G_{42}\end{bmatrix}\end{aligned}$$

$$H=\begin{bmatrix}\dfrac{\partial^2 F}{\partial x_1{}^2} & \dfrac{\partial^2 F}{\partial x_1 \partial x_2}\\ \dfrac{\partial^2 F}{\partial x_2 \partial x_1} & \dfrac{\partial^2 F}{\partial x_2{}^2}\end{bmatrix}=P+2q\cdot$$

$$\begin{bmatrix}B_1G_{11}G_{11}+B_2G_{21}G_{21}+B_3G_{31}G_{31}+B_4G_{41}G_{41} & B_1G_{12}G_{11}+B_2G_{22}G_{21}+B_3G_{32}G_{31}+B_4G_{42}G_{41}\\ B_1G_{11}G_{12}+B_2G_{21}G_{22}+B_3G_{31}G_{32}+B_4G_{41}G_{42} & B_1G_{12}G_{12}+B_2G_{22}G_{22}+B_3G_{32}G_{32}+B_4G_{42}G_{42}\end{bmatrix}$$

(4)计算$X_0=(0,0)$，$k=1$时，牛顿迭代的最优解。计算

$$X_{k+1}=X_k-(H)^{-1}f'(X_k)\xrightarrow{\text{迭代求解（内循环）}}X^*$$

牛顿迭代后，可得最优解$X^*=[3.2\ 6]^T$。

(5)验证迭代终止条件。

计算$|GX^*-H|<0.01$不成立，则进入下一次外循环。更新迭代次数$k=2$，更新$X_0\leftarrow X^*=[3.2\ 6]^T$，更新惩罚因子$q=a^{(k-1)}=2$。进入第$k=2$的内循环。

图2-6为本案例的优化迭代过程，得到最优点$X^*=[-5.49\ 4.51]^T$。

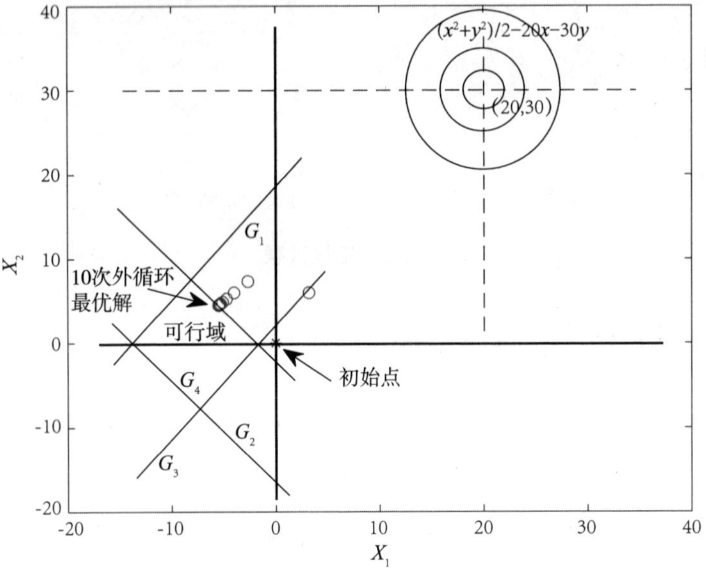

图2-6　内点法迭代优化过程

设定不同的初始解X_0和目标函数，以下是迭代过程(图2-7)。

初始解$X_0=[-5,-3]^T$，最优解$X^*=[-5.49,4.51]^T$；

初始解 $\boldsymbol{X}_0=[30,\ 10]^{\mathrm{T}}$，最优解 $\boldsymbol{X}^*=[-5.49,\ 4.51]^{\mathrm{T}}$。

初始解 $\boldsymbol{X}_0=[10,\ 5]^{\mathrm{T}}$，最优解 $\boldsymbol{X}^*=[-5,\ -3]^{\mathrm{T}}$。

初始解 $\boldsymbol{X}_0=[-7,\ 5]^{\mathrm{T}}$，最优解 $\boldsymbol{X}^*=[-5,\ -3]^{\mathrm{T}}$。

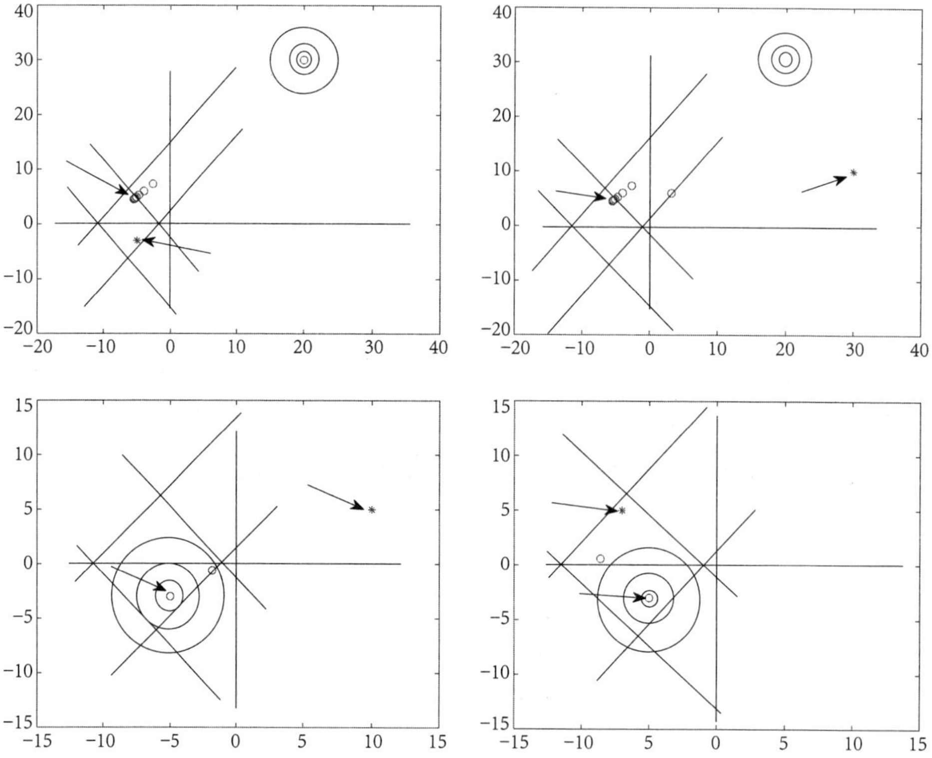

图2–7　迭代过程

2.3.3 最优控制与模型预测控制

最优控制(optimal control)理论所要解决的问题：给定的约束条件下，按照被控对象的动态特性，选择一个容许的控制，使得被控对象按照要求运动，同时使给定的系统性能指标达到极小值(或极大值)。模型预测控制是最优控制的代表例子，在实际生产中有许多应用。

(1) 最优控制。

最优控制属于最优化的范畴，与最优化有着共同的性质和理论基础。最优控制的实现离不开最优化方法，它研究和解决如何从一切可能的方案中寻找最优的方案。也就是说，最优化方法是研究和解决如何将最优化问题表示为数学模型以及如何根据数学模型尽快求出其最优解这两大问题。

一般而言，用最优化方法解决实际工程问题可分为三步进行：①根据所提出的最优化问题，建立最优化问题的数学模型，确定变量，列出约束条件和目标函数；②对所建立的数学模型进行具体分析和研究，选择合适的最优化方法；③根据最优化方法的算法列出程序框图和编写程序，用计算机求出最优解，并对算法的收敛性、通用性、简便性、计算效率及误差等作出评价。

对于最优控制问题，首先需要对研究的问题进行数学建模，以下是对最优控制问题的数学描述。

对于一个被控对象，其运动可以用一个微分方程来表示，也称为状态方程，即

$$\boldsymbol{X}(t)=f(\boldsymbol{X}(t),\boldsymbol{u}(t),t) \tag{2-39}$$

其中，$\boldsymbol{X}=[x_1, x_2, \cdots, x_n]^{\mathrm{T}}$表示$n$维状态向量，$\boldsymbol{u}=[u_1, u_2, \cdots, u_p]^{\mathrm{T}}$表示未来控制量。

对于未来的控制量，满足一定的约束条件，例如：

$$\boldsymbol{u}_{\min}\leqslant\boldsymbol{u}(t)\leqslant\boldsymbol{u}_{\max},\ |\Delta\boldsymbol{u}(t)|\leqslant\Delta\boldsymbol{u}_{\max} \tag{2-40}$$

约束条件反映了控制量的客观限制，即控制量在一定范围内取值，且控制量变化不能过大，确保结果的实际可行性，满足目标函数最小的最优解不一定能够具体执行，而加上约束后，就一定是在机构限制范围内可执行的结果。

定义最优控制的目标函数为

$$J=\theta(\boldsymbol{x}(t_f),t_f)+\int_{t_0}^{t_f}F(\boldsymbol{x}(t),\boldsymbol{u}(t),t)\mathrm{d}t \tag{2-41}$$

其中，第一项表示在t_f时刻的控制精度，第二项表示在时间域$[t_0, t_f]$内的累计量，如能量消耗。

因此,最优控制问题为:

$$\begin{cases} \min J=\theta(\boldsymbol{x}(t_f),t_f)+\int_{t_0}^{t_f}F(\boldsymbol{x}(t),\boldsymbol{u}(t),t)\mathrm{d}t \\ \text{s.t.}\,\boldsymbol{u}_{\min}\leqslant\boldsymbol{u}(t)\leqslant\boldsymbol{u}_{\max} \\ |\Delta\boldsymbol{u}(t)|\leqslant\Delta\boldsymbol{u}_{\max} \end{cases} \tag{2-42}$$

然后,对上述最优控制问题选择合适的最优化方法。由式(2-42)可知,该问题是典型的带约束的优化问题,可以采用相应的最优化方法求上述问题的最优解。

(2) 线性模型预测控制。

目前,模型预测控制(model predictive control,MPC)是最优控制的代表例子,在实际生产中有许多应用。MPC的基本原理可以分为3个步骤:预测模型、滚动优化、反馈校正。

预测模型:用于描述系统的运动特性,通常是状态方程的形式。给定系统的预测模型,根据当前的状态$\boldsymbol{X}(k)$、给定的控制输入$\boldsymbol{U}$,可以预测下一时刻的状态量$\boldsymbol{X}(k+1)$和输出$\boldsymbol{Y}(k+1)$。若给定未来控制序列,则可以通过预测模型,预测未来时刻状态量$\boldsymbol{X}(k+1)$,$\boldsymbol{X}(k+2)$,$\boldsymbol{X}(k+3)$,…以及输出量$\boldsymbol{Y}(k+1)$,$\boldsymbol{Y}(k+2)$,$\boldsymbol{Y}(k+3)$,…。

滚动优化:在每一个控制周期,根据该时刻的优化性能指标,建立最优化模型(目标函数、约束条件),并求解该时刻的最优控制序列[$\boldsymbol{u}(k)$, $\boldsymbol{u}(k+1)$, $\boldsymbol{u}(k+2)$,…],取控制序列中的当前值$\boldsymbol{u}(k)$作为控制输出。在下一个控制周期时,重复上述过程,计算得到下一周期的控制输出,以此类推,完成控制任务。

反馈校正:MPC是将参考输出量与预测输出量之间误差作为目标函数的一部分,通过优化求解该目标函数的最小值,来计算控制序列。该过程其实已经包含了当前状态的反馈补偿。因此,MPC也具备了反馈控制的优点。

下面将会围绕MPC的基本原理,首先对线性系统的模型预测控制展开阐述。

对于一个线性时不变系统,其离散的状态方程可表示为

$$\begin{cases} \boldsymbol{X}(k+1)=\boldsymbol{A}\boldsymbol{X}(k)+\boldsymbol{B}\boldsymbol{U}(k) \\ \boldsymbol{Y}(k)=\boldsymbol{C}\boldsymbol{X}(k) \end{cases} \tag{2-43}$$

其中，$\boldsymbol{X}(k)$表示系统的状态量，$\boldsymbol{U}(k)$表示系统的控制输入，$\boldsymbol{Y}(k)$表示系统的输出。

设系统的初始状态为$\boldsymbol{X}_0$，系统的参考输入为$\boldsymbol{Y}_r=[y_r(k+1), y_r(k+2), y_r(k+3), \cdots]$。假设给定未来时刻一系列控制量$\boldsymbol{U}=[\boldsymbol{u}(k|k), \boldsymbol{u}(k+1|k), \boldsymbol{u}(k+2|k), \boldsymbol{u}(k+c-1|k)]$。根据式(2-43)给定的系统运动模型，可以预测系统未来一段时间内的状态量$\boldsymbol{X}(k+i|k)$和预测输出$\boldsymbol{Y}_P(k+i|k)$：

$$\boldsymbol{X}=\{\boldsymbol{X}(k+1|k), \boldsymbol{X}(k+2|k), \boldsymbol{X}(k+3|k), \cdots, \boldsymbol{X}(k+N_P|k)\} \tag{2-44}$$

$$\boldsymbol{Y}_P=\{y_p(k+1|k), y_p(k+2|k), y_p(k+3|k), \cdots, y_p(k+N_P|k)\} \tag{2-45}$$

其中，对于时不变系统有

$\boldsymbol{X}(k+1)=\boldsymbol{A}\boldsymbol{X}(k)+\boldsymbol{B}\boldsymbol{u}(k|k)$

$\boldsymbol{X}(k+2)=\boldsymbol{A}\boldsymbol{X}(k+1)+\boldsymbol{B}\boldsymbol{u}(k+1|k)=\boldsymbol{A}^2\boldsymbol{X}(k)+\boldsymbol{A}\boldsymbol{B}\boldsymbol{u}(k|k)+\boldsymbol{B}\boldsymbol{u}(k+1|k)$

$\boldsymbol{X}(k+3)=\boldsymbol{A}\boldsymbol{X}(k+2)+\boldsymbol{B}\boldsymbol{u}(k+2|k)=\boldsymbol{A}^3\boldsymbol{X}(k)+\boldsymbol{A}^2\boldsymbol{B}\boldsymbol{u}(k|k)+\boldsymbol{A}\boldsymbol{B}\boldsymbol{u}(k+1|k)+\boldsymbol{B}\boldsymbol{u}(k+2|k)$

$\boldsymbol{X}(k+4)=\boldsymbol{A}\boldsymbol{X}(k+3)+\boldsymbol{B}\boldsymbol{u}(k+3|k)=\boldsymbol{A}^4\boldsymbol{X}(k)+\boldsymbol{A}^3\boldsymbol{B}\boldsymbol{u}(k|k)+\boldsymbol{A}^2\boldsymbol{B}\boldsymbol{u}(k+1|k)+\boldsymbol{A}\boldsymbol{B}\boldsymbol{u}(k+2|k)+\boldsymbol{B}\boldsymbol{u}(k+3|k)$

……

$y_p(k+1|k)=\boldsymbol{C}\boldsymbol{X}(k+1)=\boldsymbol{C}\boldsymbol{A}\boldsymbol{X}(k)+\boldsymbol{C}\boldsymbol{B}\boldsymbol{u}(k|k)$

$y_p(k+2|k)=\boldsymbol{C}\boldsymbol{X}(k+2)=\boldsymbol{C}\boldsymbol{A}^2\boldsymbol{X}(k)+\boldsymbol{C}\boldsymbol{A}\boldsymbol{B}\boldsymbol{u}(k|k)+\boldsymbol{C}\boldsymbol{B}\boldsymbol{u}(k+1|k)$

$y_p(k+3|k)=\boldsymbol{C}\boldsymbol{X}(k+3)=\boldsymbol{C}\boldsymbol{A}^3\boldsymbol{X}(k)+\boldsymbol{C}\boldsymbol{A}^2\boldsymbol{B}\boldsymbol{u}(k|k)+\boldsymbol{C}\boldsymbol{A}\boldsymbol{B}\boldsymbol{u}(k+1|k)+\boldsymbol{C}\boldsymbol{B}\boldsymbol{u}(k+2|k)$

$y_p(k+4|k)=\boldsymbol{C}\boldsymbol{X}(k+4)=\boldsymbol{C}\boldsymbol{A}^4\boldsymbol{X}(k)+\boldsymbol{C}\boldsymbol{A}^3\boldsymbol{B}\boldsymbol{u}(k|k)+\boldsymbol{C}\boldsymbol{A}^2\boldsymbol{B}\boldsymbol{u}(k+1|k)+\boldsymbol{C}\boldsymbol{A}\boldsymbol{B}\boldsymbol{u}(k+2|k)+\boldsymbol{C}\boldsymbol{B}\boldsymbol{u}(k+3|k)$

……

对于时变系统有

$\boldsymbol{X}(k+1)=\boldsymbol{A}(k)\boldsymbol{X}(k)+\boldsymbol{B}(k)\boldsymbol{u}(k|k)$

$\boldsymbol{X}(k+2)=\boldsymbol{A}(k+1)\boldsymbol{X}(k+1)+\boldsymbol{B}(k+1)\boldsymbol{u}(k+1|k)=\boldsymbol{A}(k+1)\boldsymbol{A}(k)\boldsymbol{X}(k)+\boldsymbol{A}(k+1)\boldsymbol{B}(k)\boldsymbol{u}(k|k)+\boldsymbol{B}(k+1)\boldsymbol{u}(k+1|k)$

$\boldsymbol{X}(k+3)=\boldsymbol{A}(k+2)\boldsymbol{X}(k+2)+\boldsymbol{B}(k+2)\boldsymbol{u}(k+2|k)=\boldsymbol{A}(k+2)\boldsymbol{A}(k+1)\boldsymbol{A}(k)\boldsymbol{X}(k)+\boldsymbol{A}(k+2)\boldsymbol{A}(k+1)\boldsymbol{B}(k)\boldsymbol{u}(k|k)+\boldsymbol{A}(k+2)\boldsymbol{B}(k+1)\boldsymbol{u}(k+1|k)+\boldsymbol{B}(k+2)\boldsymbol{u}(k+2|k)$

$\boldsymbol{X}(k+4)=\boldsymbol{A}(k+3)\boldsymbol{X}(k+3)+\boldsymbol{B}(k+3)\boldsymbol{u}(k+3|k)=\boldsymbol{A}(k+3)\boldsymbol{A}(k+2)\boldsymbol{A}(k+1)\boldsymbol{A}(k)\boldsymbol{X}(k)+\boldsymbol{A}(k+3)\boldsymbol{A}(k+2)\boldsymbol{A}(k+1)\boldsymbol{B}(k)\boldsymbol{u}(k|k)+\boldsymbol{A}(k+3)\boldsymbol{A}(k+2)\boldsymbol{B}(k+1)\boldsymbol{u}(k+1|k)+\boldsymbol{A}(k+3)\boldsymbol{B}(k+2)\boldsymbol{u}(k+2|k)+\boldsymbol{B}(k+3)\boldsymbol{u}(k+3|k)$

……

$y_p(k+1|k)=\boldsymbol{C}(k+1)\boldsymbol{A}(k)\boldsymbol{X}(k)+\boldsymbol{C}(k+1)\boldsymbol{B}(k)\boldsymbol{u}(k|k)$

$y_p(k+2|k)=\boldsymbol{C}(k+2)\boldsymbol{A}(k+1)\boldsymbol{A}(k)\boldsymbol{X}(k)+\boldsymbol{C}(k+2)\boldsymbol{A}(k+1)\boldsymbol{B}(k)\boldsymbol{u}(k|k)+\boldsymbol{C}(k+2)\boldsymbol{B}(k+1)\boldsymbol{u}(k+1|k)$

$y_p(k+3|k)=\boldsymbol{C}(k+3)\boldsymbol{A}(k+2)\boldsymbol{A}(k+1)\boldsymbol{A}(k)\boldsymbol{X}(k)+\boldsymbol{C}(k+3)\boldsymbol{A}(k+2)\boldsymbol{A}(k+1)\boldsymbol{B}(k)\boldsymbol{u}(k|k)+\boldsymbol{C}(k+3)\boldsymbol{A}(k+2)\boldsymbol{B}(k+1)\boldsymbol{u}(k+1|k)+\boldsymbol{C}(k+3)\boldsymbol{B}(k+2)\boldsymbol{u}(k+2|k)$

$y_p(k+4|k)=\boldsymbol{C}(k+4)\boldsymbol{A}(k+3)\boldsymbol{A}(k+2)\boldsymbol{A}(k+1)\boldsymbol{A}(k)\boldsymbol{X}(k)+\boldsymbol{C}(k+4)\boldsymbol{A}(k+3)\boldsymbol{A}(k+2)\boldsymbol{A}(k+1)\boldsymbol{B}(k)\boldsymbol{u}(k|k)+\boldsymbol{C}(k+4)\boldsymbol{A}(k+3)\boldsymbol{A}(k+2)\boldsymbol{B}(k+1)\boldsymbol{u}(k+1|k)+\boldsymbol{C}(k+4)\boldsymbol{A}(k+3)\boldsymbol{B}(k+2)\boldsymbol{u}(k+2|k)+\boldsymbol{C}(k+4)\boldsymbol{B}(k+3)\boldsymbol{u}(k+3|k)$

……

为了便于分析计算，在一些文献中，将时变系统近似按照时不变系统来处理，对未来状态和输出进行预测。但是，不管是时不变系统还是时变系统，总可以根据当前的状态量$\boldsymbol{X}(k)$和未来时刻的控制量序列$\boldsymbol{U}=[\boldsymbol{u}(k|k),\ \boldsymbol{u}(k+1|k),\ \boldsymbol{u}(k+2|k),\ \boldsymbol{u}(k+c-1|k)]$，来推导出未来状态量和输出量，分别表示为

$$\boldsymbol{X}=[\boldsymbol{X}(k+1|k),\ \boldsymbol{X}(k+2|k),\ \cdots,\ \boldsymbol{X}(k+N_P|k)]^{\mathrm{T}}=F(\boldsymbol{X}(k),\ \boldsymbol{U}) \tag{2-46}$$

$$\boldsymbol{Y}=[y(k+1|k),\ y(k+2|k),\ \cdots,\ y(k+N_P|k)]^{\mathrm{T}}=G(\boldsymbol{X}(k),\ \boldsymbol{U}) \tag{2-47}$$

仅考虑系统的预测输出与参考值的误差，构建目标函数为

$$\boldsymbol{J}=\sum_{i=k+1}^{k+N_p}\left(y_p(i|k)-y_r(i|k)\right)^2 \tag{2-48}$$

对于式(2-48)中的目标函数,可通过一定的变换,转换成控制输入的二次型函数:

$$J=g(U)=\frac{1}{2}U^{\mathrm{T}}\boldsymbol{P}U+\boldsymbol{D}^{\mathrm{T}}U \tag{2-49}$$

其中,

$$U=[\boldsymbol{u}(i|k),\ \boldsymbol{u}(i+1|k),\ \boldsymbol{u}(i+2|k),\ \cdots,\ \boldsymbol{u}(i+c-1|k)] \tag{2-50}$$

对于系统的约束条件$\boldsymbol{u}_{\min}\leqslant\boldsymbol{u}(t)\leqslant\boldsymbol{u}_{\max}$, $|\Delta u(t)|\leqslant\Delta U_{\max}$,可采取如下的转换:

对于$\boldsymbol{u}_{\min}\leqslant\boldsymbol{u}(t)\leqslant\boldsymbol{u}_{\max}$,有

$$\begin{cases}\boldsymbol{u}(t)\leqslant\boldsymbol{u}_{\max}\\-\boldsymbol{u}(t)\leqslant-\boldsymbol{u}_{\min}\end{cases}\rightarrow\begin{bmatrix}\boldsymbol{I}\\-\boldsymbol{I}\end{bmatrix}U\leqslant\begin{bmatrix}\boldsymbol{U}_{\max}\\-\boldsymbol{U}_{\min}\end{bmatrix} \tag{2-51}$$

对于$|\Delta\boldsymbol{u}(t)|\leqslant\Delta u_{\max}$,有

$$\begin{cases}\boldsymbol{u}(t+1)-\boldsymbol{u}(t)\leqslant\boldsymbol{u}_{\max}\\-\boldsymbol{u}(t+1)+\boldsymbol{u}(t)\leqslant\boldsymbol{u}_{\max}\end{cases}\rightarrow\begin{bmatrix}\boldsymbol{I}_1\\\boldsymbol{I}_2\end{bmatrix}U\leqslant\begin{bmatrix}\Delta\boldsymbol{U}_{\max}\\\Delta\boldsymbol{U}_{\max}\end{bmatrix} \tag{2-52}$$

$$I_1=\begin{bmatrix}-1&1&0&0&\cdots&0\\0&-1&1&0&\cdots&0\\\vdots&\vdots&\vdots&\vdots&\ddots&\vdots\\0&0&0&\cdots&-1&1\end{bmatrix},I_2=\begin{bmatrix}1&-1&0&0&\cdots&0\\0&1&-1&0&\cdots&0\\\vdots&\vdots&\vdots&\vdots&\ddots&\vdots\\0&0&0&0&1&-1\end{bmatrix} \tag{2-53}$$

综上,采用模型预测控制寻找最优控制序列的问题可总结为

$$\begin{aligned}&\min\ J=g(U)=\frac{1}{2}U^{\mathrm{T}}\boldsymbol{P}\boldsymbol{U}+\boldsymbol{D}^{\mathrm{T}}\boldsymbol{U}\\&\text{s.t.}\quad\begin{bmatrix}I\\-I\\I_1\\I_2\end{bmatrix}U\leqslant\begin{bmatrix}U_{\max}\\-U_{\min}\\\Delta U_{\max}\\\Delta U_{\max}\end{bmatrix}\end{aligned} \tag{2-54}$$

对于式(2-54)中的问题,可以采用上一节中的二次规划问题来求解。

(3) 非线性模型预测控制。

几乎所有的实际控制系统都是非线性的,尤其是在实际的工业生产过程中,涉及的对象往往都是多输入多输出的复杂系统,具有很强的非线性。因而,有必要研究针对非线性系统的模型预测控制方法。考虑到线性模型预测控制具有计算量小、易求解等特点,一种简单的途径是将非线性模型简化为线性模型,然后利用线性模型预测控制的方法求最优解。

将非线性机理模型在每个采样点附近线性化,然后对线性化的模型采用线性的预测控制算法,其特点是在每个采样时刻都采用新的模型,能尽量减小线性化带来的误差。下面将介绍将原非线性模型进行线性化的过程。

非线性系统的一般形式如下:

$$\begin{cases}\boldsymbol{X}(t)=f(\boldsymbol{X}(t),\boldsymbol{U}(t))\\ \boldsymbol{Y}(t)=\boldsymbol{C}\boldsymbol{X}(t)\end{cases}\tag{2-55}$$

其中,$\boldsymbol{X}(t)=[x_1(t),\ x_2(t),\ x_3(t),\ \cdots]^{\mathrm{T}}$,$\boldsymbol{U}(t)=[u_1(t),\ u_2(t),\ u_3(t),\ \cdots]^{\mathrm{T}}$,$\boldsymbol{Y}(t)=[y_1(t),\ y_2(t),\ y_3(t),\ \cdots]^{\mathrm{T}}$。

对于式(2-55)的非线性系统,存在理论的参考状态量$\boldsymbol{X}_r$、参考控制量$\boldsymbol{U}_r$和参考输出$\boldsymbol{Y}_r$,满足:

$$\begin{cases}\boldsymbol{X}_r(t)=f(\boldsymbol{X}_r(t),\boldsymbol{U}_r(t))\\ \boldsymbol{Y}_r(t)=\boldsymbol{C}\boldsymbol{X}_r(t)\end{cases}\tag{2-56}$$

式(2-56)可以理解为对于一个给定的非线性系统及参考输入$\boldsymbol{Y}_r$,必然存在一个理论上的控制量$\boldsymbol{U}_r$,能够使得系统实际的状态量$\boldsymbol{X}$和输出量$\boldsymbol{Y}$都准确地跟随参考状态量$\boldsymbol{X}_r$和参考输入量$\boldsymbol{Y}_r$运动。

在任意的参考点处,作一阶泰勒展开,并忽略高阶项,得到

$$f(\boldsymbol{X},\boldsymbol{U})=f(\boldsymbol{X}_r,\boldsymbol{U}_r)+\left.\frac{\partial f(\boldsymbol{X},\boldsymbol{U})}{\partial \boldsymbol{X}}\right|_{\substack{\boldsymbol{X}=\boldsymbol{X}_r\\ \boldsymbol{U}=\boldsymbol{U}_r}}(\boldsymbol{X}-\boldsymbol{X}_r)+\left.\frac{\partial f(\boldsymbol{X},\boldsymbol{U})}{\partial \boldsymbol{U}}\right|_{\substack{\boldsymbol{X}=\boldsymbol{X}_r\\ \boldsymbol{U}=\boldsymbol{U}_r}}(\boldsymbol{U}-\boldsymbol{U}_r)\tag{2-57}$$

将式(2-55)和(2-56)代入式(2-57)中得

$$\boldsymbol{X}-\boldsymbol{X}_r=\left.\frac{\partial f(\boldsymbol{X},\boldsymbol{U})}{\partial \boldsymbol{X}}\right|_{\substack{\boldsymbol{X}=\boldsymbol{X}_r\\ \boldsymbol{U}=\boldsymbol{U}_r}}(\boldsymbol{X}-\boldsymbol{X}_r)+\left.\frac{\partial f(\boldsymbol{X},\boldsymbol{U})}{\partial \boldsymbol{U}}\right|_{\substack{\boldsymbol{X}=\boldsymbol{X}_r\\ \boldsymbol{U}=\boldsymbol{U}_r}}(\boldsymbol{U}-\boldsymbol{U}_r) \tag{2-58}$$

相应的可以得到如下的线性模型:

$$\dot{\tilde{\boldsymbol{X}}}(t)=\boldsymbol{A}(t)\tilde{\boldsymbol{X}}(t)+\boldsymbol{B}(t)\tilde{\boldsymbol{U}}(t) \tag{2-59}$$

其中,

$$\begin{aligned}&\dot{\tilde{\boldsymbol{X}}}(t)=\dot{\boldsymbol{X}}(t)-\boldsymbol{X}_r(t)\\ &\tilde{\boldsymbol{X}}(t)=\boldsymbol{X}(t)-\boldsymbol{X}_r(t),\boldsymbol{A}(t)=\left.\frac{\partial f(\boldsymbol{X}(t),\boldsymbol{U}(t))}{\partial \boldsymbol{X}(t)}\right|_{\substack{\boldsymbol{X}(t)=\boldsymbol{X}_r(t)\\ \boldsymbol{U}(t)=\boldsymbol{U}_r(t)}},\boldsymbol{B}(t)=\left.\frac{\partial f(\boldsymbol{X}(t),\boldsymbol{U}(t))}{\partial \boldsymbol{U}(t)}\right|_{\substack{\boldsymbol{X}(t)=\boldsymbol{X}_r(t)\\ \boldsymbol{U}(t)=\boldsymbol{U}_r(t)}}\\ &\tilde{\boldsymbol{U}}(t)=\boldsymbol{U}(t)-\boldsymbol{U}_r(t)\end{aligned} \tag{2-60}$$

进一步地对式(2-59)中的线性连续状态方程进行离散化处理,得到离散的线性模型:

$$\tilde{\boldsymbol{X}}(k+1)=\boldsymbol{A}(k)\tilde{\boldsymbol{X}}(k)+\boldsymbol{B}(k)\tilde{\boldsymbol{U}}(k) \tag{2-61}$$

此时,$\boldsymbol{A}(k)=\boldsymbol{I}+\boldsymbol{T}\boldsymbol{A}(k)$,$\boldsymbol{B}(k)=\boldsymbol{T}\boldsymbol{B}(k)$。

继续引入新的状态变量和控制变量:

$$\bar{\boldsymbol{X}}(k)=\begin{bmatrix}\tilde{\boldsymbol{X}}(k)\\ \tilde{\boldsymbol{U}}(k-1)\end{bmatrix},\Delta\bar{\boldsymbol{U}}(k)=\tilde{\boldsymbol{U}}(k)-\tilde{\boldsymbol{U}}(k-1) \tag{2-62}$$

其中,$\tilde{\boldsymbol{U}}(k)-\tilde{\boldsymbol{U}}(k-1)=[\boldsymbol{U}(k)-\boldsymbol{U}_r(k)]-[\boldsymbol{U}(k-1)-\boldsymbol{U}_r(k-1)]$。

由此得到新的预测模型:

$$\bar{\boldsymbol{X}}(k+1)=\bar{\boldsymbol{A}}(k)\bar{\boldsymbol{X}}(k)+\bar{\boldsymbol{B}}(k)\Delta\bar{\boldsymbol{U}}(k) \tag{2-63}$$

其中,

$$\bar{\boldsymbol{A}}=\begin{bmatrix}\boldsymbol{A}(k) & \boldsymbol{B}(k)\\ 0 & \boldsymbol{I}\end{bmatrix},\bar{\boldsymbol{B}}=\begin{bmatrix}\boldsymbol{B}(k)\\ \boldsymbol{I}\end{bmatrix} \tag{2-64}$$

式(2-63)中的状态量是参考状态量和参考控制量的误差，因此式(2-63)一般称为误差模型。预测模型的输出方程为

$$Y(k+1)=\bar{C}(k)\bar{X}(k) \tag{2-65}$$

$$\bar{C}(k)=[I \quad 0] \tag{2-66}$$

综上所述，预测模型的状态空间表达式为

$$\begin{cases}\bar{X}(k+1)=\bar{A}(k)\bar{X}(k)+\bar{B}(k)\Delta\bar{U}(k)\\ Y(k+1)=\bar{C}(k)\bar{X}(k)\end{cases} \tag{2-67}$$

进一步地，对于原系统的约束条件$\boldsymbol{u}_{\min}\leqslant\boldsymbol{u}(k)\leqslant\boldsymbol{u}_{\max}$，$|\Delta\boldsymbol{u}(k)|\leqslant\Delta\boldsymbol{u}_{\max}$，可采取如下转换：

对于约束条件$\boldsymbol{u}_{\min}\leqslant\boldsymbol{u}(k)\leqslant\boldsymbol{u}_{\max}$，有

$$\overbrace{\begin{bmatrix}\boldsymbol{u}_{\min}\\ \boldsymbol{u}_{\min}\\ \vdots\\ \boldsymbol{u}_{\min}\end{bmatrix}}^{U_{\min}}\leqslant\overbrace{\begin{bmatrix}1&0&\cdots&0\\1&1&\cdots&0\\ \vdots&\vdots&\cdots&0\\1&1&1&1\end{bmatrix}}^{A_1}\overbrace{\begin{bmatrix}\Delta\bar{U}(k)\\ \Delta\bar{U}(k+1)\\ \vdots\\ \Delta\bar{U}(k+C-1)\end{bmatrix}}^{\Delta\bar{U}}+\overbrace{\begin{bmatrix}U(k-1)-U_r(k-1)+U_r(k)\\ U(k-1)-U_r(k-1)+U_r(k+1)\\ \vdots\\ U(k-1)-U_r(k-1)+U_r(k+C-1)\end{bmatrix}}^{\tilde{U}_0+U_r}\leqslant\overbrace{\begin{bmatrix}\boldsymbol{u}_{\max}\\ \boldsymbol{u}_{\max}\\ \vdots\\ \boldsymbol{u}_{\max}\end{bmatrix}}^{U_{\max}} \tag{2-68}$$

其中，$\tilde{U}_0$表示上时刻实际控制量与参考控制量的差值，U_r表示未来时刻参考控制量。因此，原约束条件变为

$$\begin{bmatrix}A_1\\ -A_1\end{bmatrix}\Delta\bar{U}\leqslant\begin{bmatrix}U_{\max}-\tilde{U}_0-U_r\\ -U_{\min}+\tilde{U}_0+U_r\end{bmatrix} \tag{2-69}$$

对于约束条件$|\Delta\boldsymbol{u}(k)|\leqslant\Delta\boldsymbol{u}_{\max}$，有

$$\overbrace{\begin{bmatrix}-\Delta\boldsymbol{u}_{\max}\\ -\Delta\boldsymbol{u}_{\max}\\ \vdots\\ -\Delta\boldsymbol{u}_{\max}\end{bmatrix}}^{-\Delta U_{\max}}\leqslant\overbrace{\begin{bmatrix}1&0&\cdots&0\\0&1&\cdots&0\\ \vdots&\vdots&\cdots&0\\0&0&0&1\end{bmatrix}}^{I}\overbrace{\begin{bmatrix}\Delta\bar{U}(k)\\ \Delta\bar{U}(k+1)\\ \vdots\\ \Delta\bar{U}(k+C-1)\end{bmatrix}}^{\Delta\bar{U}}+\overbrace{\begin{bmatrix}U_r(k)-U_r(k-1)\\ U_r(k+1)-U_r(k)\\ \vdots\\ U_r(k+C-1)-U_r(k+C-2)\end{bmatrix}}^{\Delta U_r}\leqslant\overbrace{\begin{bmatrix}\Delta\boldsymbol{u}_{\max}\\ \Delta\boldsymbol{u}_{\max}\\ \vdots\\ \Delta\boldsymbol{u}_{\max}\end{bmatrix}}^{\Delta U_{\max}} \tag{2-70}$$

原约束条件变为

$$\begin{bmatrix} I \\ -I \end{bmatrix} \Delta \bar{U} \leqslant \begin{bmatrix} \Delta U_{\max} - \Delta U_r \\ \Delta U_{\max} + \Delta U_r \end{bmatrix} \tag{2-71}$$

因此,问题的约束条件为:

$$\begin{bmatrix} A_1 \\ -A_1 \\ I \\ -I \end{bmatrix} \Delta \bar{U} \leqslant \begin{bmatrix} U_{\max} - \tilde{U}_0 - U_r \\ -U_{\min} + \tilde{U}_0 + U_r \\ \Delta U_{\max} - \Delta U_r \\ \Delta U_{\max} + \Delta U_r \end{bmatrix} \tag{2-72}$$

综上,非线性预测模型线性化后,预测模型为式(2-67),控制量的约束条件为式(2-72)。可以按照前面介绍的线性模型预测控制方法,对问题进行求解。

总结:

(1) 拿到一个控制系统后先判断是线性系统还是非线性系统,如果是线性系统,直接做离散化处理;如果是非线性系统,就进行线性化处理。

(2) 线性化之后得到一个线性状态空间方程,基于此方程进行迭代推导来构建预测模型,预测未来时域内的输出量。

(3) 基于模型约束和输出需求,设计目标函数及约束条件;在每一个采样时刻求解目标函数的最优控制序列,并将求出来的第一组控制量执行。

(4) 在每一个采样时刻,重复上述操作来求解该时刻起有限时段的最优控制率,并按照求出来的第一组控制量执行。

2.4 最小二乘法

最小二乘法是一种数学优化技术,它通过最小化误差的平方和寻找数据的最佳函数匹配。利用最小二乘法可以简便地求得未知的数据,并使得这些求得的数据与实际数据之间误差的平方和为最小。

2.4.1 最小二乘法基本原理

在数据处理中，经常遇到寻求回归方程的问题，即根据一组实验数据建立2个或多个物理量之间的在统计意义上的依赖关系式。这类问题的数学模型描述如下所述。

对于一个给定的系统，因变量y和自变量$t_1, t_2, \cdots, t_n$之间存在一个客观的函数关系，且已知该函数方程为。

$$y=f(t_1, t_2, \cdots, t_n, x_1, x_2, \cdots, x_m) \tag{2-73}$$

其中，$x_1, x_2, \cdots, x_m$是方程中待定的m个参数。

现获取了一组实验数据为$(t_1^{(1)}, t_2^{(1)}, \cdots, t_n^{(1)}, y^{(1)})$，$(t_1^{(2)}, t_2^{(2)}, \cdots, t_n^{(2)}, y^{(2)})$，$\cdots$，$(t_1^{(K)}, t_2^{(K)}, \cdots, t_n^{(K)}, y^{(K)})$。问题是，如何通过这$K$个数据确定式(2-73)中的$m$个待定参数，从而建立起回归方程。

显然，每选定一组参数$x_1, x_2, \cdots, x_m$，式(2-73)就代表了$n+1$维空间中的一个曲线或(超)曲面。对于任意一个实验数据$(t_1^{(k)}, t_2^{(k)}, \cdots, t_n^{(k)}, y^{(k)})$，将自变量代入式(2-73)中，可以得到数据点自变量在该曲线或(超)曲面对应的函数值为$Y^{(k)}=f(t_1^{(k)}, t_2^{(k)}, \cdots, t_n^{(k)}, x_1, x_2, \cdots, x_m)$，而这个函数值与实验值$y^{(k)}$之间存在一定的差值，如图2-8所示。通常定义一个误差函数为每个实验数据点差值的平方和，即

$$E=\sum_{k=1}^{K}\left(f(t_1^{(k)}, t_2^{(k)}, \cdots, t_n^{(k)}, x_1, x_2, \cdots, x_m)-y^{(k)}\right)^2=\sum_{k=1}^{K}\left(Y^{(k)}-y^{(k)}\right)^2 \tag{2-74}$$

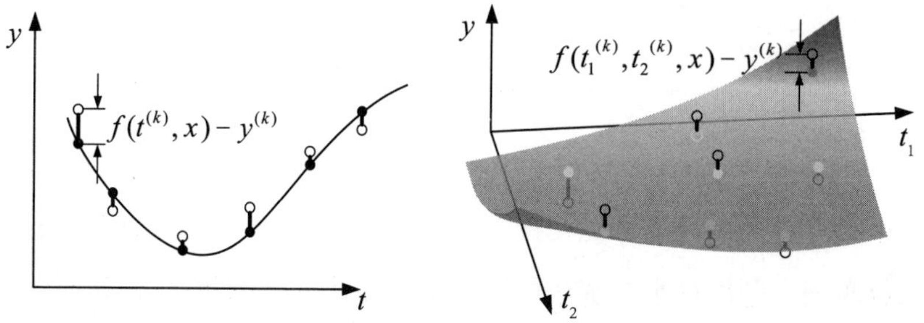

图2-8　数据点与拟合图形的误差

当选定的参数$x_1^*, x_2^*, \cdots, x_m^*$能够使得该误差函数值极小,函数方程$y=f(t_1, t_2, \cdots, t_n, x_1^*, x_2^*, \cdots, x_m^*)$即为所求的回归方程。

由于式(2-74)中的$(t_1^{(k)}, t_2^{(k)}, \cdots, t_n^{(k)}, y^{(k)})$均为已知,$f(t_1^{(k)}, t_2^{(k)}, \cdots, t_n^{(k)}, x_1, x_2, \cdots, x_m)$记作$F_k(\boldsymbol{x})$,$y^{(k)}$记作$b_k$。那么,式(2-74)可改写为

$$E=(F(\boldsymbol{x})-\boldsymbol{B})^{\mathrm{T}}(F(\boldsymbol{x})-\boldsymbol{B}) \tag{2-75}$$

$$F(\boldsymbol{x})-\boldsymbol{B}=[F_1(\boldsymbol{x})-b_1, F_2(\boldsymbol{x})-b_2, \cdots, F_K(\boldsymbol{x})-b_K]^{\mathrm{T}} \tag{2-76}$$

则求回归方程的问题,即求如下问题:

$$\min E=(F(\boldsymbol{x})-\boldsymbol{B})^{\mathrm{T}}(F(\boldsymbol{x})-B) \text{ 或} \min E=\|F(\boldsymbol{x})-\boldsymbol{B}\|_2 \tag{2-77}$$

式(2-77)是最小二乘问题的一般形式。

2.4.2 线性最小二乘问题的QR解法

最小二乘问题的求解,即求最优的参数$\boldsymbol{x}=[x_1^*, x_2^*, \cdots, x_m^*]$,使得$\min E=\|F(\boldsymbol{x})-\boldsymbol{B}\|_2$。特殊地,当$F(\boldsymbol{x})$是$\boldsymbol{x}$的线性函数时,即$F(\boldsymbol{x})-\boldsymbol{B}=\boldsymbol{A}\boldsymbol{x}-\boldsymbol{B}$,称问题(2-77)为线性最小二乘问题。相对应地,当$F(\boldsymbol{x})$是$\boldsymbol{x}$的非线性函数时,称问题(2-77)为非线性最小二乘问题。对于线性最小二乘问题的求解,即

$$\min E(\boldsymbol{x})=\|\boldsymbol{A}\boldsymbol{x}-\boldsymbol{B}\|_2 \tag{2-78}$$

其中,

$$\boldsymbol{x}=[x_1, x_2, \cdots, x_m]^{\mathrm{T}} \tag{2-79}$$

$$\boldsymbol{B}=[b_1, b_2, \cdots, b_K]^{\mathrm{T}} \tag{2-80}$$

$$\boldsymbol{A}=\begin{bmatrix} a_{11} & a_{12} & \cdots & a_{1m} \\ a_{21} & a_{22} & \cdots & a_{2m} \\ \cdots & \cdots & \cdots & \cdots \\ a_{K1} & a_{K2} & \cdots & a_{Km} \end{bmatrix} \tag{2-81}$$

我们将式(2-78)视作E关于$\boldsymbol{x}$的函数,要求函数的极小值,我们知道,函数

的极小值点x满足在x点处的导数为0。对于一元函数，导数等于0；对于多元函数，偏导数等于0。因此，求式(2-78)的最优解x^*，首先要满足

$$\frac{\partial E(x)}{\partial x}=0 \tag{2-82}$$

同时，不难发现，E是关于x的凸函数，因此在定义域上存在最小值。将式(2-82)展开，并利用矩阵求导公式，可得到

$$\frac{\partial(\boldsymbol{A}x-\boldsymbol{B})^{\mathrm{T}}(\boldsymbol{A}x-\boldsymbol{B})}{\partial x}=\frac{\partial(\boldsymbol{A}x)^{\mathrm{T}}\boldsymbol{A}x-\boldsymbol{B}^{\mathrm{T}}\boldsymbol{A}x-(\boldsymbol{A}x)^{\mathrm{T}}\boldsymbol{B}+\boldsymbol{B}^{\mathrm{T}}\boldsymbol{B}}{\partial x}=2A^{\mathrm{T}}\boldsymbol{A}x-2A^{\mathrm{T}}\boldsymbol{B}=0 \tag{2-83}$$

$$\Rightarrow \boldsymbol{A}^{\mathrm{T}}\boldsymbol{A}x=\boldsymbol{A}^{\mathrm{T}}\boldsymbol{B} \tag{2-84}$$

对于式(2-84)，通过求逆矩阵，直接求最优解$x^*=(\boldsymbol{A}^{\mathrm{T}}\boldsymbol{A})^{-1}\boldsymbol{A}^{\mathrm{T}}\boldsymbol{B}$。然而，往往在求$\boldsymbol{A}^{\mathrm{T}}\boldsymbol{A}$的逆矩阵是存在一定困难的，这里介绍采用QR分解的方式，间接求解。

首先，对式(2-84)中的矩阵A进行QR分解，即$\boldsymbol{A}=\boldsymbol{QR}$，其中，$\boldsymbol{Q}$为正交矩阵，满足$\boldsymbol{QQ}^{\mathrm{T}}=\boldsymbol{I}$，$\boldsymbol{R}$为上三角矩阵，则式(2-84)变换为

$$(\boldsymbol{QR})^{\mathrm{T}}\boldsymbol{QR}x=(\boldsymbol{QR})^{\mathrm{T}}\boldsymbol{B}\Rightarrow \boldsymbol{R}^{\mathrm{T}}\boldsymbol{Q}^{\mathrm{T}}\boldsymbol{QR}x=\boldsymbol{R}^{\mathrm{T}}\boldsymbol{Q}^{\mathrm{T}}\boldsymbol{B}\Rightarrow \boldsymbol{R}^{\mathrm{T}}\boldsymbol{R}x=\boldsymbol{R}^{\mathrm{T}}\boldsymbol{Q}^{\mathrm{T}}\boldsymbol{B} \tag{2-85}$$

容易求得上三角矩阵$\boldsymbol{R}$的逆矩阵，那么

$$x=\boldsymbol{R}^{-1}\boldsymbol{Q}^{\mathrm{T}}\boldsymbol{B} \tag{2-86}$$

如此，通过$\boldsymbol{QR}$分解，将直接求矩阵$\boldsymbol{A}^{\mathrm{T}}\boldsymbol{A}$的逆，转换为求上三角矩阵$\boldsymbol{R}$的逆，规避了直接对$\boldsymbol{A}^{\mathrm{T}}\boldsymbol{A}$求逆的复杂问题。下面介绍如何将矩阵进行$\boldsymbol{QR}$分解。

对于任意列满秩矩阵，其$\boldsymbol{QR}$分解步骤为：

(1) 写出原矩阵的列向量($\boldsymbol{a}_1, \boldsymbol{a}_2, \boldsymbol{a}_3$)。

(2) 把列向量组按照施密特正交化方法得到正交向量组($\boldsymbol{\beta}_1, \boldsymbol{\beta}_2, \boldsymbol{\beta}_3$)，将正交向量组单位化为($\boldsymbol{\varepsilon}_1, \boldsymbol{\varepsilon}_2, \boldsymbol{\varepsilon}_3$)，构成标准正交矩阵$\boldsymbol{Q}$。

(3) 把原矩阵列向量表示成标准正交向量组(ε_1, ε_2, ε_3)的线性组合，得到上三角矩阵R。

(4) 得出原矩阵的QR分解。

例如，求如下矩阵的QR分解。

$$\boldsymbol{A}=\begin{bmatrix}0 & 4 & 2\\0 & 3 & 1\\2 & 1 & -2\end{bmatrix}$$

解：矩阵$\boldsymbol{A}=[\boldsymbol{a}_1, \boldsymbol{a}_2, \boldsymbol{a}_3]$的列向量分别为

$$\boldsymbol{a}_1=[0, 0, 2]^{\mathrm{T}}, \boldsymbol{a}_2=[4, 3, 1]^{\mathrm{T}}, \boldsymbol{a}_3=[2, 1, -2]^{\mathrm{T}}$$

按照施密特正交化方法得到正交向量$\boldsymbol{\beta}_1$, $\boldsymbol{\beta}_2$, $\boldsymbol{\beta}_3$分别为

$$\boldsymbol{\beta}_1=\boldsymbol{a}_1=[0, 0, 2]^{\mathrm{T}}$$

$$\boldsymbol{\beta}_2=\boldsymbol{a}_2-\frac{[\boldsymbol{a}_2, \boldsymbol{\beta}_1]}{|\boldsymbol{\beta}_1|^2}\boldsymbol{\beta}_1=[4, 3, 0]^{\mathrm{T}}$$

$$\boldsymbol{\beta}_3=\boldsymbol{a}_3-\frac{[\boldsymbol{a}_3, \boldsymbol{\beta}_2]}{|\boldsymbol{\beta}_2|^2}\boldsymbol{\beta}_2-\frac{[\boldsymbol{a}_3, \boldsymbol{\beta}_1]}{|\boldsymbol{\beta}_1|^2}\boldsymbol{\beta}_1=\left[\frac{6}{25}, -\frac{8}{25}, 0\right]^{\mathrm{T}}$$

进而得到单位正交向量

$$\boldsymbol{\varepsilon}_1=\frac{\boldsymbol{\beta}_1}{|\boldsymbol{\beta}_1|}=[0, 0, 1]^{\mathrm{T}}$$

$$\boldsymbol{\varepsilon}_2=\frac{\boldsymbol{\beta}_2}{|\boldsymbol{\beta}_2|}=\left[\frac{4}{5}, \frac{3}{5}, 0\right]^{\mathrm{T}}$$

$$\boldsymbol{\varepsilon}_3=\frac{\boldsymbol{\beta}_3}{|\boldsymbol{\beta}_3|}=\left[\frac{3}{5}, -\frac{4}{5}, 0\right]^{\mathrm{T}}$$

由单位正交向量构成$\boldsymbol{Q}$矩阵：

$$\boldsymbol{Q}=[\boldsymbol{\varepsilon}_1,\boldsymbol{\varepsilon}_2,\boldsymbol{\varepsilon}_3]=\begin{bmatrix}0 & \frac{4}{5} & \frac{3}{5}\\ 0 & \frac{3}{5} & -\frac{4}{5}\\ 1 & 0 & 0\end{bmatrix}$$

然后将列向量($\boldsymbol{a}_1$, $\boldsymbol{a}_2$, $\boldsymbol{a}_3$)表示成正交向量组($\boldsymbol{\varepsilon}_1$, $\boldsymbol{\varepsilon}_2$, $\boldsymbol{\varepsilon}_3$)的线性组合,即

$$\boldsymbol{a}_1=\boldsymbol{\beta}_1=|\boldsymbol{\beta}_1|\boldsymbol{\varepsilon}_1=[\boldsymbol{\varepsilon}_1,\boldsymbol{\varepsilon}_2,\boldsymbol{\varepsilon}_3,\ ][2,\ 0,\ 0]^{\mathrm{T}}$$

$$\boldsymbol{a}_2=\boldsymbol{\beta}_2+\frac{[\boldsymbol{a}_2,\boldsymbol{\beta}_1]}{|\boldsymbol{\beta}_1|^2}\boldsymbol{\beta}_1=|\boldsymbol{\beta}_2|\boldsymbol{\varepsilon}_2+\frac{[\boldsymbol{a}_2,\boldsymbol{\beta}_1]}{|\boldsymbol{\beta}_1|^2}|\boldsymbol{\beta}_1|\boldsymbol{\varepsilon}_1=[\boldsymbol{\varepsilon}_1,\boldsymbol{\varepsilon}_2,\boldsymbol{\varepsilon}_3,\ ][1,5,0]^{\mathrm{T}}$$

$$\boldsymbol{a}_3=\boldsymbol{\beta}_3+\frac{[\boldsymbol{a}_3,\boldsymbol{\beta}_2]}{|\boldsymbol{\beta}_2|^2}\boldsymbol{\beta}_2+\frac{[\boldsymbol{a}_3,\boldsymbol{\beta}_1]}{|\boldsymbol{\beta}_1|^2}\boldsymbol{\beta}_1=|\boldsymbol{\beta}_3|\boldsymbol{\varepsilon}_3+\frac{[\boldsymbol{a}_3,\boldsymbol{\beta}_2]}{|\boldsymbol{\beta}_2|^2}|\boldsymbol{\beta}_2|\boldsymbol{\varepsilon}_2+\frac{[\boldsymbol{a}_3,\boldsymbol{\beta}_1]}{|\boldsymbol{\beta}_1|^2}|\boldsymbol{\beta}_1|\boldsymbol{\varepsilon}_1=$$

$$[\boldsymbol{\varepsilon}_1,\boldsymbol{\varepsilon}_2,\boldsymbol{\varepsilon}_3][-2,\ \frac{11}{5},\ \frac{10}{25}]^{\mathrm{T}}$$

由此得到上三角矩阵$\boldsymbol{R}$为

$$\boldsymbol{R}=\begin{bmatrix}2 & 1 & -2\\ 0 & 5 & \frac{11}{5}\\ 0 & 0 & \frac{10}{25}\end{bmatrix}$$

因此,矩阵$\boldsymbol{A}$的$\boldsymbol{QR}$分解的结果为

$$\boldsymbol{A}=\begin{bmatrix}0 & 4 & 2\\ 0 & 3 & 1\\ 2 & 1 & -2\end{bmatrix}=\boldsymbol{QR}=\begin{bmatrix}0 & \frac{4}{5} & \frac{3}{5}\\ 0 & \frac{3}{5} & -\frac{4}{5}\\ 1 & 0 & 0\end{bmatrix}\begin{bmatrix}2 & 1 & -2\\ 0 & 5 & \frac{11}{5}\\ 0 & 0 & \frac{10}{25}\end{bmatrix}$$

2.4.3 二维空间曲线拟合

当系统的因变量和自变量都只有一个时,因变量和自变量之间的函数关系表示的是二维空间的一条曲线。当给定一组实验数据时,利用最小二乘法能够求得

因变量和自变量之间的函数模型。实验数据可以认为是地图数据，通常指平面离散数据点，需要通过一定手段确定数据的函数关系模型，即对地图数据进行拟合。常常预设多项式函数，然后通过最小二乘法求多项式函数的参数。

假设XOY平面中存在一系列离散数据点，如表2-3所示。现采用三次多项式函数对数据点进行拟合，预设拟合函数为

$$y=f(x)=a_0+a_1x+a_2x^2+a_3x^3$$

表2-3　*XOY*平面数据点

序号k	x	y	序号k	x	y
1	1	9	4	4	3
2	2	6	5	5	5
3	3	4	6	6	7

根据最小二乘法的原理，首先定义误差函数为

$$E=\sum[f(x_k, a_0, a_1, a_2, a_3)-y_k]^2=\sum[a_0+a_1x_k+a_2x_k^2+a_3x_k^3-y_k]^2$$

即求

$$\min E=(\boldsymbol{Ax}-\boldsymbol{B})^{\mathrm{T}}(\boldsymbol{Ax}-\boldsymbol{B})$$

$$\boldsymbol{x}=[a_0, a_1, a_2, a_3]^{\mathrm{T}}$$
$$\boldsymbol{B}=[y_1, y_2, \cdots, y_6]^{\mathrm{T}}$$

$$\boldsymbol{A}=\begin{bmatrix} 1 & x_1 & \cdots & x_1^3 \\ 1 & x_2 & \cdots & x_2^3 \\ \cdots & \cdots & \cdots & \cdots \\ 1 & x_6 & \cdots & x_6^3 \end{bmatrix}$$

根据最小二乘法结论，可得

$$\boldsymbol{A}^{\mathrm{T}}\boldsymbol{Ax}=\boldsymbol{A}^{\mathrm{T}}\boldsymbol{B}$$

可以直接得到$\boldsymbol{x}=(\boldsymbol{A}^{\mathrm{T}}\boldsymbol{A})^{-1}\boldsymbol{A}^{\mathrm{T}}\boldsymbol{B}$。然而在实际求$(\boldsymbol{A}^{\mathrm{T}}\boldsymbol{A})^{-1}$时，效率非常低。因

此，为求得拟合函数的系数$\boldsymbol{x}=[a_0, a_1, a_2, a_3]^{\mathrm{T}}$，采用$\boldsymbol{QR}$分解法，具体过程如下。

（1）确定矩阵$\boldsymbol{A}$的列向量

$$\boldsymbol{A}=\begin{bmatrix}1&1&1&1\\1&2&4&8\\1&3&9&27\\1&4&16&64\\1&5&25&125\\1&6&36&216\end{bmatrix}, \boldsymbol{a}_1=\begin{bmatrix}1\\1\\1\\1\\1\\1\end{bmatrix}, \boldsymbol{a}_2=\begin{bmatrix}1\\2\\3\\4\\5\\6\end{bmatrix}, \boldsymbol{a}_3=\begin{bmatrix}1\\4\\9\\16\\25\\36\end{bmatrix}, \boldsymbol{a}_4=\begin{bmatrix}1\\8\\27\\64\\125\\216\end{bmatrix}$$

（2）计算正交向量组和标准正交矩阵$\boldsymbol{Q}$。

按照施密特正交化方法，得到如下正交向量组：

$$\boldsymbol{\beta}_1=\begin{bmatrix}1\\1\\1\\1\\1\\1\end{bmatrix}, \boldsymbol{\beta}_2=\begin{bmatrix}-2.5\\-1.5\\-0.5\\0.5\\1.5\\2.5\end{bmatrix}, \boldsymbol{\beta}_3=\begin{bmatrix}3.33\\-0.67\\-2.67\\-2.67\\-0.67\\3.33\end{bmatrix}, \boldsymbol{\beta}_4=\begin{bmatrix}-3\\4.2\\2.4\\-2.4\\-4.2\\3\end{bmatrix}$$

对正交向量组做单位化处理，得到如下标准正交向量组：

$$\boldsymbol{\varepsilon}_1=\begin{bmatrix}0.4082\\0.4082\\0.4082\\0.4082\\0.4082\\0.4082\end{bmatrix}, \boldsymbol{\varepsilon}_2=\begin{bmatrix}-0.5976\\-0.3586\\-0.1195\\0.1195\\0.3586\\0.5976\end{bmatrix}, \boldsymbol{\varepsilon}_3=\begin{bmatrix}0.5455\\-0.1091\\-0.4364\\-0.4364\\-0.1091\\0.5455\end{bmatrix}, \boldsymbol{\varepsilon}_4=\begin{bmatrix}-0.3727\\0.5217\\0.2981\\-0.2981\\-0.5217\\0.3727\end{bmatrix}$$

由标准正交向量组构成$\boldsymbol{Q}$矩阵：

$$\boldsymbol{Q}=\begin{bmatrix}0.4082&-0.5976&0.5455&-0.3727\\0.4082&-0.3586&-0.1091&0.5217\\0.4082&-0.1195&-0.4364&0.2981\\0.4082&0.1195&-0.4364&-0.2981\\0.4082&0.3586&-0.1091&-0.5217\\0.4082&0.5976&0.5455&0.3727\end{bmatrix}$$

(3) 求上三角矩阵$\boldsymbol{R}$。

用标准正交向量组表示$\boldsymbol{A}$的列向量,即

$$\boldsymbol{a}_1=|\boldsymbol{\beta}_1|\boldsymbol{\varepsilon}_1=\boldsymbol{\varepsilon}[2.45,\ 0,\ 0,\ 0]^{\mathrm{T}}$$

$$\boldsymbol{a}_2=|\boldsymbol{\beta}_2|\boldsymbol{\varepsilon}_2+\frac{[\boldsymbol{a}_2,\boldsymbol{\beta}_1]}{|\boldsymbol{\beta}_1|^2}|\boldsymbol{\beta}_1|\boldsymbol{\varepsilon}_1=\boldsymbol{\varepsilon}[8.573,4.183,0,0]^{\mathrm{T}}$$

$$\boldsymbol{a}_3=|\boldsymbol{\beta}_3|\boldsymbol{\varepsilon}_3+\frac{[\boldsymbol{a}_3,\boldsymbol{\beta}_2]}{|\boldsymbol{\beta}_2|^2}|\boldsymbol{\beta}_2|\boldsymbol{\varepsilon}_2+\frac{[\boldsymbol{a}_3,\boldsymbol{\beta}_1]}{|\boldsymbol{\beta}_1|^2}|\boldsymbol{\beta}_1|\boldsymbol{\varepsilon}_1=\boldsymbol{\varepsilon}[37.15,\ 29.28,\ 6.11,\ 0]^{\mathrm{T}}$$

$$\boldsymbol{a}_4=|\boldsymbol{\beta}_4|\boldsymbol{\varepsilon}_4+\frac{[\boldsymbol{a}_4,\boldsymbol{\beta}_3]}{|\boldsymbol{\beta}_3|^2}|\boldsymbol{\beta}_3|\boldsymbol{\varepsilon}_3+\frac{[\boldsymbol{a}_4,\boldsymbol{\beta}_2]}{|\boldsymbol{\beta}_2|^2}|\boldsymbol{\beta}_2|\boldsymbol{\varepsilon}_2+\frac{[\boldsymbol{a}_4,\boldsymbol{\beta}_1]}{|\boldsymbol{\beta}_1|^2}|\boldsymbol{\beta}_1|\boldsymbol{\varepsilon}_1=$$
$$\boldsymbol{\varepsilon}[180.0,\ 174.9,\ 64.16,\ 8.050]^{\mathrm{T}}$$

构成$\boldsymbol{R}$矩阵为

$$\boldsymbol{R}=\begin{bmatrix}2.45 & 8.573 & 37.15 & 180.0\\ 0 & 4.183 & 29.28 & 174.9\\ 0 & 0 & 6.11 & 64.16\\ 0 & 0 & 0 & 8.050\end{bmatrix}$$

(4) $\boldsymbol{A}$的$\boldsymbol{QR}$分解结果为

$$\boldsymbol{A}=\begin{bmatrix}1 & 1 & 1 & 1\\ 1 & 2 & 4 & 8\\ 1 & 3 & 9 & 27\\ 1 & 4 & 16 & 64\\ 1 & 5 & 25 & 125\\ 1 & 6 & 36 & 216\end{bmatrix}=\begin{bmatrix}0.408 & -0.598 & 0.546 & -0.373\\ 0.408 & -0.359 & -0.109 & 0.522\\ 0.408 & -0.120 & -0.436 & 0.298\\ 0.408 & 0.120 & -0.436 & -0.298\\ 0.408 & 0.359 & -0.109 & -0.522\\ 0.408 & 0.598 & 0.546 & 0.373\end{bmatrix}\begin{bmatrix}2.45 & 8.57 & 37.15 & 180.0\\ 0 & 4.18 & 29.28 & 174.9\\ 0 & 0 & 6.11 & 64.16\\ 0 & 0 & 0 & 8.050\end{bmatrix}$$

通过以上步骤完成了$\boldsymbol{A}$的$\boldsymbol{QR}$分解,接下来通过矩阵计算或解析法求解最优解$\boldsymbol{x}^*$。将$\boldsymbol{A}^{\mathrm{T}}\boldsymbol{A}\boldsymbol{x}=\boldsymbol{A}^{\mathrm{T}}\boldsymbol{B}$改写为

$$\boldsymbol{A}^{\mathrm{T}}\boldsymbol{A}\boldsymbol{x}=\boldsymbol{A}^{\mathrm{T}}\boldsymbol{B}\Rightarrow(\boldsymbol{QR})^{\mathrm{T}}\boldsymbol{QR}\boldsymbol{x}=(\boldsymbol{QR})^{\mathrm{T}}\boldsymbol{B}\Rightarrow\boldsymbol{x}=\boldsymbol{R}^{-1}\boldsymbol{Q}^{\mathrm{T}}\boldsymbol{B}$$

其中使用到了标准正交矩阵特性,即$\boldsymbol{Q}^{\mathrm{T}}\boldsymbol{Q}=\boldsymbol{I}$。可以发现,同样是求逆矩阵,求

$\boldsymbol{R}^{-1}$比求$(\boldsymbol{A}^{\mathrm{T}}\boldsymbol{A})^{-1}$的效率要高得多。

通过$\boldsymbol{QR}$分解，求得最优解$\boldsymbol{x}^*$为

$$\boldsymbol{x}^*=[\boldsymbol{a}_0^*,\ \boldsymbol{a}_1^*,\ \boldsymbol{a}_2^*,\ \boldsymbol{a}_3^*]^{\mathrm{T}}=[13.6667,\ -5.2315,\ 0.6349,\ 0.0093]^{\mathrm{T}}$$

采用$\boldsymbol{QR}$分解求拟合曲线的结果如图2-9所示。

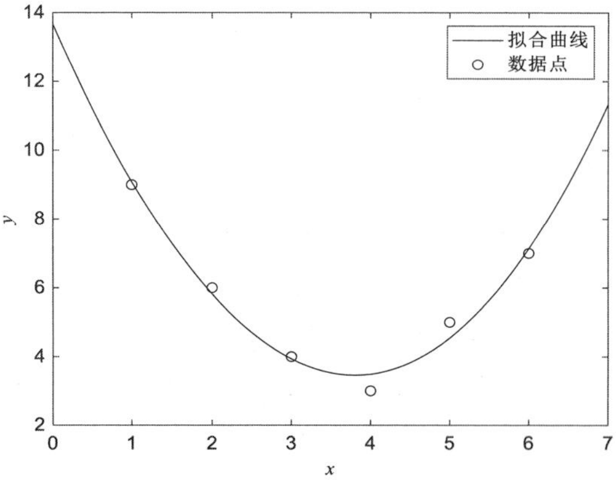

图2-9　曲线拟合结果

2.4.4 三维空间曲面拟合

当二维平面的数据点扩展到三维空间的数据点时，相应的拟合问题就转换为了空间曲面拟合。若预设曲面模型为线性函数，则同样可以通过线性最小二乘法求解拟合曲面。

假设$OXYZ$空间中存在一系列离散数据点，如表2-4所示。现采用二次多项式对数据点进行拟合，预设拟合函数为

$$z=f(x,y)=a_0+a_1x+a_2xy+a_3y^2$$

表2-4　$OXYZ$空间拟合数据点

序号	x	y	z	序号	x	y	z
1	1	9	106	4	4	3	49
2	2	6	70	5	5	5	94
3	3	4	54	6	6	7	155

根据最小二乘法的原理，首先定义误差函数为

$$E=\sum[f(x_k, y_k, a_0, a_1, a_2, a_3)-z_k]^2=\sum[a_0+x_ka_1+x_ky_ka_2+y_k^2a_3-z_k]^2$$

即求

$$\min E=(\boldsymbol{Ax}-\boldsymbol{B})^{\mathrm{T}}(\boldsymbol{Ax}-\boldsymbol{B})$$

$$\boldsymbol{x}=[\boldsymbol{a}_0, \boldsymbol{a}_1, \boldsymbol{a}_2, \boldsymbol{a}_3]^{\mathrm{T}},$$

$$\boldsymbol{B}=[\boldsymbol{z}_1, \boldsymbol{z}_2, \cdots, \boldsymbol{z}_6]^{\mathrm{T}}=[106, 70, 54, 49, 94, 155]^{\mathrm{T}},$$

$$\boldsymbol{A}=\begin{bmatrix} 1 & x_1 & x_1y_1 & y_1^2 \\ 1 & x_2 & x_2y_2 & y_2^2 \\ 1 & x_3 & x_3y_3 & y_3^2 \\ 1 & x_4 & x_4y_4 & y_4^2 \\ 1 & x_5 & x_5y_5 & y_5^2 \\ 1 & x_6 & x_6y_6 & y_6^2 \end{bmatrix}=\begin{bmatrix} 1 & 1 & 9 & 81 \\ 1 & 2 & 12 & 36 \\ 1 & 3 & 12 & 16 \\ 1 & 4 & 12 & 9 \\ 1 & 5 & 25 & 25 \\ 1 & 6 & 42 & 47 \end{bmatrix}。$$

同样地，对$\boldsymbol{A}$进行$\boldsymbol{QR}$分解。

(1)首先确定矩阵$\boldsymbol{A}$的列向量为

$$\boldsymbol{a}_1=\begin{bmatrix} 1 \\ 1 \\ 1 \\ 1 \\ 1 \\ 1 \end{bmatrix}, \boldsymbol{a}_2=\begin{bmatrix} 1 \\ 2 \\ 3 \\ 4 \\ 5 \\ 6 \end{bmatrix}, \boldsymbol{a}_3=\begin{bmatrix} 9 \\ 12 \\ 12 \\ 12 \\ 25 \\ 42 \end{bmatrix}, \boldsymbol{a}_4=\begin{bmatrix} 81 \\ 36 \\ 16 \\ 9 \\ 25 \\ 47 \end{bmatrix}$$

(2)分别计算得到正交向量组、标准正交向量组和$\boldsymbol{Q}$矩阵，如下：

$$\boldsymbol{\beta}_1=\begin{bmatrix} 1 \\ 1 \\ 1 \\ 1 \\ 1 \\ 1 \end{bmatrix}, \boldsymbol{\beta}_2=\begin{bmatrix} -2.5 \\ -1.5 \\ -0.5 \\ 0.5 \\ 1.5 \\ 2.5 \end{bmatrix}, \boldsymbol{\beta}_3=\begin{bmatrix} 4.90 \\ 2.08 \\ -3.75 \\ -9.58 \\ -2.41 \\ 8.76 \end{bmatrix}, \boldsymbol{\beta}_4=\begin{bmatrix} 15.01 \\ -15.15 \\ -10.94 \\ 6.26 \\ 5.86 \\ -1.04 \end{bmatrix}$$

$$\boldsymbol{\varepsilon}_1=\begin{bmatrix}0.4082\\0.4082\\0.4082\\0.4082\\0.4082\\0.4082\end{bmatrix},\boldsymbol{\varepsilon}_2=\begin{bmatrix}-0.5976\\-0.3586\\-0.1195\\0.1195\\0.3586\\0.5976\end{bmatrix},\boldsymbol{\varepsilon}_3=\begin{bmatrix}0.3331\\0.1410\\-0.2548\\-0.6507\\-0.1636\\0.5950\end{bmatrix},\boldsymbol{\varepsilon}_4=\begin{bmatrix}0.5891\\-0.5946\\-0.4295\\0.2458\\0.2300\\-0.0408\end{bmatrix}$$

$$\boldsymbol{Q}=\begin{bmatrix}0.4082&-0.5976&0.3331&0.5891\\0.4082&-0.3586&0.1410&-0.5946\\0.4082&-0.1195&-0.2548&-0.4295\\0.4082&0.1195&-0.6507&0.2458\\0.4082&0.3586&-0.1636&0.2300\\0.4082&0.5976&0.5950&-0.0408\end{bmatrix}$$

(3)求上三角矩阵$\boldsymbol{R}$，如下：

用标准正交向量组表示$\boldsymbol{A}$的列向量，即

$$\boldsymbol{a}_1=|\boldsymbol{\beta}_1|\boldsymbol{\varepsilon}_1=\boldsymbol{\varepsilon}[2.45,\ 0,\ 0,\ 0]^{\mathrm{T}}$$

$$\boldsymbol{a}_2=|\boldsymbol{\beta}_2|\boldsymbol{\varepsilon}_2+\frac{[\boldsymbol{a}_2,\boldsymbol{\beta}_1]}{|\boldsymbol{\beta}_1|^2}|\boldsymbol{\beta}_1|\boldsymbol{\varepsilon}_1=\boldsymbol{\varepsilon}[8.573,4.183,0,0]^{\mathrm{T}}$$

$$\boldsymbol{a}_3=|\boldsymbol{\beta}_3|\boldsymbol{\varepsilon}_3+\frac{[\boldsymbol{a}_3,\boldsymbol{\beta}_2]}{|\boldsymbol{\beta}_2|^2}|\boldsymbol{\beta}_2|\boldsymbol{\varepsilon}_2+\frac{[\boldsymbol{a}_3,\boldsymbol{\beta}_1]}{|\boldsymbol{\beta}_1|^2}|\boldsymbol{\beta}_1|\boldsymbol{\varepsilon}_1=\boldsymbol{\varepsilon}[45.72,\ 24.38,\ 14.72,\ 0]^{\mathrm{T}}\boldsymbol{a}_4=$$

$$|\boldsymbol{\beta}_4|\boldsymbol{\varepsilon}_4+\frac{[\boldsymbol{a}_4,\boldsymbol{\beta}_3]}{|\boldsymbol{\beta}_3|^2}|\boldsymbol{\beta}_3|\boldsymbol{\varepsilon}_3+\frac{[\boldsymbol{a}_4,\boldsymbol{\beta}_2]}{|\boldsymbol{\beta}_2|^2}|\boldsymbol{\beta}_2|\boldsymbol{\varepsilon}_2+\frac{[\boldsymbol{a}_4,\boldsymbol{\beta}_1]}{|\boldsymbol{\beta}_1|^2}|\boldsymbol{\beta}_1|\boldsymbol{\varepsilon}_1=$$

$$\boldsymbol{\varepsilon}[87.37,\ -25.10,\ 46.00\ 25.48]^{\mathrm{T}}$$

构成$\boldsymbol{R}$矩阵为

$$\boldsymbol{R}=\begin{bmatrix}2.45&8.573&45.72&87.37\\0&4.183&24.38&-25.10\\0&0&14.72&46.00\\0&0&0&25.48\end{bmatrix}$$

(4)$\boldsymbol{A}$的$\boldsymbol{QR}$分解结果为

$$\boldsymbol{A}=\begin{bmatrix}1&1&9&81\\1&2&12&36\\1&3&12&16\\1&4&12&9\\1&5&25&25\\1&6&42&47\end{bmatrix}=\begin{bmatrix}0.4082&-0.5976&0.3331&0.5891\\0.4082&-0.3586&0.1410&-0.5946\\0.4082&-0.1195&-0.2548&-0.4295\\0.4082&0.1195&-0.6507&0.2458\\0.4082&0.3586&-0.1636&0.2300\\0.4082&0.5976&0.5950&-0.0408\end{bmatrix}\begin{bmatrix}2.45&8.573&45.72&87.37\\0&4.183&24.38&-25.10\\0&0&14.72&46.00\\0&0&0&25.48\end{bmatrix}$$

求得最优解$\boldsymbol{x}^*$为

$$\boldsymbol{x}^*=\boldsymbol{R}^{-1}\boldsymbol{Q}^{\mathrm{T}}\boldsymbol{B}=[3.6720,\ 2.7372,\ 2.0908,\ 0.9968]^{\mathrm{T}}$$

采用$\boldsymbol{QR}$分解求拟合曲面的结果如图2-10所示。

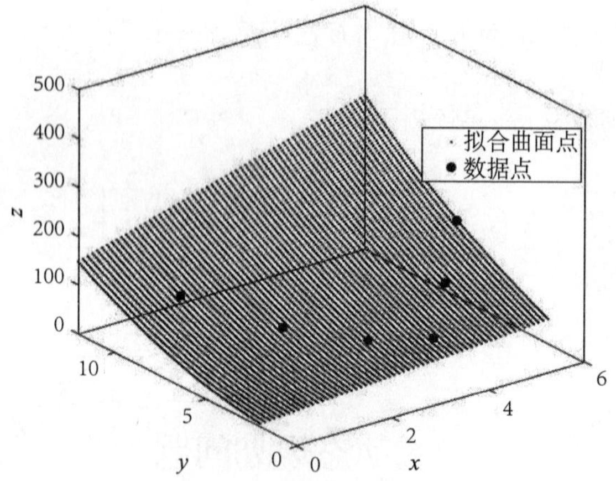

图2-10　曲面拟合结果

2.4.5 最小二乘问题的迭代解法

最小二乘问题实际上是求最优的解x^*使得误差函数E取得最小,该问题同样的可以采用迭代方法求解,这样就与最优化方法求解思路一致了,即采用如下的迭代过程求最优解:

(1) 给定最优解的一个初始估计$x^{(0)}$,置$k=0$。

(2) 如果$x^{(k)}$满足对最优解估计的终止条件,停止迭代。

(3) 确定一个改善$x^{(k)}$的修正量$\delta^{(k)}$。

(4) 得到最优解的一个更好的估计$x^{(k+1)}=x^{(k)}+\delta^{(k)}$,置$k=k+1$后转(2)。

具体地,对于最小二乘问题,误差函数为$E(x)=(F(x)-B)^{\mathrm{T}}(F(x)-B)$,要求最优解$x^*$使得误差函数$E$取得最小,若采用梯度下降法,则误差函数的梯度可以表示为

$$\operatorname{grad} E(x)=\nabla E(x) \tag{2-87}$$

设步长为d,$\nabla E(x)$为函数在x处的梯度,则迭代公式为

$$x= x-d\nabla E(x) \tag{2-88}$$

若采用牛顿下降法时,迭代公式为

$$x^{\mathrm{T}}=x^{\mathrm{T}}-H^{-1}[E_{x1}{}', E_{x2}{}', \cdots, E_{xn}{}']^{\mathrm{T}} \tag{2-89}$$

其中,H为海森矩阵,具体形式为

$$H=\begin{bmatrix} E_{x_1x_1}{}'' & E_{x_1x_2}{}'' & \cdots & E_{x_1x_n}{}'' \\ E_{x_2x_1}{}'' & E_{x_2x_2}{}'' & \cdots & E_{x_2x_n}{}'' \\ \cdots & \cdots & \cdots & \cdots \\ E_{x_nx_1}{}'' & E_{x_nx_2}{}'' & \cdots & E_{x_nx_n}{}'' \end{bmatrix} \tag{2-90}$$

2.5 动态规划问题

动态规划也称贝尔曼动态规划,由美国数学家贝尔曼(Bellman)首先提出,用来求解多决策过程最优化问题的一种方法。不同于其他最优化方法需要由标准的数学表达式表述,动态规划仅依据问题特性,利用数学技巧来实现。

2.5.1 动态规划基本概念

在日常生活中,通常有一类问题需要进行多阶段的决策,这种问题可以按照时间或空间划分为不同的相关联的多个阶段,在每个阶段都需要做出决策方案,并会产生不同的效果。但是每个阶段的决策方案并不是孤立的,需要将整个过程联系

起来综合考虑，来找到全局阶段的整体决策方案，使得整个全局过程的总效果最佳。这一类问题叫多阶段决策问题，各阶段决策构成的方案称为策略。如图 2–11 所示，将整个过程划分为 *N* 个阶段，在每个阶段都需要做出决策方案，上一阶段的决策会影响到下一阶段的决策，每个阶段的决策构成多阶段决策问题的策略。

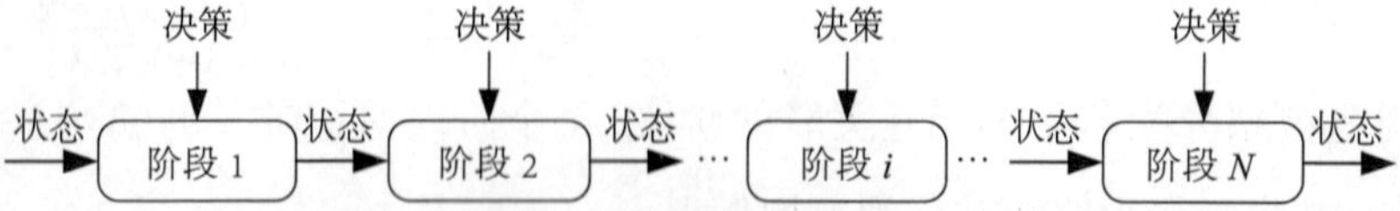

图 2–11　多阶段决策过程

由于决策过程是按照分阶段的方式依次推进，来求解整个过程的最优化问题，故名动态“Dynamic”。相应地，如前文所述的无约束最优化方法、带约束的优化方法都称为静态规划问题。一些静态规划问题都可以通过转化，用动态规划方法求解。对于动态规划的决策过程，有离散决策过程和连续决策过程之分，本书仅研究离散决策过程。

以最短路线问题为例，如图 2–12 所示，存在有 A～I 共 9 个节点，节点与节点之间有相应的距离值连接，将搜索过程分为 4 个阶段，在每个阶段做一个决策，选择下一个目标节点，每个阶段的决策构成策略，目的是搜索一条从起点 A 到终点 I 的最短路线。

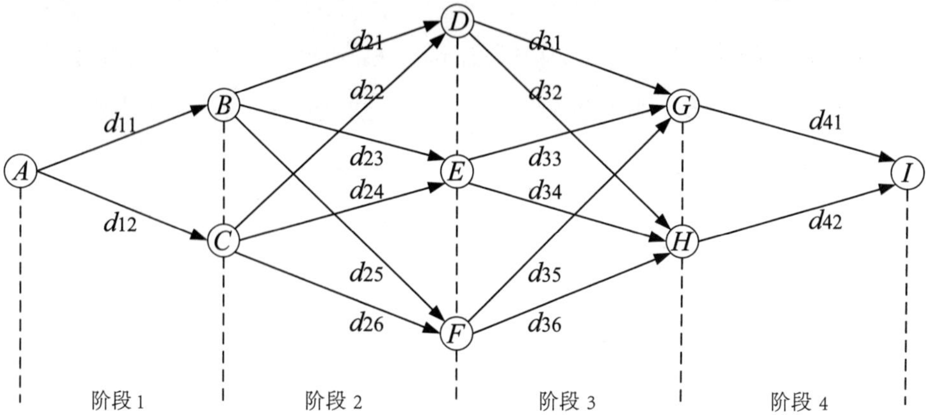

图 2–12　最短路线问题

一种最直观的搜索方法是穷举法，将 A～I 的所有的可行策略进行遍历排序，以路线最短的策略作为最优解。这种思路对于小规模的网络模型适用，但是随着网络模型增加，这种穷举法将会占用大量的计算资源和存储资源。因此，采用动态规划的一个目的是降低算法时耗。

对于动态规划，有如下基本概念定义。

(1) 阶段。

问题被划分为若干个相互关联的阶段，每个阶段对应唯一的编号k。例如图2-12中，求解最短路线被分为4个阶段，$k=1, 2, 3, 4$。

(2) 状态。

状态指每个阶段所处的自然状况或客观条件，通常是由1个或多个变量构成，也称状态变量，用x_k表示第k个阶段的状态。在某个阶段状态变量取值可能有多个，所以可以用状态集合来表示状态变量。例如图2-12中，阶段$k=3$的状态变量可以表示为$x_k=\{D, E, F\}$。

相关文献指出，状态变量的选取视具体问题内容而定，允许有不同的选取方法，但必须满足无后效性。无后效性是指状态变量x_k的后续过程不受之前演变过程的影响，也就是说第k阶段从状态变量出发，其后续的过程可以看作以x_k为初始条件的独立过程。

(3) 决策。

某个阶段的状态给定以后，从该状态量到下一个阶段的状态量的选择，称为决策。可以用一个或一组变量来描述决策，称之为决策变量。由于当前阶段的状态量x_k给定，决策可以表示为状态量的函数$u(x_k)$，这个决策就决定了$k+1$阶段的状态变量。例如图2-12中，假设阶段3的状态变量为$x_k=E$，在决策的作用下，可以选择阶段4的状态变量集合有$\{G, H\}$，假设选择G，则称阶段3的状态量$x_k=E$在决策$u(E)$的作用下，选择了新的状态G，记为$u(E)=G$。

(4) 策略。

从阶段k开始，将决策按顺序排列构成的集合$\{u(x_k), u(x_{k+1}), u(x_{k+2}), \cdots, u(x_{k+N})\}$，称为$k$子过程策略，记作$p_{k,N}(x_k)$。当$k=1$时，此策略包含了全过程的决

策，称为策略，记作 $p_{1,N}(x_1)$。

对于实际的问题，一般有多个策略供选择，多个策略集合构成了允许策略集合，记作 P，在众多策略中，存在一个使得效果最优的策略，称为最优策略，记作 p^*。

(5) 状态转移方程。

阶段 $k+1$ 的状态变量 x_{k+1} 取决于阶段 k 的状态变量 x_k 和决策变量 u_k，将其转换关系表示为 $x_{k+1}=T_k(u_k, x_k)$，它反映了状态从前一个阶段到下一个阶段的转移规律，称为状态转移方程。

(6) 指标函数。

类似于静态规划中的目标函数的含义，指标函数是用于衡量动态规划中子过程策略或全过程策略的优劣，例如，对于 k 子过程策略的优劣衡量，可以记作

$$V_k=V_k(x_k, u_k, x_{k+1}, u_{k+1}, x_{k+2}, u_{k+2}, \cdots, x_{k+1}, u_{k+1}, \cdots, x_{k+N}, u_{k+N})$$

另外，还有阶段指标的定义，用于衡量阶段 k 的效果指标，记作 $v_k(x_k, u_k)$，表示在阶段 k，由状态变量 x_k 和决策 u_k 所取得的阶段指标。

对于不同的问题，指标函数可以选择不同的形式，可以是关于成本、效率、产量、距离等等。多阶段决策问题，就是要求最优指标函数值，记作 $f_k(x_k)$，即

$$f_k(x_k)=\text{opt } V_k(x_k, u_k, x_{k+1}, u_{k+1}, x_{k+2}, u_{k+2}, \cdots, x_{k+1}, u_{k+1}, \cdots, x_{k+N}, u_{k+N})$$

其中，opt 表示取最优，可以是最小或最大。当 $k=1$ 时，称 $f_1(x_1)$ 为全过程最优目标函数值。

2.5.2 最短路线问题

最短路线问题是一个典型的多阶段决策问题，如图 2-13 所示，存在有 A、B、C、D 共 4 组节点，以及起始节点 O_1 和终止节点 O_2，前后两组节点之间有相应的距离值连接，现在需要搜索一条从起始节点 O_1 到终止节点 O_2 的最优路线，使得所行驶的路程最短。

利用动态规划方法求解，关键在于以下 2 个原理：

(1)由起始节点 O_1 到终止节点 O_2 的最短路径中的子路径必然是最短的。

假设最短路径 s^* 已知，且最短路径在阶段 k 时经过节点 p_k，那么，从节点 p_k 开

始沿着最短路径s^*到终止点的连接路径必然也是p_k到终止点的最短路径。结合图2-13所示，现在已知最短路径为$O_1 \to A_1 \to B_2 \to C_3 \to D_1 \to O_2$，那么，对于节点$B_2$来说，$B_2 \to C_3 \to D_1 \to O_2$路径就是节点$B_2$到终止点$O_2$的最短路径。

(2)逆序递推计算。

根据子路径必然是最短的特性，我们可以从终点O_2开始，逐步向起点O_1逆序递推，依次找到各个节点到终点O_2的最短子路径，最后可以求得起点O_1到终点O_2的最短路径。

基于以上2个原理，将搜索过程分为5个阶段，k=1, 2, 3, 4, 5，在每个阶段的状态变量表示为x_k。按照逆序搜索的方式进行，从终止点O_2开始向O_1递推，逐步找到各点到O_2的最短距离，最后，确定起始节点O_1和终止节点O_2全过程的最短路线。

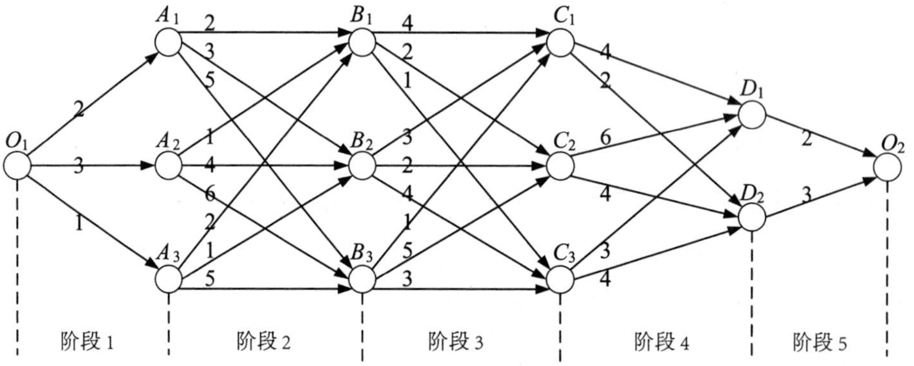

图2-13　最短路线问题

(1)当k=5时，状态变量集合为$x_5=\{D_1, D_2\}$，D_1和D_2都只有一条路线连接O_2，因而当前的决策为$u(D_1)=O_2$，$u(D_2)=O_2$，用f表示子路径的长度，则有$f(D_1)=2$，$f(D_2)=3$。

(2)当k=4时，状态变量集合为$x_4=\{C_1, C_2, C_3\}$，对于x_4中任意一个状态量，均有2个选择(D_1和D_2)，因而，对于C_1，C_2，C_3，其到终点的子路径最短长度分别可以表示为

$$f(C_1)=\min\{d(C_1, D_1)+f(D_1),\ d(C_1, D_2)+f(D_2)\}=\min\{4+2, 2+3\}=5,$$

最短子路径为：$C_1 \to D_2 \to O_2$，在节点C_1的决策为$u(C_1)=D_2$。

$f(\mathrm{C}_2)=\min\{d(C_2,D_1)+f(D_1),d(C_2,D_2)+f(D_2)\}=\min\{6+2,4+3\}=7$，最短子路径为：$C_2 \to D_2 \to O_2$，在节点$C_2$的决策为$u(C_2)=D_2$。

$f(\mathrm{C}_3)=\min\{d(C_3,D_1)+f(D_1),d(C_3,D_2)+f(D_2)\}=\min\{3+2,4+3\}=5$，最短子路径为$C_3 \to D_1 \to O_2$，在节点$C_3$的决策为$u(C_3)=D_1$。

(3)当$k=3$时，状态变量集合为$x_3=\{B_1,B_2,B_3\}$，对于x_3中任意一个状态量，均有3个选择(C_1,C_2,C_3)，因而，对于B_1,B_2,B_3，其到终点的子路径最短长度分别可以表示为

$f(\mathrm{B}_1)=\min\{d(B_1,C_1)+f(C_1),d(B_1,C_2)+f(C_2),d(B_1,C_3)+f(C_3)\}=\min\{4+5,2+7,1+5\}=6$，最短子路径为$B_1 \to C_3 \to D_1 \to O_2$，在节点$B_1$的决策为$u(B_1)=C_3$。

$f(\mathrm{B}_2)=\min\{d(B_2,C_1)+f(C_1),d(B_2,C_2)+f(C_2),d(B_2,C_3)+f(C_3)\}=\min\{3+5,2+7,4+5\}=8$，最短子路径为$B_2 \to C_1 \to D_2 \to O_2$，在节点$B_2$的决策为$u(B_2)=C_1$。

$f(B_3)=\min\{d(B_3,C_1)+f(C_1),d(B_3,C_2)+f(C_2),d(B_3,C_3)+f(C_3)\}=\min\{1+5,5+7,3+5\}=6$，最短子路径为$B_3 \to C_1 \to D_2 \to O_2$，在节点$B_3$的决策为$u(B_3)=C_1$。

(4)当$k=2$时，状态变量集合为$x_2=\{A_1,A_2,A_3\}$，对于x_2中任意一个状态量，均有3个选择(B_1,B_2,B_3)，因而，对于A_1,A_2,A_3，其到终点的子路径最短长度分别可以表示为

$f(\mathrm{A}_1)=\min\{d(A_1,B_1)+f(B_1),d(A_1,B_2)+f(B_2),d(A_1,B_3)+f(B_3)\}=\min\{2+6,3+8,5+6\}=8$，最短子路径为$A_1 \to B_1 \to C_3 \to D_1 \to O_2$，在节点$A_1$的决策为$u(A_1)=B_1$。

$f(\mathrm{A}_2)=\min\{d(A_2,B_1)+f(B_1),d(A_2,B_2)+f(B_2),d(A_2,B_3)+f(B_3)\}=\min\{1+6,4+8,6+6\}=7$，最短子路径为$A_2 \to B_1 \to C_3 \to D_1 \to O_2$，在节点$A_2$的决策为$u(\mathrm{A}_2)=B_1$；

$f(\mathrm{A}_3)=\min\{d(A_3,B_1)+f(B_1),d(A_3,B_2)+f(B_2),d(A_3,B_3)+f(B_3)\}=\min\{2+6,1+8,5+6\}=8$，最短子路径为$A_3 \to B_1 \to C_3 \to D_1 \to O_2$，在节点$A_3$的决策为$u(A_3)=B_1$。

(5)当$k=1$时,状态变量集合为$x_1=\{O_2\}$,对于O_2,有3个选择(A_1,A_2,A_3),因而,对于O_1,其到终点的路径最短长度可以表示为

$f(O_1)=\min\{d(O_1, A_1)+f(A_1), d(O_1, A_2)+f(A_2), d(O_1, A_3)+f(A_3)\}=\min\{2+8, 3+7, 1+8\}=9$,最短路径为$O_1\to A_3\to B_1\to C_3\to D_1\to O_2$,在节点$O_1$的决策为$u(O_1)=A_3$。

通过以上分析,最短路径即为$O_1\to A_3\to B_1\to C_3\to D_1\to O_2$。

以上是采用动态规划方法求解最短路线问题,本例中,用到了加法运算和比较运算,其中,加法运算次数为27次,比较运算次数为17次。假如采用穷举法,显然,共有54种组合方案,即54条路线,穷举法将会对54条路线分别计算总长度,并进行比较。穷举法的加法运算可能达到4×54=216次,比较运算达53次,明显比动态规划方法求最短路线计算量大。随着搜索网络复杂度增加,这种计算量的差距将会更加明显。

本章参考文献

[1] 王晓陵. 最优化方法与最优控制[M]. 哈尔滨: 哈尔滨工程大学出版社, 2006.
[2] 郭科, 陈聆. 最优化方法及其应用[M]. 北京: 高等教育出版社, 2007.
[3] 杨庆之. 最优化方法[M]. 北京: 科学出版社, 2015.

第3章　自动驾驶轨迹平滑方法

3.1 引　　言

循迹行驶是当前自动驾驶的一种主要方式，从地图数据获取一条预设的参考轨迹，根据车辆偏离参考线的情况进行实时控制调整。地图参考轨迹的精确度对自动驾驶的体验感至关重要，由于地图数据的误差，参考轨迹中存在异常点或参考轨迹不够平滑，造成驾乘人员的体验感差。高精度地图已经成为自动驾驶必不可少的组成部分[1][2]，相较于普通的电子地图，具有更高精度、更详细的地图元素以及更加丰富的属性[3]，一定程度上能够为自动驾驶系统提供较高精度的轨迹信息。但是，高精度地图由于客观因素，其数据仍然具有随机性，难以做到完全精确，通常也仅能提供10 cm级别的精度[4][5]。随着自动驾驶级别提高，特别是在面对L3以上级别的自动驾驶系统时，对驾驶体验感、驾乘舒适性提出了更高的要求，这就需要能够为自动驾驶提供更高质量的参考轨迹。

自动驾驶中参考轨迹数据的误差客观存在，从数据处理的角度对参考轨迹进行平滑处理，成为一种提升自动驾驶系统性能的方式。从地图数据中获取的参考轨迹一般由空间坐标下一系列轨迹点构成，根据自动驾驶车辆当前位置，截取其中一部分，通常在100 m以内，作为当前的参考轨迹，结合道路环境进行后续轨迹规划和循迹控制。对于空间离散轨迹点集合，可通过构建某种几何曲线来对控制点进行插值。针对自动驾驶通常采用5次多项式曲线作为规划路线[4],能够保证曲线高阶连续。对于多项式曲线拟合,常用的拟合求解方法有最小二乘法、遗传算法等。AFSHAR N A等[7]针对多项式拟合问题,采用遗传算法迭代优化拟合系数,能够获得全局最优解。但是采用迭代优化的方式造成较大计算量,不适于对实时性要求较高的自动驾驶系统。最小二乘法作为一种曲线拟合的方法,具有计算量小的特点。张航等[8]采用最小二乘法应用于地图数据拟合,验证了算法的有效性,数据的精度和存储效率能满足应用需求。段振云等[9]指出,为了避免最小二乘法在计算过程中出现高次项溢出的问题,可对曲线进行分段拟合,然后拼接成一条完整的曲线。分段拟合虽然降低计算的复杂度,但是在拼接点处存在不连续等问题[10]。为此,可以通过建立约束条件求解拟合曲线,使得在分段点处连续。因此,基于多项式的分段拟合方法能够满足拟合曲线平滑性要求,同时可降低计算的复杂度,适用于实时性要求较高的自动驾驶系统。

基于以上分析,本章将分段拟合方法应用于自动驾驶参考轨迹的平滑。将空间轨迹点集合转化为带中间变量的数据集合,采用带约束条件的最小二乘法求分段曲线的参数方程,最后通过等间距采样,获得平滑处理后的参考轨迹。该方法能够保证分段曲线高阶连续的同时,在分段点处具有一阶连续。该方法时间复杂度低,适用于自动驾驶系统。

3.2 多项式曲线拟合

多项式曲线具备高阶连续的特性,给定n组离散轨迹坐标数据,预设多项式拟合曲线方程,通过求解多项式中的未知参数,获得多项式拟合曲线,从而实现离散轨迹点的平滑处理。采用最小二乘法求多项式参数的最优估计,其基本思想是计算所有数据点与估计点(或称拟合点)的误差平方和,如果所拟合的曲线能使该误差平方和最小,即为最小二乘拟合曲线。

3.2.1 最小二乘法曲线拟合

以多项式$y=f(x)=a_0+a_1x+a_2x^2+a_3x^3+a_4x^4+a_5x^5$作为拟合函数，给定$n$组离散轨迹点$(x_k, y_k)$，$k=1, 2, \cdots, n$，利用最小二乘法，第$k$组轨迹点的误差为

$$e=\sum_{i=0}^{5}a_i {x_k}^i-y_k \tag{3-1}$$

则误差平方和为

$$E=\sum_{k=1}^{n}\left(\sum_{i=0}^{5}a_i {x_k}^i-y_k\right)^2 \tag{3-2}$$

以误差平方和为目标函数，则可以利用上一章最小二乘法的原理求解未知系数。根据最小二乘法原理，构建如下最优化问题：

$$\min\ E=f(a)=\|\boldsymbol{Aa}-\boldsymbol{b}\|_2 \tag{3-3}$$

为了加深读者对最小二乘法的理解，下面会具体展示求解过程。

为使得拟合误差最小，令E对a_i的偏导数为0，即

$$\frac{\partial E}{\partial a_i}=\sum_{k=1}^{n}2\left(\sum_{i=0}^{5}a_i {x_k}^i-y_k\right){x_k}^i=0 \tag{3-4}$$

由式(3-4)可得如下的多元一次方程组：

$$\begin{cases} a_0\sum_{k=1}^{n}{x_k}^0+a_1\sum_{k=1}^{n}{x_k}^1+\cdots a_5\sum_{k=1}^{n}{x_k}^5=\sum_{k=1}^{n}y_k {x_k}^0 \\ a_0\sum_{k=1}^{n}{x_k}^1+a_1\sum_{k=1}^{n}{x_k}^2+\cdots a_5\sum_{k=1}^{n}{x_k}^6=\sum_{k=1}^{n}y_k {x_k}^1 \\ \vdots \\ a_0\sum_{k=1}^{n}{x_k}^5+a_1\sum_{k=1}^{n}{x_k}^6+\cdots a_5\sum_{k=1}^{n}{x_k}^{10}=\sum_{k=1}^{n}y_k {x_k}^5 \end{cases} \tag{3-5}$$

写成矩阵形式为

$$\boldsymbol{Aa}=\boldsymbol{B} \tag{3-6}$$

$$\overbrace{\begin{bmatrix}\sum_{k=1}^{n}x_k^{\ 0} & \sum_{k=1}^{n}x_k^{\ 1} & \cdots & \sum_{k=1}^{n}x_k^{\ 5}\\ \sum_{k=1}^{n}x_k^{\ 1} & \sum_{k=1}^{n}x_k^{\ 2} & \cdots & \sum_{k=1}^{n}x_k^{\ 6}\\ \vdots & \vdots & \ddots & \vdots\\ \sum_{k=1}^{n}x_k^{\ 5} & \sum_{k=1}^{n}x_k^{\ 6} & \cdots & \sum_{k=1}^{n}x_k^{\ 10}\end{bmatrix}}^{A}\overbrace{\begin{bmatrix}a_0\\ a_1\\ \vdots\\ a_5\end{bmatrix}}^{a}=\overbrace{\begin{bmatrix}\sum_{k=1}^{n}y_kx_k^{\ 0}\\ \sum_{k=1}^{n}y_kx_k^{\ 1}\\ \vdots\\ \sum_{k=1}^{n}y_kx_k^{\ 5}\end{bmatrix}}^{B} \tag{3-7}$$

由式(3-6)可以唯一解出$[a_0, a_1, a_2, \cdots, a_5]^{\mathrm{T}}=\boldsymbol{A}^{-1}\boldsymbol{B}$,从而得到了基于多项式的拟合曲线方程。

如果采用$\boldsymbol{QR}$分解法,则需要对式(3-3)的最优化问题做如下变换:

$$E=f(\boldsymbol{a})=\|\boldsymbol{Aa}-\boldsymbol{b}\|_2=(\boldsymbol{Aa}-\boldsymbol{b})^{\mathrm{T}}(\boldsymbol{Aa}-\boldsymbol{b}) \tag{3-8}$$

$$\boldsymbol{A}=\begin{bmatrix}x_1^{\ 0} & x_1^{\ 1} & x_1^{\ 2} & \cdots & x_1^{\ 5}\\ x_2^{\ 0} & x_2^{\ 1} & x_2^{\ 2} & \cdots & x_2^{\ 5}\\ x_3^{\ 0} & x_3^{\ 1} & x_3^{\ 2} & \cdots & x_3^{\ 5}\\ \vdots & \vdots & \vdots & \ddots & \vdots\\ x_n^{\ 0} & x_n^{\ 1} & x_n^{\ 2} & \cdots & x_n^{\ 5}\end{bmatrix} \tag{3-9}$$

$$\boldsymbol{a}=[a_0, a_1, a_2, a_3, a_4, a_5]^{\mathrm{T}}, \boldsymbol{b}=[y_0, y_1, y_2, y_3, y_4, y_5]^{\mathrm{T}} \tag{3-10}$$

要求最优的多项式系数$\boldsymbol{a}$,使得E最小,需要满足:

$$\frac{\partial E}{\partial \boldsymbol{a}}=\frac{\partial(\boldsymbol{Aa}-\boldsymbol{b})^{\mathrm{T}}(\boldsymbol{Aa}-\boldsymbol{b})}{\partial \boldsymbol{a}}=0\Rightarrow \boldsymbol{A}^{\mathrm{T}}\boldsymbol{Aa}=\boldsymbol{A}^{\mathrm{T}}\boldsymbol{b} \tag{3-11}$$

通过$\boldsymbol{QR}$分解,可以得到$\boldsymbol{A}=\boldsymbol{QR}$,代入式(3-11)可以得到$\boldsymbol{a}=\boldsymbol{R}^{-1}\boldsymbol{Q}^{\mathrm{T}}\boldsymbol{b}$,从而获得了最优的多项式系数$\boldsymbol{a}$。

假设空间上离散的路径点为(x_1, y_1), (x_2, y_2), $\cdots$, (x_k, y_k), $\cdots$, (x_n, y_n),如表3-1所示。

表3-1　空间离散路径点

x_i	−5	−4	−3	−2	−1	0	1	2	3	4	5
y_i	−1.36	−0.45	−0.12	−0.01	0	−0.01	−0.0	0.03	0.15	0.51	1.21

根据以上步骤，得到的拟合轨迹曲线如图3-1所示。拟合曲线为

$$y=-0.0182-0.0125x+0.0128x^2+0.0043x^3-0.0008x^4+0.0003x^5。$$

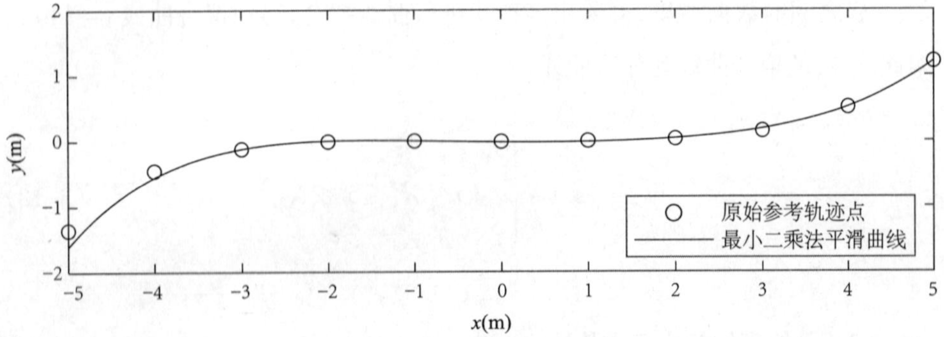

图3-1 最小二乘拟合曲线

3.2.2 基于特征点的分段处理

分段多项式曲线拟合是在以特征节点为分界点的每一段曲线上进行拟合，得到相应的有界拟合多项式方程，方程的自变量区间以特征节点为界，同时相邻的分段曲线在特征节点处连续，拼接各段拟合曲线后得到一条完整的拟合曲线。

如图3-2所示，设数据集的起点坐标为(x_0, y_0)，终点坐标为(x_n, y_n)，数据集中含有多个特征点(X_i, Y_i)，以特征点为界，对数据集进行分段，每一段具有不同的特性，在进行曲线拟合时，可预先对不同特性的数据子集设定不同的拟合方程$y=f_i(x)$，然后利用最小二乘法求解拟合方程，最终构成整个数据集的拟合方程。

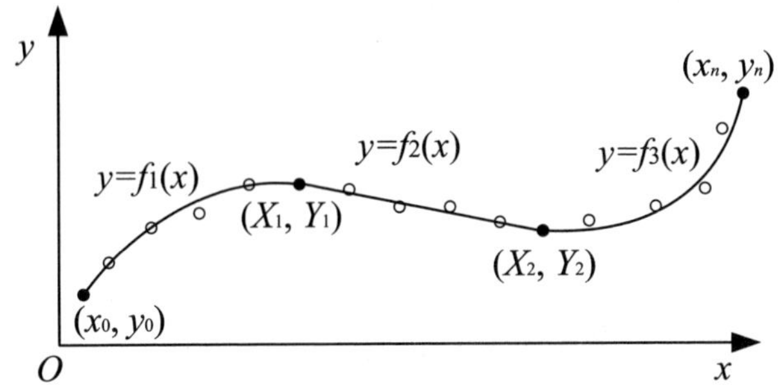

图3-2 轨迹点分布示意图

对于起点(x_0, y_0)到特征点(X_1, Y_1)之间的数据子集,可采用多项式进行曲线拟合,得到拟合曲线$y=f_1(x)$;对于特征点(X_1, Y_1)到特征点(X_2, Y_2)之间的数据子集,可采用直线拟合,得到拟合直线$y=f_2(x)$;对于特征点(X_2, Y_2)到终点(x_n, y_n)之间的数据子集,可采用多项式进行曲线拟合,得到拟合曲线$y=f_3(x)$。因此,最终的拟合曲线为分段曲线:

$$y=f(x)=\begin{cases} f_1(x),\ 0\leqslant x<X_1 \\ f_2(x),\ X_1\leqslant x<X_2 \\ f_3(x),\ X_2\leqslant x\leqslant x_n \end{cases} \tag{3-12}$$

3.2.3 带约束的最小二乘法

实际上,对于分段拟合曲线,是没有保证整个拟合曲线的连续性、平滑性的,因为每个特征点处的前后两段拟合曲线都具有不同的函数值和高阶导。因此,通常会在分段点处加上约束条件,以保证分段拟合曲线的连续性、平滑性。

假设图3-2中,起点(x_0, y_0)到特征点(X_1, Y_1)之间的数据子集,通过常规最小二乘法求得拟合曲线方程为$y=f_1(x)$,则可知在特征点处,函数值为$f_1(X_1)$,一阶导函数值为$f_1'(X_1)$。对于特征点(X_1, Y_1)到特征点(X_2, Y_2)之间的数据子集,预设拟合曲线为多项式曲线$y=f(x)$,并规定当$x=X_1$时,$f(x)$的函数值为$f_1(X_1)$,记作$f(X_1)=f_1(X_1)=k_1$,$f(x)$的一阶导函数值为$f_1'(X_1)$,记为$f'(X_1)=f_1'(X_1)=k_2$。因此,$f(X_1)=k_1$作为约束条件以保证分段点处连续性,$f'(X_1)=k_2$作为约束条件以保证分段点处平滑性。

根据以上分析,带约束的最小二乘问题可以表示为

$$\begin{cases} \min E=\sum_{k=1}^{n}\left(y_k-f(x_k)\right)^2 \\ \text{s.t.}\ f(X_1)=k_1 \\ f'(X_1)=k_2 \end{cases} \tag{3-13}$$

不妨设$y=f(x)$为三次多项式函数,$y=f(x)=a_0+a_1x+a_2x^2+a_3x^3$。对于带约束的最小二乘问题,其目标函数可写为

$$\min E=f(\boldsymbol{a})=\|A\boldsymbol{a}-\boldsymbol{b}\|_2 \tag{3-14}$$

其中，$\boldsymbol{a}=[a_0, a_1, a_2, a_3]^{\mathrm{T}}$为待求参数。

对于约束条件$f(X_1)=k_1$，可以转换为如下形式：

$$[1, X_1, X_1^2, X_1^3]\boldsymbol{a}=k_1 \tag{3-15}$$

对于约束条件$f'(X_1)=k_2$，即$f'(X_1)=a_1+2a_2x+3a_3x^2=k_2$，可以转换为如下形式：

$$[0, 1, 2X_1, 3X_1^2]\boldsymbol{a}=k_2 \tag{3-16}$$

固约束条件为

$$\begin{bmatrix}1 & X_1 & X_1^2 & X_1^3\\ 0 & 1 & 2X_1 & 3X_1^2\end{bmatrix}\boldsymbol{a}=\begin{bmatrix}k_1\\ k_2\end{bmatrix} \tag{3-17}$$

对于上述目标函数和约束条件，可以转化为带等式约束的最优化问题，采用第2章中叙述的拉格朗日乘子法可以求得系数$\boldsymbol{a}$。求得的拟合曲线方程$y=f(x)$能够与上一段拟合曲线$y=f_1(x)$连续平滑拼接。

3.3 自动驾驶参考轨迹平滑方法

本节将介绍利用最小二乘法对自动驾驶参考轨迹进行平滑处理的过程。将原始参考轨迹数据集合转换为随轨迹长度变化的两组数据集合，分别对2组数据集合进行分段拟合，以等距离方式对拟合曲线采样，作为平滑后的参考轨迹点。

3.3.1 参考轨迹点参数化处理

原始参考轨迹是由二维空间上的一系列坐标点构成的集合，假设原始轨迹数据集合为

$$P=\{(x_1,\ y_1),\ (x_2,\ y_2),\ \cdots,\ (x_M,\ y_M)\} \tag{3-18}$$

通常用多项式$y=F(x)$拟合数据集合P,能够取得较好的效果。但是多项式函数是单值函数,不能表示多值曲线[11],而自动驾驶参考轨迹是一条二维空间的任意曲线,必然存在多值的情况,此时无法用多项式曲线表示,如图3–3所示。因此,可以将参考轨迹以参数方程的形式表示,以解决多值函数的情形。

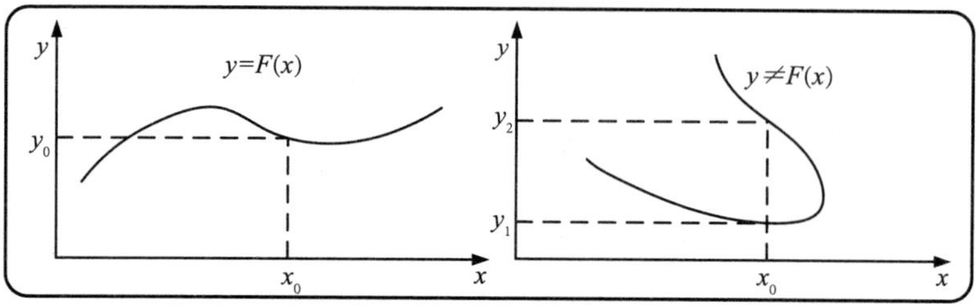

图3–3　单值函数与多值函数

设s为参考轨迹延伸的长度,用轨迹长度s表示参考轨迹点的x、y,即可将轨迹点$(x,\ y)$表示为$x=f(s)$,$y=g(s)$,则可将原始数据集合转换为以s为中间变量的两组数据集合P_x和P_y。为此,需要建立轨迹长度s分别与x和y的对应关系。对于原始数据集合P中任意相邻的3个轨迹点$(x_{i-1},\ y_{i-1})$、$(x_i,\ y_i)$和$(x_{i+1},\ y_{i+1})$,$i=2,\ 3,\ \cdots,\ M-1$,其空间分布如图3–4所示。

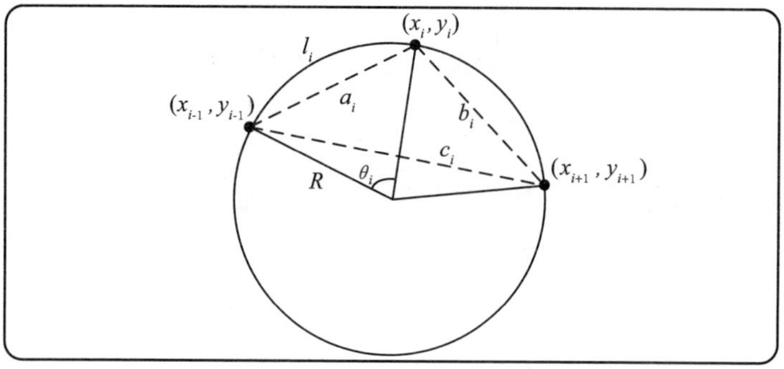

图3–4　轨迹点分布示意图

根据几何关系求外接圆半径为

$$r_i=\frac{a_i b_i c_i}{4\sqrt{p_i(p_i-a_i)(p_i-b_i)(p_i-c_i)}} \tag{3-19}$$

式(3-19)中,$p_i=(a_i+b_i+c_i)/2$。

以弧长l_i近似表示(x_{i-1}, y_{i-1})和(x_i, y_i)之间的轨迹长度：

$$l_i=2r_i \arcsin\frac{a_i}{2r_i} \tag{3-20}$$

则对于任意的参考轨迹点,其相对于起始点的轨迹长度为

$$s_i=l_1+l_2+\cdots+l_i \tag{3-21}$$

至此,可将原始参考轨迹数据集合P分解为2组数据集合：

$$P_x=\{(s_1, x_1), (s_2, x_2), \cdots, (s_M, x_M)\} \tag{3-22}$$

$$P_y=\{(s_1, y_1), (s_2, y_2), \cdots, (s_M, y_M)\} \tag{3-23}$$

如图3-5所示,将多值函数曲线转换为两组单值函数曲线的示意图。

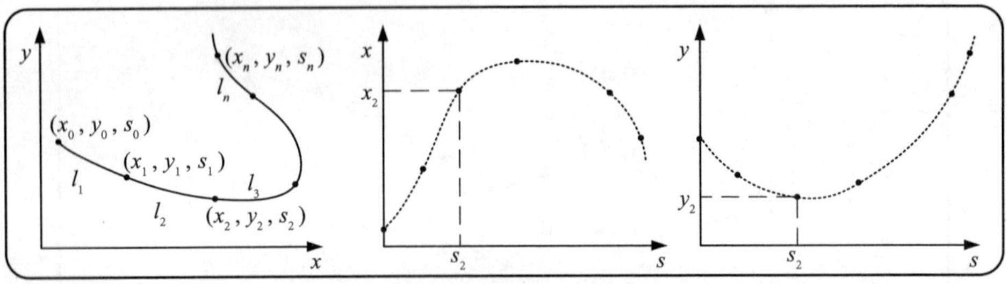

图3-5 多值函数的参数化处理

3.3.2 参考轨迹点分段处理

采用分段拟合方法,一般通过寻找特征点作为分段点[12],以提高拟合曲线的精确度。自动驾驶参考轨迹在空间分布上存在着直线段和弯道段的明显特征,因此,选择直道和弯道的衔接点作为特征点,进行区间分段。

自动驾驶系统对实时性要求较高,为降低特征点搜索计算量,以外接圆半径作为特征点判定标准。定义直道段和弯道段外接圆半径分别满足:$R>R_{\text{threshold}}$和$R\leqslant R_{\text{threshold}}$。其中$R_{\text{threshold}}$根据道路情况选取。由于轨迹点突变造成外接圆半径异常,因此设定一个固定长度的窗口,若一个窗口内满足$R\leqslant R_{\text{threshold}}$的轨迹点数

量占比大于阈值δ_{hreshold}，则定义为弯道段。

为避免分段区间过长，设定固定步长N，即分段区间内的轨迹点数量不超过固定步长N。根据搜索到的特征点和设定的固定步长，可将参考轨迹点集合划分为k段，其中第j段数据集合为

$$P_x^{(j)}=\{(s_1^{(j)},\ x_1^{(j)}),\ (s_2^{(j)},\ x_2^{(j)}),\ \cdots,\ (s_M^{(j)},\ x_M^{(j)})\} \tag{3-24}$$

$$P_y^{(j)}=\{(s_1^{(j)},\ y_1^{(j)}),\ (s_2^{(j)},\ y_2^{(j)}),\ \cdots,\ (s_M^{(j)},\ y_M^{(j)})\} \tag{3-25}$$

式(3-24)和式(3-25)中，$M\leqslant N$，满足$s_1^{(j)}=s_M^{(j-1)}$、$x_1^{(j)}=x_M^{(j-1)}$和$y_1^{(j)}=y_M^{(j-1)}$，即分段点是前后两段数据集合共有的元素。

常规分段拟合得到的拟合曲线经常在分段点处存在不连续性，两段之间存在明显的阶跃，线性化函数的输出结果会出现跳变，导致拟合曲线出现抖动的现象[13]。为解决这个问题，采用交叠分段策略，如图3-6所示。

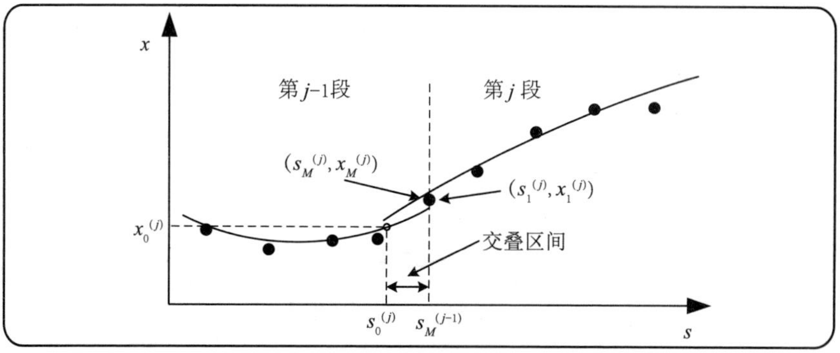

图3-6　交叠分段策略示意图

设定第j段曲线交叠百分比$\eta^{(j)}$为

$$\eta^{(j)}=\frac{s_M^{(j-1)}-s_0^{(j)}}{s_M^{(j-1)}-s_0^{(j-1)}} \tag{3-26}$$

式(3-26)中，$s_0^{(j)}$和$s_0^{(j-1)}$为交叠起始点对应的轨迹长度，通常η取值为0～0.5。则第j段拟合曲线与第$j-1$段曲线的交叠区域为$[s_0^{(j)},\ s_M^{(j-1)}]$。假设第$j$段拟合曲线在交叠区间的起始点为$(s_0^{(j)},\ x_0^{(j)})$、$(s_0^{(j)},\ y_0^{(j)})$，将该起始点作为第$j$段数据集合$P_x^{(j)}$和$P_y^{(j)}$的首个元素进行扩展，则扩展后的第$j$段数据集合为

$$P_x'^{(j)} = \{(s_0^{(j)}, x_0^{(j)}), (s_1^{(j)}, x_1^{(j)}), (s_2^{(j)}, x_2^{(j)}), \cdots, (s_M^{(j)}, x_M^{(j)})\} \quad (3\text{-}27)$$

$$P_y'^{(j)} = \{(s_0^{(j)}, y_0^{(j)}), (s_1^{(j)}, y_1^{(j)}), (s_2^{(j)}, y_2^{(j)}), \cdots, (s_M^{(j)}, y_M^{(j)})\} \quad (3\text{-}28)$$

3.3.3 参考轨迹连续平滑处理

在自动驾驶中，通常以五次多项式曲线作为参考轨迹，其具有高阶连续的优点。由于地图数据采用绝对坐标系，轨迹点坐标的绝对值较大，造成高次多项式的浮点精度不足[14]，需要将数据集合进一步处理（正则化），以提高浮点运算的精度。

将每一段数据集合进行平移，使得每段数据集合的首个元素为原点(0, 0)。例如，第j段数据集合$P_x'^{(j)}$和$P_y'^{(j)}$平移后得

$$P_x''^{(j)} = \{(0, 0), (s_1^{(j)}-s_0^{(j)}, x_1^{(j)}-x_0^{(j)}), (s_2^{(j)}-s_0^{(j)}, x_2^{(j)}-x_0^{(j)}), \cdots, (s_M^{(j)}-s_0^{(j)}, x_M^{(j)}-x_0^{(j)})\} \quad (3\text{-}29)$$

$$P_y''^{(j)} = \{(0, 0), (s_1^{(j)}-s_0^{(j)}, y_1^{(j)}-y_0^{(j)}), (s_2^{(j)}-s_0^{(j)}, y_2^{(j)}-y_0^{(j)}), \cdots, (s_M^{(j)}-s_0^{(j)}, y_M^{(j)}-y_0^{(j)})\} \quad (3\text{-}30)$$

为了保证分段拟合曲线在分段点处具有连续平滑性，建立分段拟合的约束条件，使得参考轨迹在分段点处连续，且具有一阶连续。

假设第$j-1$段数据集合$P_x''^{(j-1)}$和$P_y''^{(j-1)}$的拟合函数为$x^{(j-1)}=f^{(j-1)}(s^{(j-1)})$、$y^{(j-1)}=g^{(j-1)}(s^{(j-1)})$。现已知第$j$段数据集合$P_x''^{(j)}$和$P_y''^{(j)}$，预设的拟合方程为$x^{(j)}=f^{(j)}(s^{(j)})$，$y^{(j)}=g^{(j)}(s^{(j)})$，有如下约束条件：

$$f^{(j)}(0)=0 \quad (3\text{-}31)$$

$$g^{(j)}(0)=0 \quad (3\text{-}32)$$

$$f'^{(j)}(0)=f'^{(j-1)}\left((1-\eta^{(j)})(S_M^{(j-1)}-S_0^{(j-1)})\right) \quad (3\text{-}33)$$

$$g'^{(j)}(0)=g'^{(j-1)}\left((1-\eta^{(j)})(S_M^{(j-1)}-S_0^{(j-1)})\right) \quad (3\text{-}34)$$

S_0，S_M分别为本段拟合曲线的起点和终点处的s。式(3-31)和式(3-32)保证前后两段拟合曲线在交叠区间的起始点处连续，式(3-33)和式(3-34)保证在交叠区间起始点处具有一阶连续性。

根据第j段数据集合$P_x''^{(j-1)}$和$P_y''^{(j-1)}$，以及约束方程，可求解第j段数据集

合的五次多项式拟合方程。

以集合$P_x''^{(j)}$为例，假设拟合方程为

$$x=\sum_{i=0}^{5}\alpha_i s^i \tag{3-35}$$

由约束条件式(3-31)和式(3-33)可解得$\alpha_0=0$，$\alpha_1=A$，其中A为已知，$A=f'^{(j-1)}\left((1-\eta^{(j)})(s_M{}^{(j-1)}-s_0{}^{(j-1)})\right)$。对于$P_x''^{(j)}$中每个点的误差平方和为

$$E=\sum_{k=0}^{M^{(j)}}(\sum_{i=1}^{5}\alpha_i s_k{}^i-x_k)^2 \tag{3-36}$$

式(3-36)中，(s_k, x_k)为$P_x''^{(j)}$中第k个点的坐标。令E对α_i的偏导数为0，$i=2$，3，4，5，即

$$\frac{\partial\left(\sum_{k=0}^{M^{(j)}}(\sum_{i=1}^{5}\alpha_i s_k{}^i-x_k)^2\right)}{\partial\alpha_i}=0 \tag{3-37}$$

将上式处理后表示为矩阵方程形式为

$$\begin{bmatrix}\sum_{k=0}^{M^{(j)}}s_k{}^4 & \sum_{k=0}^{M^{(j)}}s_k{}^5 & \sum_{k=0}^{M^{(j)}}s_k{}^6 & \sum_{k=0}^{M^{(j)}}s_k{}^7\\ \sum_{k=0}^{M^{(j)}}s_k{}^5 & \sum_{k=0}^{M^{(j)}}s_k{}^6 & \sum_{k=0}^{M^{(j)}}s_k{}^7 & \sum_{k=0}^{M^{(j)}}s_k{}^8\\ \sum_{k=0}^{M^{(j)}}s_k{}^6 & \sum_{k=0}^{M^{(j)}}s_k{}^7 & \sum_{k=0}^{M^{(j)}}s_k{}^8 & \sum_{k=0}^{M^{(j)}}s_k{}^9\\ \sum_{k=0}^{M^{(j)}}s_k{}^7 & \sum_{k=0}^{M^{(j)}}s_k{}^8 & \sum_{k=0}^{M^{(j)}}s_k{}^9 & \sum_{k=0}^{M^{(j)}}s_k{}^{10}\end{bmatrix}\begin{bmatrix}\alpha_2\\ \alpha_3\\ \alpha_4\\ \alpha_5\end{bmatrix}=\begin{bmatrix}\sum_{k=0}^{M^{(j)}}(x_k s_k{}^2-As_k{}^3)\\ \sum_{k=0}^{M^{(j)}}(x_k s_k{}^3-As_k{}^4)\\ \sum_{k=0}^{M^{(j)}}(x_k s_k{}^4-As_k{}^5)\\ \sum_{k=0}^{M^{(j)}}(x_k s_k{}^5-As_k{}^6)\end{bmatrix} \tag{3-38}$$

解式(3-38)中的矩阵方程可得五次多项式的系数α_2，α_3，α_4，α_5，则求解的多项式系数为

$$\boldsymbol{\alpha}=[0, A, \alpha_2, \alpha_3, \alpha_4, \alpha_5] \tag{3-39}$$

以相同的方法可求解数据集合$P_y''^{(j)}$的五次多项式拟合系数为

$$\beta=[0, B, \beta_2, \beta_3, \beta_4, \beta_5] \tag{3-40}$$

3.3.4 参考轨迹等步长采样

根据上述步骤，可求得第j段数据集合$P_x''^{(j)}$和$P_y''^{(j)}$的多项式拟合方程分别为

$$x=f(s)=\sum_{i=0}^{5}\alpha_i s^i \tag{3-41}$$

$$y=g(s)=\sum_{i=0}^{5}\beta_i s^i \tag{3-42}$$

由于原数据集合$P_x^{(j)}$和$P_y^{(j)}$是通过坐标平移后得到的数据集合$P_x''^{(j)}$和$P_y''^{(j)}$，因此需要将拟合方程式(3-41)和式(3-42)平移还原至原数据集合的拟合方程为

$$x-x_0^{(j)}=f(s-s_0^{(j)})=\sum_{i=0}^{5}\alpha_i(s-s_0^{(j)})^i \tag{3-43}$$

$$y-y_0^{(j)}=g(s-s_0^{(j)})=\sum_{i=0}^{5}\beta_i(s-s_0^{(j)})^i \tag{3-44}$$

参考轨迹是由一系列轨迹点构成的曲线，对轨迹长度s等间距采样，根据拟合方程式(3-43)和式(3-44)，分别计算空间坐标点(x, y)。设采样步长为D，则对于第j段平滑处理后的轨迹点坐标表示为

$$x=\sum_{i=0}^{5}\alpha_i(KD-s_0^{(j)})^i+x_0^{(j)} \tag{3-45}$$

$$y=\sum_{i=0}^{5}\beta_i(KD-s_0^{(j)})^i+y_0^{(j)} \tag{3-46}$$

将计算结果作为平滑处理后的参考轨迹点坐标，输出至自动驾驶后续计算模块。

3.4 参考轨迹平滑的软件实现

从地图数据中提取一段参考轨迹，采用本章的分段多项式平滑方法进行了实验研究，并与常规方法进行对比实验研究。考虑到地图数据的随机误差干扰，通过叠加随机误差的方式，检验平滑算法的抗干扰能力。

3.4.1 轨迹平滑算法的软件实现

根据以上分段拟合算法的原理描述，自动驾驶参考轨迹平滑的完整的流程如图3-7所示，具体步骤如下：

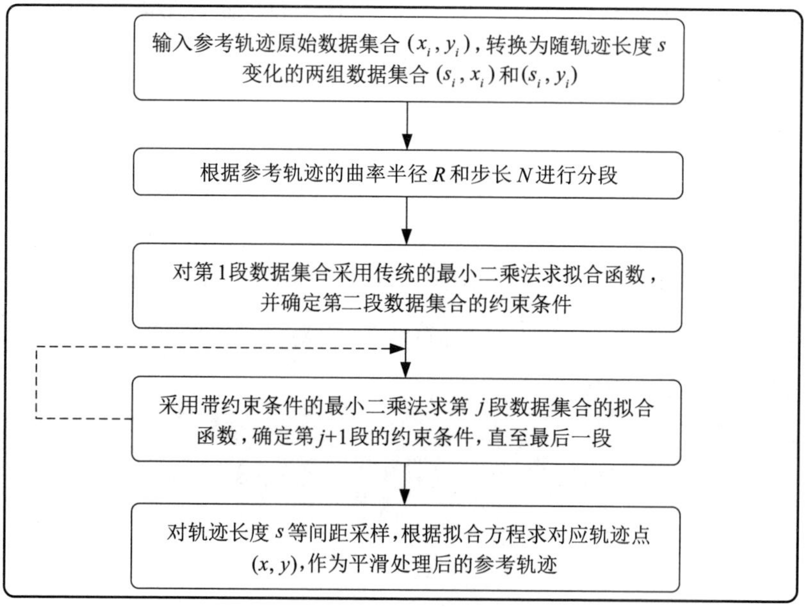

图3-7　算法实现流程

(1) 首先从地图数据中读取原始参考轨迹数据点集合 $P=\{(x_1, y_1), (x_2, y_2), \cdots, (x_M, y_M)\}$，通常相邻的2个数据点之间的距离约为1 m。根据数据点之间的几何关系，计算轨迹长度 s，分离出两组数据集合分别为 P_x 和 P_y。

(2) 根据原始参考轨迹，搜索直线段与弯道段的连接点，作为特征点。设定分段步长N,使得每段曲线的轨迹长度不超过10 m。根据特征点和分段步长N,将参考轨迹划分为k段,确定第j段的数据集合为$P_x^{(j)}$和$P_y^{(j)}$。

(3) 对于第一段数据集合$P_x^{(1)}$和$P_y^{(1)}$,采用传统的最小二乘法进行数据拟合,得到拟合方程。设定交叠系数$\eta=0.1$,根据拟合方程求交叠区间的起始点的坐标$(s_0^{(1)}, x_0^{(1)})$和$(s_0^{(1)}, y_0^{(1)})$,一阶导数值为$A^{(1)}$和$B^{(1)}$,将其作为第2段数据集合拟合函数约束方程的参数。

(4) 从第二段数据集合开始,将交叠区间起始点扩充至该段数据集合中,并进行平移处理,采用带约束条件的最小二乘法求解该段拟合方程的系数,同时计算下一段数据集合在交叠起点处的坐标$(s_0^{(j)}, x_0^{(j)})$和$(s_0^{(j)}, y_0^{(j)})$及一阶导数值$A^{(1)}$和$B^{(1)}$。

(5) 在求解出所有分段曲线方程后,对轨迹长度s采样,设定采样距离为$D=1$ m,依次计算对应的轨迹点(x_k, y_k),将(x_k, y_k)构成的轨迹点集合作为平滑处理后的参考轨迹。

3.4.2 轨迹平滑算法实验

从地图中提取了一段长约50 m的参考轨迹作为原始数据,相邻数据点间隔约1 m,共50个数据点。采用本文的平滑处理方法,进行拟合实验,拟合曲线如图3–8所示。

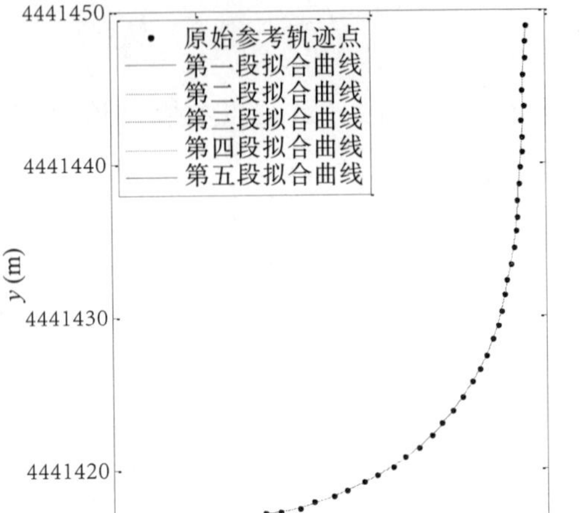

图3–8 原始地图数据的拟合结果

由实验结果可知，采用分段拟合方法，生成了多段的拟合曲线拼接成一条参考曲线。该曲线与原始参考轨迹点的趋势基本吻合，且具有较好的平滑性能。

由于地图数据的精度具有随机性，为检验方法的适应性，在原始数据点的基础上加入不同程度的随机干扰，叠加到原始参考轨迹中，以模拟地图数据的随机误差，然后测试方法的性能。分别在原始参考轨迹数据的基础上，叠加了±10 cm以内的随机误差和±20 cm以内的随机误差，实验结果如图3-9所示。由实验结果可知，在随机误差影响下，拟合曲线较好地保持了参考轨迹的趋势，从连接点处的局部图可知，在连接点处，分段曲线保持了连续性和光滑性。

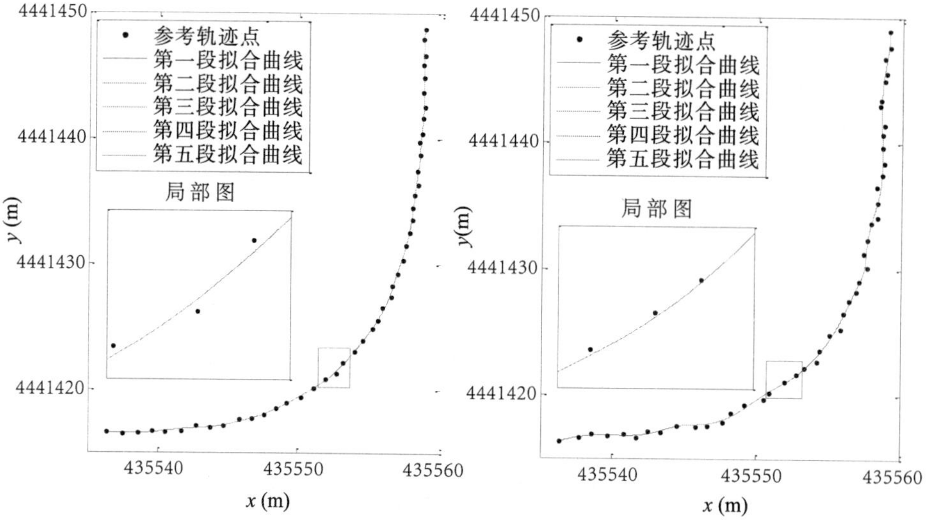

图3–9　叠加±10 cm或±20 cm以内随机干扰的拟合结果

上述实验结果表明，运用本章的分段拟合方法，地图数据中的参考轨迹得到了进一步平滑，地图数据中存在一定程度的干扰误差时，拟合输出的参考轨迹仍然较好地反映了车辆预设的行驶轨迹趋势。通常，高精度地图已经能够提供10 cm误差级别的参考轨迹数据，因此所采用的方法已经具有一定的适应性。

采用常规的分段拟合方法进行了拟合实验，实验结果如图3-10所示。从连接点的局部图可知，常规分段方法能够保证分段曲线具有高阶连续性，但分段点处存在断点，或分段点处存在不光滑的现象。相比于图3-9的实验结果，本章采用的方法通过建立连接点处的约束条件，保证在分段点具有一阶连续，因而在分段点处曲线更光滑。

通过实验发现,分段拟合在分段点处存在较大的误差,因而引入了交叠区域的处理方法,以减小对后续分段的影响。采用交叠处理方法和未采取交叠处理方法的对比实验如图3-11所示。结果表明,采用交叠区域的处理方法,能够较好地处理分段点处拟合误差大的问题,一定程度上消除了在分段点处抖动的问题。

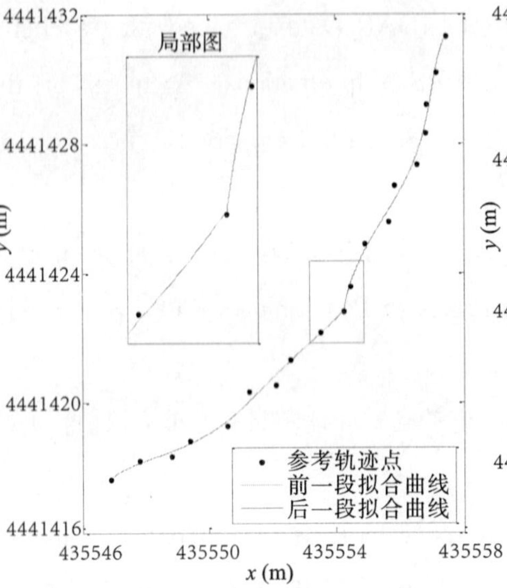

图3-10　常规分段拟合方法拟合测试

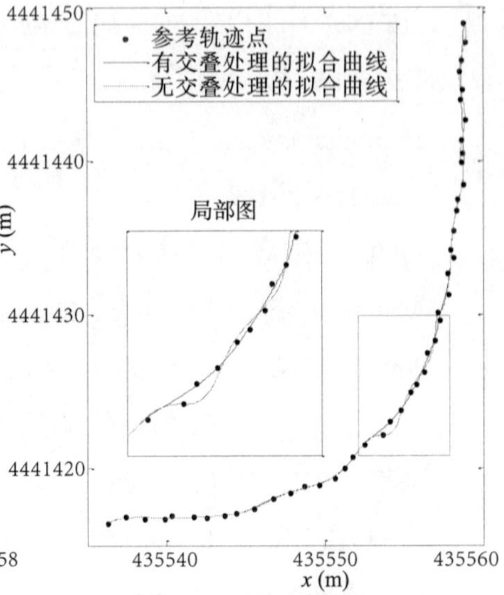

图3-11　分段点处连续性对比实验结果

上述实验结果表明,本章采用的分段拟合方法能够解决常规拟合方法在分段点处的不连续、不光滑和抖动的问题,当参考轨迹存在一定误差干扰时,拟合曲线仍然更能够较好地反映原始参考轨迹的行驶趋势,具有较强抗干扰能力。

针对原始参考轨迹中存在误差的问题,本章通过分段多项式拟合方法对参考轨迹进行分段处理,采用带约束的最小二乘法求解拟合曲线。通过实验验证了该方法能够有效降低参考轨迹异常点的影响,拟合出一条反映参考轨迹趋势的连续、光滑的曲线。相比于传统的拟合方法,分段曲线的连接点处更加光滑,消除了分段曲线在连接点处的断点问题和抖动问题。该方法在实际应用时具有计算量小和抗干扰能力强的优点,能够为自动驾驶系统提供一条较高精度的参考轨迹，进一步提升自动驾驶路径规划的性能。

本章参考文献

［1］ 李鑫慧，郭蓬，戎辉，等．高精度地图技术研究现状及其应用［J］．汽车电器，2019，370(6)：1-3.

［2］ JEONG J，LEE I. Classification of LIDAR Data for Generating a High-Precision Roadway Map［J］. ISPRS - International Archives of the Photogrammetry，Remote Sensing and Spatial Information Sciences，2016，XLI-B3：251-254.

［3］ QUDDUS M A，NOLAND R B，OCHIENG W Y. Validation of Map Matching Algorithms using High Precision Positioning with GPS［J］. The Journal of Navigation，2005，58(2)：257-271.

［4］ 王淼，薛宇飞，葛君霞，等．一种改进的高精度地图自动配准方法［J］．测绘通报，2019，513(12)：26-29.

［5］ SCHREBER M，KNOPPEL C，FRANKE U. Lane marking based localization using highly accurate maps［J］. IEEE Xplore，2013，36(1)：449-454.

［6］ WANG S Y. State Lattice-based Motion Planning for Autonomous On-Road Driving［D］. Berlin：Freie Universität Berlin，2015.

［7］ AFSHAR N A，SORYANI M，RAHMANI A T. Curve Fitting Using Coevolutionary Genetic Algorithms［C］//Swarm，Evolutionary，and Memetic Computing-Second International Conference，2011.

［8］ 张航，韦金君，张肖磊．道路平面线形拟合方法比较研究［J］．武汉理工大学学报(交通科学与工程版)，2018，42(4)：68-72.

［9］ 段振云，王宁，赵文辉，等．一种一阶连续分段曲线拟合方法［J］．组合机床与自动化加工技术，2016，507(5)：33-35.

［10］ ZOUA D，ZHENG D，LV H，et al. RSSI Ranging Algorithm Based on

Polynomial Piecewise Fitting [J]. Applied Mechanics & Materials, 2014, 519-520, 1225-1228.

[11] 吴坚, 郑康平, 王小椿. 用隐式多项式平面曲线拟合数据点[J]. 机床与液压, 2003(4): 216-218,215.

[12] 何贵. 基于特征点的机械零件轮廓数据分段与拟合[J]. 机械设计与研究, 2014, 30(6): 30-33.

[13] 潘浩, 刘青松. 交叠分段拟合在热传感器线性化中的应用[J]. 化工自动化及仪表, 2015, 42(3): 253-258.

[14] 李震春, 陈国华. NTC热敏电阻双自适应交叠分段线性化处理方法[J]. 化工自动化及仪表, 2018, 45(2): 115-119.

第4章　自动驾驶轨迹规划方法

4.1 引　言

轨迹规划作为自动驾驶的核心环节之一[1][2]，是连接环境感知与操纵控制的中间桥梁。轨迹包含了车辆行驶的路径和以何种速度(加速度)运动的信息，也可以分为路径规划和速度规划。自动驾驶轨迹规划策略仍然是一个非常重要的挑战[3]，轨迹规划需要考虑两个重要因素:规划算法的实时性和输出轨迹的平滑性[4]。

路径是一条静态的空间几何轨线，不包含时间概念。路径规划是在障碍物环境下，按照一定的评价标准规划出一条从起始状态(位置和姿态)到目标状态的无碰路径，主要考虑自动驾驶车辆在道路环境中的几何关系，寻找不发生碰撞的路径。路径规划可以分为两种:环境信息完全已知的全局路径规划;环境信息完全未知或部分未知，通过传感器在线对智能车辆的行驶环境进行感知，以获取障碍物的位置形状和尺寸等信息的局部路径规划[5]。全局路径规划，如同汽车导航软件，规划了从起始位置到目的地位置的全局范围内的行驶路径，又比如在循迹行驶时，园区道路地图、录制的简易地图等都被认为是全局路径;局部路径规划考虑未来一段时间的行驶路径，比如自动驾驶车辆遇到前方障碍物时，规划出当前位置到前方100 m范围内期望的行驶路径，使得车辆平稳绕过障碍物。

通常在进行避障、变道、超车等操作时，可以通过局部路径规划，使得自动驾驶汽车更加平稳地完成这些操作。

车辆路径规划源自机器人轨迹规划[6]，而车辆运动特性，使得其与机器人轨迹规划存在一定差异[7]。现有路径规划算法，如A*、RRT、曲线插值，以及相关的改进算法等，都在路径规划方面有成功的应用案例。这些方法能够适用于特定场合的自动驾驶，但均存在着诸如算法复杂程度、局部最优等方面的问题[8]。例如，A*具备了搜索的完备性，但是无法处理动态环境的变化[9]；RRT能够快速寻找到连接起点与终点的路径，但是路径并非全局最优；曲线插值算法考虑了车辆运动的约束条件，但就算法而言，计算量大、收敛速度慢。

本章围绕轨迹规划方法展开研究，从理论方面分析了基于曲线插值的路径规划方法，详细阐述了该方法的关键技术点和实现步骤，有助于本领域的工程师掌握和实施该方法。

4.2 基于曲线插值的路径规划方法

基于曲线插值的路径规划方法基本思想是，在结构化道路上沿参考线方向向前采样获得一系列路径点，按照一定规则在每两个路径点间插入一条连续、光滑的能够被车辆执行的曲线，从而构成路径网络，最后从路网中选择最优的路径组合。在工程实践中，首先建立道路的采样模型，获得采样路径点；然后采用解析法生成采样点间的平滑路径，形成从车辆当前位置到目标位置的路径网络；再通过代价函数对每段平滑路径的指标进行评价；最后从候选路径网络中选择使得代价函数最小的路径组合作为规划路径。

4.2.1 结构化道路模型构建

结构化道路以车道的中心线或平滑后的参考轨迹作为参考线，沿着参考线前进的方向采样，将采样点作为车辆未来时刻候选路径点。获取的道路参考线包含了坐标、航向、曲率半径等信息，采样点同样继承了相关空间信息[96]。

如图4–1所示，参考线沿车道向前延伸，在大地坐标系下，参考线具有唯一的空间坐标信息。根据参考线的走势，建立S–L坐标系，L轴为参考线垂直方向。参考线上的任意点可以用$(s,\ 0)$表示，其中，s为该点沿参考线的长度。

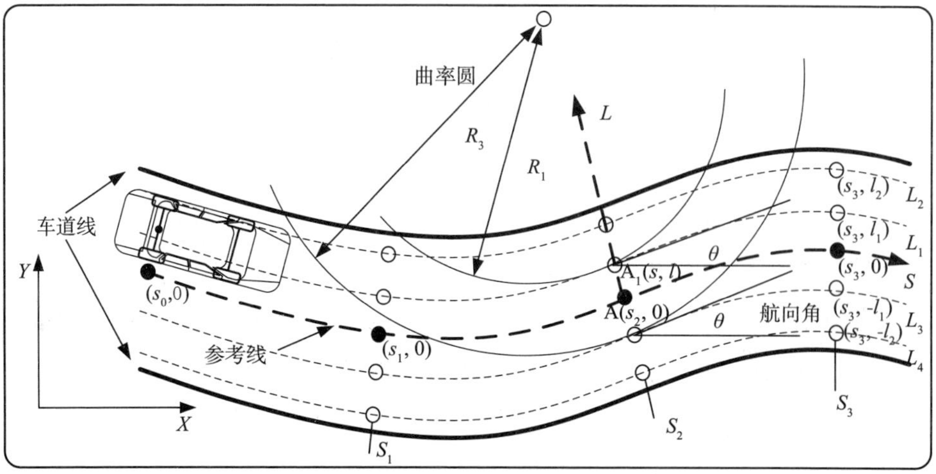

图4–1　道路S–L坐标系

在S–L坐标系下，参考线上的任意点A的坐标为$(s_2,\ 0)$已知，其在大地坐标系下的坐标为$(x,\ y)$已知。假设某个采样点A_1在A的垂线方向，到道路中心线的距离为l，定义A_1在S–L坐标系下的坐标为$(s,\ l)$，则A_1在大地坐标系下的坐标$(X,\ Y)$可表示为

$$\begin{cases} X=x+l\cos(\theta+\pi/2) \\ Y=y+l\sin(\theta+\pi/2) \end{cases} \tag{4-1}$$

在S–L坐标系下，以一定规律对参考线纵向采样（沿S轴方向），获得采样路径点$(s_i,\ 0)$，然后在$(s_i,\ 0)$处以固定间距横向采样（沿L轴方向），构成如图4–1所示的采样路径点分布。其中S轴方向采样步长依据参考轨迹长度、车速信息，L轴方向采样步长依据车道宽度（例如，纵向采样间隔为4 s时距，横向采样间隔为25 cm）。

在路径规划中，每个采样点表示了车辆运动到该点时的空间位置信息，为尽量保证车辆运动趋势与参考线一致，同时降低算法的时间复杂度，给定每个采样点的航向值和曲率值，保持与其对应的S轴投影点趋势一致。显而易见地，任意采样点

A_1处的航向、曲率，与其在参考线上投影采样点A的航向、曲率有如下关系：

$$\begin{cases}\theta_{A_1}=\theta_A \\ \kappa_{A_1}=(1/\kappa_A-l)^{-1}\end{cases} \tag{4-2}$$

根据采样路径点分布，定义采样点的空间信息为(s, l, θ, κ)。其含义分别如下：(s, l)为空间采样位置，θ为采样点的航向角，κ为采样点的曲率，$\kappa=R^{-1}$。当确定了参考线上的采样点空间信息$(s_i, 0, \theta_i, \kappa_i)$后，则相应的其他采样点可表示为

$$(s_i, l_j, \theta_i, (1/\kappa_i-l_j)^{-1}) \tag{4-3}$$

通常在大地坐标系X-Y下描述道路参与者的位姿信息，为了在同一坐标系中分析，也需要将大地坐标系下的位姿信息映射到S-L坐标系下。例如，将车辆的位置和障碍物的位置映射到S-L坐标系下，如图4-2所示，对于大地坐标系下任意位置$P(x, y)$，可以通过相应的搜索算法从参考路径上找到与$P(x, y)$最近的采样点$P_1(x_1, y_1, \theta_1)$、$P_2(x_2, y_2, \theta_2)$。根据P,P_1,P_2之间的空间位置，可以近似获得P在P_1、P_2上的投影点P_0，进一步地可以计算P在S-L坐标系下的坐标为(s, l)。

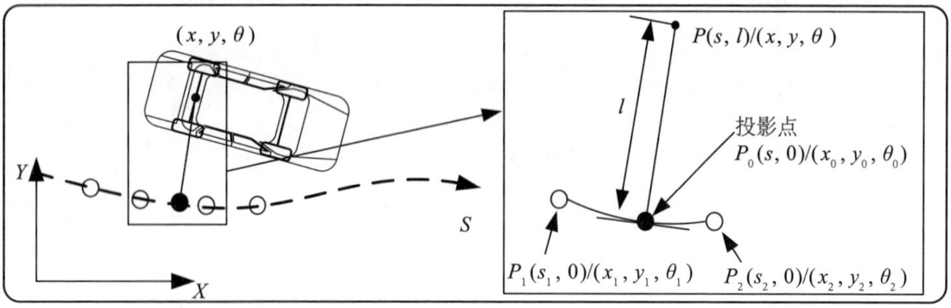

图4-2 绝对位置与S-L坐标转换

4.2.2 多项式路径生成

用连续光滑的曲线依次连接前后两个采样点，从而生成从当前位置到末端采样点的路径网络，如图4-3所示。通常希望采样点之间的连接曲线具备高阶

可导，以保证舒适性。样条插值和多项式插值等常规的方法，作为典型的曲线插值方法，可以将两个或多个采样点以高阶可导的曲线连接，为路径生成提供了解决的方案。

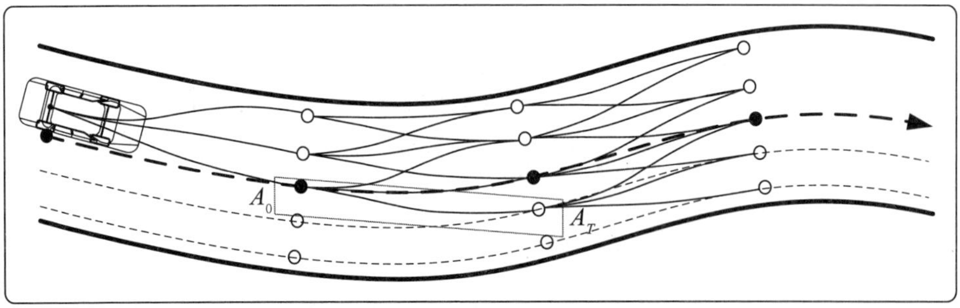

图4-3　采样点间的连接曲线

通过道路采样获得了一系列中间路径点，以连续光滑的曲线连接前后路径点，一般称之为路径生成。为便于计算，暂且不考虑车辆的运动学模型，以5次多项式曲线替代满足车辆运动学模型的曲线，具有原理简单，易于工程化实现的优点。已知任意前后采样点$A_0(s_0,l_0,\theta_0,\kappa_0)$、$A_T(s_T,l_T,\theta_T,\kappa_T)$，求插值曲线方程：$l(s)=p_0+p_1s+p_2s^2+p_3s^3+p_4s^4+p_5s^5, s_0\leqslant s\leqslant s_T$。

同时满足以下条件：

(1) $l(s_0)=l_0, l(s_T)=l_T$。

(2) $l'(s_0)=\tan\theta_0, l'(s_T)=\tan\theta_T$。

(3) $l''(s_0)=\kappa_0(1+\tan^2\theta_0)^{\frac{3}{2}}, l''(s_T)=\kappa_T(1+\tan^2\theta_T)^{\frac{3}{2}}$。

条件(1)使得路径生成的起点和终点分别对应于$S-L$坐标系中的起始采样点A_0和目标采样点A_T；条件(2)使得路径生成的起点和终点的航向与起始采样点A_0和目标路径点A_T航向角一致；条件(3)使得路径生成的起点和终点的二阶导与起始采样点和目标采样点曲率存在相应的关系。

根据上述条件建立方程组，通过解析法可解出多项式插值曲线的参数。用解析法求解任意前后采样点的多项式插值曲线，将所有相邻两个采样点以连续平滑曲线连接后，生成了从车辆位置到末端采样点的路径网络。

如图4-4所示，利用解析法生成的起点到目标点的五次多项式曲线。其中，

起始采样点为 $A_0=(0\ \ 0\ \ 0.2\ \ 0.01)$，目标采样点分别为 $A_T=(20\ \ l\ \ 0\ \ 0.01)$，$l=-1.75\mathrm{m}, -1.5\mathrm{m}, \cdots, 1.5\mathrm{m}, 1.75\mathrm{m}$。

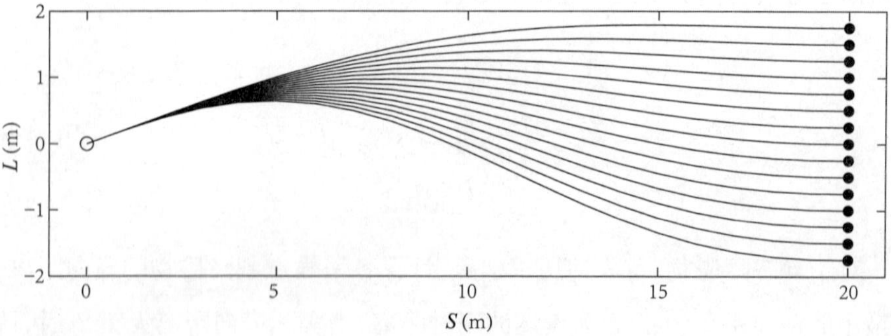

图4-4 解析法路径生成

4.2.3 路径评价模型

在路径网络中，存在着众多从车辆位置到采样点末端的路径组合，每一个路径组合构成了一条可行路径。通过对每一段插值曲线进行指标评价，即可获得每一条可行路径的性能指标。考虑安全性能、经济性能、舒适性能，通过构建代价函数，对每段插值曲线进行评价，来综合评价插值曲线的优劣。在计算插值曲线的代价函数时，首先将插值曲线等间距采样得到采样点 $(s_i, l_i, \theta_i, \kappa_i)$，$i=1, 2, \cdots, I$，通过对每个采样点的代价计算来反映插值曲线的代价。

设计代价函数为

$$\mathrm{Cost}=C_{\mathrm{safe}}+C_{\mathrm{soft}}+C_{\mathrm{eco}} \tag{4-4}$$

(1) 安全性能评价模型。

安全性能指标表示了插值曲线与障碍物、道路边界线的碰撞风险，与道路中心线（参考线）的偏离程度，以插值曲线的采样点与各对象之间的距离为变量，建立安全性能代价函数为

$$C_{\mathrm{safe}}(d)=C_{\mathrm{coll\_static}}(d)+C_{\mathrm{coll\_dynamic}}(d)+C_{\mathrm{coll\_line}}(d)+C_{\mathrm{apart}}(d) \tag{4-5}$$

式(4-5)中，C_{coll_static}，$C_{coll_dynamic}$分别表示插值曲线与静态障碍物、动态障碍物碰撞的代价函数，C_{coll_line}表示插值曲线与道路边界碰撞的代价函数，C_{apart}表示插值曲线偏离参考线的代价函数。各代价函数模型可用下式表示。

$$C(d)=\begin{cases} A, d > d_A \\ \dfrac{k}{d} \text{ or } kd, d_A \geqslant d \geqslant d_B \\ B, d < d_B \end{cases} \tag{4-6}$$

对于静态障碍物，首先遍历采样点，计算各采样点到障碍物的横向距离，得到最小的横向距离为d；d_A为设定的安全距离，当实际横向距离大于d_A时，认为无碰撞风险，$A=0$；d_B为设定的碰撞距离，当实际横向间距小于d_B时，认为已经碰撞，此时代价值为$B=+\infty$；当实际横向距离介于d_A和d_B时，虽无直接碰撞，但存在碰撞风险，因此取代价函数与距离成反比：$C_{coll\_static}\propto(1/d)$。

对于动态障碍物，根据障碍物的速度和航向信息，预测障碍物的运行轨迹，遍历采样点，得到运行轨迹与最近采样点之间的横向距离为d。对于道路边界线的碰撞风险，与静态障碍物模型类似。

对于偏离参考线的代价函数可表示为$C_{apart}\propto d$。d为采样点中与参考线最远的距离。

由于自动驾驶感知系统在目标识别、障碍物跟踪、道路线识别、导航定位中均存在未知的误差，因此在进行安全性能分析建模时，需要将分析对象进行膨胀处理，以避免感知误差造成的危险。例如，对于静态障碍物，将其轮廓比例放大，然后计算横向间距；对于动态障碍物，轮廓放大系数与其速度相关，速度越大，轮廓放大比例越大。在这里不做详细介绍。

(2) 舒适性能评价模型。

舒适性能模型取决于插值曲线的曲率，通常来说，路径的曲率越小，舒适性越高。根据以下性能模型计算代价函数值：

$$C_{soft}=\max\{|\kappa(i)|, i=1, 2, \cdots, I\} \tag{4-7}$$

式(4-7)中，$\kappa(i)$表示第i个采样点的曲率值。

(3) 经济性能评价模型。

经济性能体现在车辆行驶的距离，以候选路径的总长度s为变量，则经济性能的代价函数为

$$C_{eco}=ks \tag{4-8}$$

评价模型的构建视不同的场景要求，相关的研究对评价模型的构建有不同的侧重，读者有兴趣可以进一步参考一些最新的研究进展，本书不做详细展开。

4.2.4 最优路径搜索

通过以上步骤，获得了路径网络，以及网络中各插值曲线的性能指标，如图4-5所示。接下来可以对每段插值曲线进行组合，构成一条条的候选路径，并从候选路径中找到代价值总和最小候选路径，作为规划路径。下面介绍两种组合优化的方式，分别是：基于遍历的搜索方式、基于动态规划的搜索方式。

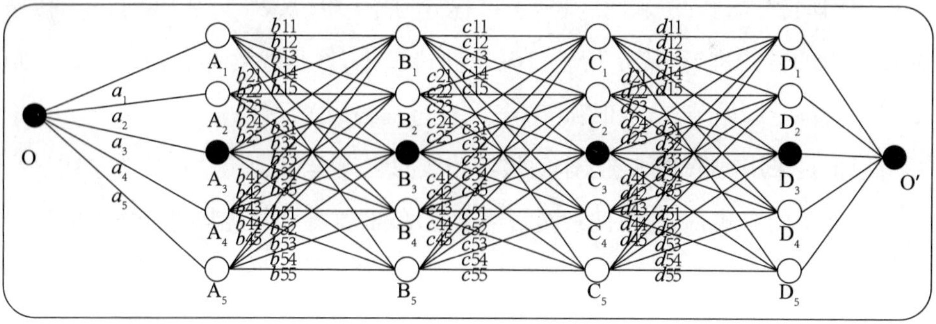

图4-5　采样点间的连接曲线

(1) 遍历搜索方式。

遍历搜索方式是最直接的搜索方式，记录所有可行的路径及其相应的代价值总和，对代价值排序，选择代价值和最小的路径作为最优路径。例如，路径1：$O \to A_1 \to B_1 \to C_1 \to D_1$，代价值和为$a_1+b_{11}+c_{11}+d_{11}$；路径2：$O \to A_1 \to B_1 \to C_1 \to D_2$，代价值和为$a_1+b_{11}+c_{11}+d_{12}$。

显而易见，图4-5中可行的路径总数多达5^4个组合，而实际上，采样点的规模远远超过这些。采用遍历搜索存在“组合爆炸”的风险，由于自动驾驶系统计算能力限制，需要对数量庞大的候选路径进行筛减，以减小计算负担。筛减过程结合实际工况场景进行，在已知采样路径点分布的前提下，可以适当对候选路径进行筛减。例如：①在规划区域的远端，尽量选择平行于参考线的插值曲线，减少与参考线交叉的插值曲线，例如图4-5中可以适当减少$C_1 \to D_3$、$C_1 \to D_4$、$C1 \to D_5$的插值曲线，而保留$A_1 \to B_3$的插值曲线；②在规划区域内，减少横向距离较远的采样点间的插值曲线，例如可适当减少$A_1 \to B_5$的曲线；③在单车道场景时，应尽量保证与参考线平行的曲线，例如，减少图中$A_1 \to B_3$，甚至$A_1 \to B_2$的插值曲线。

（2）动态规划方式。

采用第二章的动态规划方法，可以将插值曲线的代价值视为路线长度，在末端采样点虚设一个目标点O'，且$D \to O'$的路线长度为0。如此，就将最优路径组合问题转换成了基于动态规划的搜索最短路线问题，即搜索一条从起始节点O_1到终止节点O_2的最优路线，使得所行驶的路程最短。

利用动态规划方法求解，将搜索过程分为5个阶段，k=1，2，3，4，5。按照逆序搜索的方式进行，从终止点O'开始向O递推，逐步找到各点到O'的最短距离，最后，确定起始节点O和终止节点O'全过程的最短路线。

以上是采用动态规划方法求解最短路线问题，动态规划方法的计算量明显小于遍历搜索的方式，而随着搜索网络复杂度增加，这种计算优势将会更加明显。

4.3 基于牛顿法的路径优化

前文中采用多项式曲线来表示采样点之间的路径，虽然具有高度的平滑特性，但是车辆运动的轨迹从微观上看是由一段段圆弧构成（曲率连续平滑变化），并不是多项式曲线，故不满足车辆运动学模型。为了保证路径生成满足车辆运动学模型，借鉴牛顿法的思想，构造最优化问题然后求解，以实现路径优化。通过优化方法求解的插值曲线既保证了曲线连续平滑，也满足了车辆运动学模型。

4.3.1 车辆行驶路径分析

车辆行驶路径本质上是由于前轮偏角和行驶速度的变化，当给定前轮偏角和行驶速度时，车辆行驶路径是圆弧，当改变前轮偏角和行驶速度时，相应的圆弧半径发生变化。假设在一定时间内车速保持不变，则圆弧半径仅取决于前轮偏角，而前轮偏角与方向盘角度近似线性对应，因此，可以认为车辆行驶路径取决于方向盘的变化。不管是人工驾驶还是自动驾驶，方向盘是连续变化的，这就决定了车辆行驶的圆弧半径是连续变化的，如图4-6所示。舒适的驾驶取决于方向盘的变化率，或者方向盘角度变化的高阶导是否连续，如果方向盘角度的变化率突变，对应了车辆的突然转向，这是不应该的，也是不允许的。因此，方向盘角度变化既要连续，也必须平滑，即高阶连续，这样才能保证舒适性。

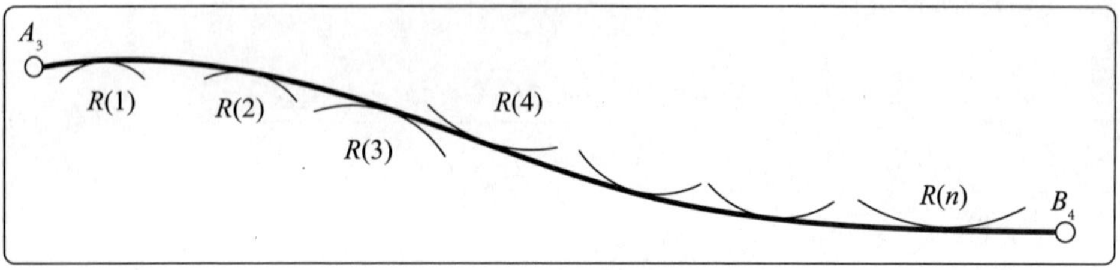

图4-6 采样点间的连接曲线

我们假设方向盘或前轮偏角的变化是一个随时间的高阶可导的函数$\delta(t)$，这样就能够保证车辆的舒适性。那么，在$t=1$时刻，行驶圆弧半径为$R(1)$；在$t=2$时刻，行驶圆弧半径为$R(2)$；……于是，将每一段圆弧连接，最终构成了车辆行驶的路径。显然，车辆运动的路径从微观上看是由一段段微小圆弧构成，真正满足车辆运动学模型的路径，需要满足这样的特性。通过解析法获得的多项式路径曲线，从微观上看，并不能证明是由一段段微小圆弧构成，所以不一定满足车辆运动学模型。

为了使路径生成满足车辆运动学模型，我们的思路是：从方向盘变化的特性开始，假设一个方向盘变化的高阶可导函数，逆向推导车辆行驶的路径，即设定方向盘角度的变化函数，推导出车辆行驶的路径，则这条路径就一定能够被车辆执行，从而满足车辆运动学模型。

由于方向盘角度与前轮偏角之间存在一一对应关系，前轮偏角的变化是关于时间的平滑函数$\delta(t)$，而在短时间内，可以认为速度不变，相应地，关于时间的高阶可导函数$\delta(t)$可以转换为关于路径长度的高阶可导函数$\delta(s)=\delta(tv)$，s表示车辆行驶的路径长度。

既然前轮偏角是随路径长度的高阶可导函数，且前轮偏角与曲率/曲率半径之间存在相应的函数关系$\kappa=\tan\delta/L$，那么我们可以构建曲率随曲线长度变化的高阶可导函数$\kappa(s)$，特别的，设$\kappa(s)=k_0+k_1s+k_2s^2+k_3s^3+k_3s^4+k_3s^5$，则对于$\delta(s)$来说，至少保证了一阶连续性。

$\delta(s)$连续性：

$$\delta(s)=\arctan(L\kappa)=\arctan(L(k_0+k_1\mathrm{s}+k_2s^2+k_3s^3+k_4s^4+k_5s^5)) \tag{4-9}$$

$\delta(s)$一阶连续性：

$$\frac{\mathrm{d}\delta(s)}{\mathrm{d}s}=\frac{L(k_1+2k_2s+3k_3s^2+4k_4s^3+5k_5s^4)}{1+L\sum_{i=0}^{5}k_is^i} \tag{4-10}$$

4.3.2 车辆运动学模型

为简化分析计算，以二轮车运动模型描述车辆的运动，如图4-7所示。其中，(x, y)为车辆后轴中心的位置，θ表示车辆的航向角，δ为前轮偏角。

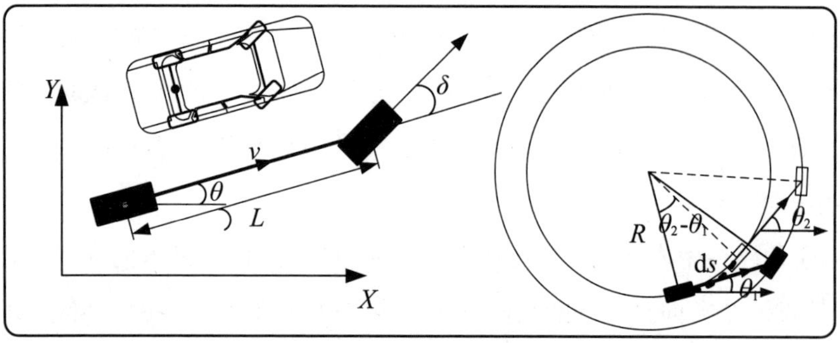

图4-7　车辆运动学模型

根据车辆的特性，有如下运动模型：

$$\begin{cases}\dfrac{\mathrm{d}x(t)}{\mathrm{d}t}=v\cos\theta(t)\\ \dfrac{\mathrm{d}y(t)}{\mathrm{d}t}=v\cos\theta(t)\\ \tan\delta=\dfrac{L}{R}\end{cases} \tag{4-11}$$

车辆前后轮的轨迹是同心圆，在 $\mathrm{d}t$ 时间内，车辆行驶的轨迹长度为 $\mathrm{d}s=v\mathrm{d}t$，行驶过程中产生的航向变化为 $\mathrm{d}\theta=\theta_2-\theta_1$，通过几何推导可得 $\theta_2-\theta_1=\mathrm{d}s/R$，则航向对时间的导数为 $\mathrm{d}\theta/\mathrm{d}t=\mathrm{d}(\theta_2-\theta_1)/\mathrm{d}t=(\mathrm{d}s/R)/\mathrm{d}t$。

根据以上关系，重新构建以路径长度为变量的车辆运动学模型：

$$\begin{cases}\mathrm{d}x/\mathrm{d}s=\cos\theta(s)\\ \mathrm{d}y/\mathrm{d}s=\sin\theta(s)\\ \mathrm{d}\theta/\mathrm{d}s=1/R=\kappa(s)\end{cases} \tag{4-12}$$

式(4-12)中，将时间域微分方程转换为 $x(s)$，$y(s)$，$\theta(s)$ 对路径长度 s 的微分方程。其中，将曲率定义为关于 s 的多项式函数：

$$\kappa(s)=k_0+k_1s+k_2s^2+k_3s^3+k_4s^4+k_5s^5 \tag{4-13}$$

4.3.3 路径优化问题

任意两个采样路径点 $A_0(s_0,\ l_0,\ \theta_0,\ \kappa_0,\ \kappa_0')$，$A_T(s_T,\ l_T,\ \theta_T,\ \kappa_T,\ \kappa_T')$ 均已给定。假设连接曲线的曲率 $\kappa(s)$ 为已知的多项式函数，则可根据式(4-12)分别推算出连接曲线上所有点的航向角 θ 和位置 x，y，如式(4-14)所示。即，采样点 $A_0\rightarrow A_T$ 之间的连接曲线，取决于该曲线的曲率 $\kappa(s)$。因此，核心问题是对曲率 $\kappa(s)$ 进行优化。

$$\begin{cases}x(s)=\displaystyle\int_0^s\cos\theta\mathrm{d}s\\ y(s)=\displaystyle\int_0^s\sin\theta\mathrm{d}s\\ \theta(s)=\displaystyle\int_0^s\kappa(s)\mathrm{d}s\end{cases} \tag{4-14}$$

为求解$A_0 \to A_T$之间的曲线，并满足运动学模型的路径，首先对问题做如下假设：

假设(1)：连接曲线的曲率为$\kappa(s)=p_0+p_1s+p_2s^2+p_3s^3+p_4s^4+p_5s^5$。

假设(2)：连接曲线长度为S_g，起始采样点$s=0$。

假设(3)：连接曲线起点和终点曲率分别为κ_0，κ_T。

假设(4)：连接曲线起点和终点曲率变化率分别为κ_0'，κ_T'。

根据以上假设，可得如下结论：

(1)可表示曲线上的任意点位姿信息$x(s)$，$y(s)$，$\theta(s)$，$\kappa(s)$为

$$\begin{cases} x(s)=x_0+\int_0^s \cos\left(\theta_0+p_0s+\frac{1}{2}p_1s^2+\frac{1}{3}p_2s^3+\frac{1}{4}p_3s^4+\frac{1}{5}p_4s^5+\frac{1}{6}p_5s^6\right)\mathrm{d}s \\ y(s)=y_0+\int_0^s \sin\left(\theta_0+p_0s+\frac{1}{2}p_1s^2+\frac{1}{3}p_2s^3+\frac{1}{4}p_3s^4+\frac{1}{5}p_4s^5+\frac{1}{6}p_5s^6\right)\mathrm{d}s \\ \theta(s)=\theta_0+\int_0^s \kappa(s)\mathrm{d}s=\theta_0+p_0s+\frac{1}{2}p_1s^2+\frac{1}{3}p_2s^3+\frac{1}{4}p_3s^4+\frac{1}{5}p_4s^5+\frac{1}{6}p_5s^6 \\ \kappa(s)=p_0+p_1s+p_2s^2+p_3s^3+p_4s^4+p_5s^5 \end{cases} \tag{4-15}$$

(2)连接曲线的终点的位姿状态量$x(S_g)$，$y(S_g)$，$\theta(S_g)$，$\kappa(S_g)$可通过下式求得：

$$\begin{cases} x(S_g)=x_0+\int_0^{S_g} \cos\left(\theta_0+p_0s+\frac{1}{2}p_1s^2+\frac{1}{3}p_2s^3+\frac{1}{4}p_3s^4+\frac{1}{5}p_4s^5+\frac{1}{6}p_5s^6\right)\mathrm{d}s \\ y(S_g)=y_0+\int_0^{S_g} \sin\left(\theta_0+p_0s+\frac{1}{2}p_1s^2+\frac{1}{3}p_2s^3+\frac{1}{4}p_3s^4+\frac{1}{5}p_4s^5+\frac{1}{6}p_5s^6\right)\mathrm{d}s \\ \theta(S_g)=\theta_0+p_0S_g+\frac{1}{2}p_1{S_g}^2+\frac{1}{3}p_2{S_g}^3+\frac{1}{4}p_3{S_g}^4+\frac{1}{5}p_4{S_g}^5+\frac{1}{6}p_5{S_g}^6 \\ \kappa(S_g)=p_0+p_1S_g+p_2{S_g}^2+p_3{S_g}^3+p_4{S_g}^4+p_5{S_g}^5 \end{cases} \tag{4-16}$$

(3)以上问题中，p_0，p_1，p_2，p_3，p_4，p_5，S_g为7个待求参数，若这7个参数求解出，则曲线上任意点，包括终点坐标，均可求得。由于A_0点的$\kappa(0)$，$\kappa'(0)$，A_T点的$\kappa(S_g)$，$\kappa'(S_g)$为已知，可首先建立4个等式：

$$\begin{cases}\kappa(0)=\kappa_0\\ \kappa'(0)=\kappa_0'\\ \kappa(S_g)=\kappa_T\\ \kappa'(S_g)=k_T'\end{cases}\Rightarrow\begin{cases}p_0=\kappa_0\\ p_1=\kappa_0'\\ p_0+p_1S_g+p_2{S_g}^2+p_3{S_g}^3+p_4{S_g}^4+p_5{S_g}^5=\kappa_T\\ p_1+2p_2S_g+3p_3{S_g}^2+4p_4{S_g}^3+5p_5{S_g}^4=k_T'\end{cases} \tag{4-17}$$

根据这4个等式，实际上可以求出7个参数中的4个，故实际待求参数为3个（另外4个参数可以写成3个待求参数的表达式），即

$$\begin{cases}p_0=\kappa_0\\ p_1=\kappa_0'\\ p_2=\dfrac{3\kappa_T-3\kappa_0-\kappa_T'S_g-2\kappa_0'S_g+p_4{S_g}^4+p_5{S_g}^5}{{S_g}^2}\\ p_3=\dfrac{-2\kappa_T+2\kappa_0+\kappa_T'S_g+\kappa_0'S_g-2p_4{S_g}^4-3p_5{S_g}^5}{{S_g}^3}\end{cases} \tag{4-18}$$

设待求参数为$\boldsymbol{P}=[p_4, p_5, S_g]^{\mathrm{T}}$，待求曲线的曲率方程可以表示为

$$\kappa(s)=\begin{cases}\kappa_0+\kappa_0's+\dfrac{3\kappa_T-3\kappa_0-\kappa_T'S_g-2\kappa_0'S_g+p_4{S_g}^4+p_5{S_g}^5}{{S_g}^2}s^2\\ +\dfrac{-2\kappa_T+2\kappa_0+\kappa_T'S_g+\kappa_0'S_g-2p_4{S_g}^4-3p_5{S_g}^5}{{S_g}^3}s^3+p_4s^4+p_5s^5\end{cases} \tag{4-19}$$

由于目标采样点为$A_T(s_T, l_T, \theta_T, \kappa_T)$为已知，按式(4-19)表示的车辆运动曲线行驶，当到达S_g处时，与目标采样点之间的空间位姿误差为

$$E=\begin{bmatrix}x(S_g)-x_T\\ y(S_g)-y_T\\ \theta(S_g)-\theta_T\end{bmatrix} \tag{4-20}$$

因此，优化问题可描述为：对于已知起始采样点$A_0(x_0, y_0, \theta_0, \kappa_0, {\kappa_0}')$、目标采样点$A_T(x_T, y_T, \theta_T, \kappa_T, {\kappa_T}')$，求一条从起始点开始的曲线，该曲线的曲率方程为$p_0+p_1s+p_2(p_4, p_5, S_g)s^2+p_3(p_4, p_5, S_g)s^3+p_4s^4+p_5s^5$，$p_2$和$p_3$是关于$\boldsymbol{P}=[p_4,$

p_5, S_g]的表达式，能够使得下面的目标方程组成立。

$$\begin{bmatrix} E_x \\ E_y \\ E_\theta \end{bmatrix}=\begin{bmatrix} x(S_g)-x_T \\ y(S_g)-y_T \\ \theta(S_g)-\theta_T \end{bmatrix}=\begin{bmatrix} 0 \\ 0 \\ 0 \end{bmatrix} \tag{4-21}$$

4.3.4 牛顿法优化求解

接下来利用第二章关于牛顿法求方程根的方法，介绍如何求解最优参数P。对于待求方程组：

$$\begin{cases} E_x=\int_0^{S_g}\cos\left(\theta_0+p_0s+\frac{1}{2}p_1s^2+\frac{1}{3}p_2s^3+\frac{1}{4}p_3s^4+\frac{1}{5}p_4s^5+\frac{1}{6}p_5s^6\right)\mathrm{d}s-x_T=0 \\ E_y=\int_0^{S_g}\sin\left(\theta_0+p_0s+\frac{1}{2}p_1s^2+\frac{1}{3}p_2s^3+\frac{1}{4}p_3s^4+\frac{1}{5}p_4s^5+\frac{1}{6}p_5s^6\right)\mathrm{d}s-y_T=0 \\ E_\theta=\theta_0+p_0S_g+\frac{1}{2}p_1S_g{}^2+\frac{1}{3}p_2S_g{}^3+\frac{1}{4}p_3S_g{}^4+\frac{1}{5}p_4S_g{}^5+\frac{1}{6}p_5S_g{}^6-\theta_T=0 \end{cases} \tag{4-22}$$

对E_x, E_y, E_θ在$P=[q_4,\ q_5,\ S_g]$处分别做泰勒一阶展开，并忽略高阶项，得到

$$\begin{cases} E_x(s_4^*,s_5^*,S_g^*)=E_x(s_4,s_5,S_g)+(s_4^*-s_4)\left.\frac{\partial E_x}{\partial s_4}\right|_{P=s_4,s_5,S_g}+(s_5^*-s_5)\left.\frac{\partial E_x}{\partial s_5}\right|_{P=s_4,s_5,S_g}+(S_g^*-S_g)\left.\frac{\partial E_x}{\partial S_g}\right|_{P=s_4,s_5,S_g} \\ E_y(s_4^*,s_5^*,S_g^*)=E_y(s_4,s_5,S_g)+(s_4^*-s_4)\left.\frac{\partial E_y}{\partial s_4}\right|_{P=s_4,s_5,S_g}+(s_5^*-s_5)\left.\frac{\partial E_y}{\partial s_5}\right|_{P=s_4,s_5,S_g}+(S_g^*-S_g)\left.\frac{\partial E_y}{\partial S_g}\right|_{P=s_4,s_5,S_g} \\ E_\theta(s_4^*,s_5^*,S_g^*)=E_\theta(s_4,s_5,S_g)+(s_4^*-s_4)\left.\frac{\partial E_\theta}{\partial s_4}\right|_{P=s_4,s_5,S_g}+(s_5^*-s_5)\left.\frac{\partial E_\theta}{\partial s_5}\right|_{P=s_4,s_5,S_g}+(S_g^*-S_g)\left.\frac{\partial E_\theta}{\partial S_g}\right|_{P=s_4,s_5,S_g} \end{cases} \tag{4-23}$$

为使得误差方程组成立，即$E_x(s_4^*,\ s_5^*,\ S_g^*)=0$，$E_y(s_4^*,\ s_5^*,\ S_g^*)=0$，$E_\theta(s_4^*,\ s_5^*,\ S_g^*)=0$，代入上式，可以得到

$$-\begin{bmatrix} E_x(s_4,s_5,S_g) \\ E_y(s_4,s_5,S_g) \\ E_\theta(s_4,s_5,S_g) \end{bmatrix} = \begin{bmatrix} \frac{\partial E_x}{\partial s_4} & \frac{\partial E_x}{\partial s_5} & \frac{\partial E_x}{\partial S_g} \\ \frac{\partial E_y}{\partial s_4} & \frac{\partial E_y}{\partial s_5} & \frac{\partial E_y}{\partial S_g} \\ \frac{\partial E_\theta}{\partial s_4} & \frac{\partial E_\theta}{\partial s_5} & \frac{\partial E_\theta}{\partial S_g} \end{bmatrix} \begin{bmatrix} s_4^* - s_4 \\ s_5^* - s_5 \\ S_g^* - S_g \end{bmatrix} \tag{4-24}$$

即可得最优解$\boldsymbol{P}^*$的迭代公式为

$$\begin{bmatrix} s_4^* \\ s_5^* \\ S_g^* \end{bmatrix} = \begin{bmatrix} s_4 \\ s_5 \\ S_g \end{bmatrix} - \begin{bmatrix} \frac{\partial E_x}{\partial s_4} & \frac{\partial E_x}{\partial s_5} & \frac{\partial E_x}{\partial S_g} \\ \frac{\partial E_y}{\partial s_4} & \frac{\partial E_y}{\partial s_5} & \frac{\partial E_y}{\partial S_g} \\ \frac{\partial E_\theta}{\partial s_4} & \frac{\partial E_\theta}{\partial s_5} & \frac{\partial E_\theta}{\partial S_g} \end{bmatrix}^{-1} \begin{bmatrix} E_x(s_4,s_5,S_g) \\ E_y(s_4,s_5,S_g) \\ E_\theta(s_4,s_5,S_g) \end{bmatrix} \tag{4-25}$$

其中,有

$$\begin{cases} E_x = \int_0^{S_g} \cos\left(\theta_0 + p_0 s + \frac{1}{2}p_1 s^2 + \frac{1}{3}p_2 s^3 + \frac{1}{4}p_3 s^4 + \frac{1}{5}p_4 s^5 + \frac{1}{6}p_5 s^6\right)\mathrm{d}s - x_T \\ E_y = \int_0^{S_g} \sin\left(\theta_0 + p_0 s + \frac{1}{2}p_1 s^2 + \frac{1}{3}p_2 s^3 + \frac{1}{4}p_3 s^4 + \frac{1}{5}p_4 s^5 + \frac{1}{6}p_5 s^6\right)\mathrm{d}s - y_T \\ E_\theta = \theta_0 + p_0 S_g + \frac{1}{2}p_1 {S_g}^2 + \frac{1}{3}p_2 {S_g}^3 + \frac{1}{4}p_3 {S_g}^4 + \frac{1}{5}p_4 {S_g}^5 + \frac{1}{6}p_5 {S_g}^6 - \theta_T \end{cases} \tag{4-26}$$

设定初始解$\boldsymbol{P}=[s_4(0),\ s_5(0),\ S_g(0)]$,根据迭代公式,通过多次迭代后可以求得最优解$\boldsymbol{P}^*$。到此为止,式(4-25)即为求解曲线的曲率方程的迭代公式。

接下来需要用C/C++实现迭代过程,即实现公式(4-25)的迭代过程,关键在于求解式(4-25)和式(4-26)中的积分项、偏导项。

在这里,首先介绍利用梯形公式来近似计算积分的方法。对于定积分$\int_0^{S_g} f(s)\mathrm{d}s$,其表示的是$f(s)$与$s$轴围成的面积,如图4-8所示。

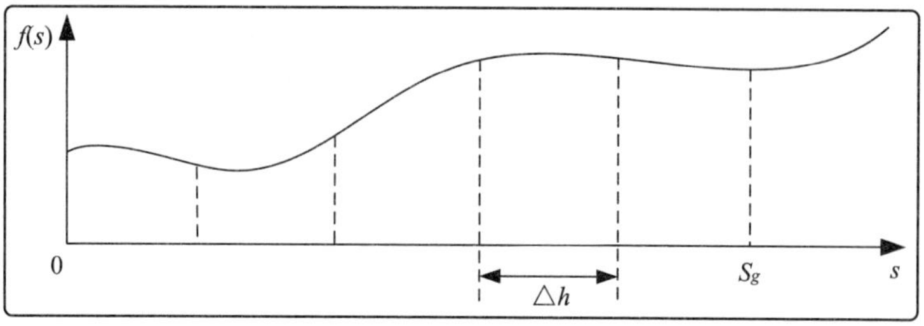

图4-8　梯形公式求解图示

利用梯形公式求解,其近似积分值可以表示为

$$\int_{0}^{S_g} f(s)\mathrm{d}s=\frac{\Delta h}{2}\left[f(0)+2f(\Delta h)+2f(2\Delta h)+\cdots+f(S_g)\right] \quad (4-27)$$

通过梯形公式求解积分值,可以避免求式(4–26)中的积分项,简化计算。接下来可以按照常规方法求迭代公式中的矩阵值,过程如下。

(1)E_x,E_y,E_θ的数值解法。

首先,对于航向θ,有

$$\theta(s)=\left(\begin{array}{l}\theta_0+\kappa_0 s+\dfrac{1}{2}\kappa_0' s^2+\dfrac{1}{3}\dfrac{3\kappa_T-3\kappa_0-\kappa_T' S_g-2\kappa_0' S_g+p_4 {S_g}^4+p_5 {S_g}^5}{{S_g}^2}s^3 \\ +\dfrac{1}{4}\dfrac{-2\kappa_T+2\kappa_0+\kappa_T' S_g+\kappa_0' S_g-2p_4 {S_g}^4-3p_5 {S_g}^5}{{S_g}^3}s^4+\dfrac{1}{5}p_4 s^5+\dfrac{1}{6}p_5 s^6\end{array}\right) \quad (4-28)$$

则S_g处的航向角为

$$\begin{aligned}\theta(S_g)&=\left(\begin{array}{l}\theta_0+\kappa_0 S_g+\dfrac{1}{2}\kappa_0' {S_g}^2+\dfrac{1}{3}\dfrac{3\kappa_T-3\kappa_0-\kappa_T' S_g-2\kappa_0' S_g+p_4 {S_g}^4+p_5 {S_g}^5}{{S_g}^2}{S_g}^3 \\ +\dfrac{1}{4}\dfrac{-2\kappa_T+2\kappa_0+\kappa_T' S_g+\kappa_0' S_g-2p_4 {S_g}^4-3p_5 {S_g}^5}{{S_g}^3}{S_g}^4+\dfrac{1}{5}p_4 {S_g}^5+\dfrac{1}{6}p_5 {S_g}^6\end{array}\right) \\ &=\theta_0+\left(\frac{1}{2}\kappa_0+\frac{1}{2}\kappa_T\right)S_g+\left(\frac{1}{12}\kappa_0'-\frac{1}{12}\kappa_T'\right){S_g}^2+\frac{1}{30}p_4 {S_g}^5-\frac{1}{4}p_5 {S_g}^6\end{aligned} \quad (4-29)$$

相应地,$E_\theta=\theta(S_g)-\theta_T$。

然后，求S_g处的位置x：

$$x(S_g)=x_0+\int_0^{S_g}\cos\left(\theta_0+p_0s+\frac{1}{2}p_1s^2+\frac{1}{3}p_2s^3+\frac{1}{4}p_3s^4+\frac{1}{5}p_4s^5+\frac{1}{6}p_5s^6\right)\mathrm{d}s \tag{4-30}$$

将$p_2=p_2(p_4,p_5,S_g)$和$p_3=p_3(p_4,p_5,S_g)$代入后，有

$$x(S_g)=x_0+\int_0^{S_g}\cos\left(\begin{array}{l}\theta_0+\kappa_0s+\frac{1}{2}\kappa_0's^2+\frac{1}{3}\frac{3\kappa_T-3\kappa_0-\kappa_T'S_g-2\kappa_0'S_g+p_4{S_g}^4+p_5{S_g}^5}{{S_g}^2}s^3\\+\frac{1}{4}\frac{-2\kappa_T+2\kappa_0+\kappa_T'S_g+\kappa_0'S_g-2p_4{S_g}^4-3p_5{S_g}^5}{{S_g}^3}s^4+\frac{1}{5}p_4s^5+\frac{1}{6}p_5s^6\end{array}\right)\mathrm{d}s \tag{4-31}$$

再对上式中的积分项运用梯形公式，可得

$$x(S_g)=x_0+\frac{\Delta h}{2}\left[\cos\theta(\frac{0}{N}S_g)+2\cos\theta(\frac{1}{N}S_g)+2\cos\theta(\frac{2}{N}S_g)+\cdots+\cos\theta(\frac{N}{N}S_g)\right] \tag{4-32}$$

其中，

$$\cos\theta(\frac{i}{N}S_g)=\cos\left(\begin{array}{l}\theta_0+\left[\kappa_0\frac{i}{N}+(\kappa_T-\kappa_0)(\frac{i}{N})^3+\frac{1}{2}(\kappa_0-\kappa_T)(\frac{i}{N})^4\right]S_g\\+\left[\frac{1}{2}\kappa_0'(\frac{i}{N})^2-\frac{1}{3}(\kappa_T'+2\kappa_0')(\frac{i}{N})^3+\frac{1}{4}(\kappa_T'+\kappa_0')(\frac{i}{N})^4\right]{S_g}^2\\+\left[\frac{1}{3}p_4(\frac{i}{N})^3-\frac{1}{2}p_4(\frac{i}{N})^4+\frac{1}{5}p_4(\frac{i}{N})^5\right]{S_g}^5\\+\left[\frac{1}{3}p_5(\frac{i}{N})^3-\frac{3}{4}p_5(\frac{i}{N})^4+\frac{1}{6}p_5(\frac{i}{N})^6\right]{S_g}^6\end{array}\right),\Delta h=\frac{S_g}{N} \tag{4-33}$$

相应地，$E_x=x(S_g)-x_T$。

最后，按照相同的方法，求S_g处的位置y：

$$y(S_g)=y_0+\int_0^{S_g}\sin\left(\theta_0+p_0s+\frac{1}{2}p_1s^2+\frac{1}{3}p_2s^3+\frac{1}{4}p_3s^4+\frac{1}{5}p_4s^5+\frac{1}{6}p_5s^6\right)\mathrm{d}s \tag{4-34}$$

对积分项运用梯形公式,可得

$$y(S_g)=y_0+\frac{\Delta h}{2}\left[\sin\theta(\frac{0}{N}S_g)+2\sin\theta(\frac{1}{N}S_g)+2\sin\theta(\frac{2}{N}S_g)+\cdots+\sin\theta(\frac{N}{N}S_g)\right] \tag{4-35}$$

其中,

$$\sin\theta(\frac{i}{N}S_g)=\sin\begin{pmatrix}\theta_0+\left[\kappa_0\frac{i}{N}+(\kappa_T-\kappa_0)(\frac{i}{N})^3+\frac{1}{2}(\kappa_0-\kappa_T)(\frac{i}{N})^4\right]S_g\\+\left[\frac{1}{2}\kappa_0'(\frac{i}{N})^2-\frac{1}{3}(\kappa_T'+2\kappa_0')(\frac{i}{N})^3+\frac{1}{4}(\kappa_T'+\kappa_0')(\frac{i}{N})^4\right]{S_g}^2\\+\left[\frac{1}{3}p_4(\frac{i}{N})^3-\frac{1}{2}p_4(\frac{i}{N})^4+\frac{1}{5}p_4(\frac{i}{N})^5\right]{S_g}^5\\+\left[\frac{1}{3}p_5(\frac{i}{N})^3-\frac{3}{4}p_5(\frac{i}{N})^4+\frac{1}{6}p_5(\frac{i}{N})^6\right]{S_g}^6\end{pmatrix},\Delta h=\frac{S_g}{N} \tag{4-36}$$

相应地,$E_y=y(S_g)-y_T$。

(2)E_x,E_y,E_θ分别对p_4,p_5,S_g的偏导。

首先,利用梯形公式求得了E_x的数值解后,可直接运用求偏导公式求得$\frac{\partial E_x}{\partial S_g}$:

$$\frac{\partial E_x}{\partial S_g}=\frac{\partial x_{Sg}}{\partial S_g}=\frac{1}{2N}\left[\cos\theta(\frac{0}{N}S_g)+2\cos\theta(\frac{1}{N}S_g)+2\cos\theta(\frac{2}{N}S_g)+\cdots+\cos\theta(\frac{N}{N}S_g)\right]$$
$$+\frac{\Delta h}{2}\left[\frac{\partial}{\partial S_g}\cos\theta(\frac{0}{N}S_g)+2\frac{\partial}{\partial S_g}\cos\theta(\frac{1}{N}S_g)+2\frac{\partial}{\partial S_g}\cos\theta(\frac{2}{N}S_g)+\cdots+\frac{\partial}{\partial S_g}\cos\theta(\frac{N}{N}S_g)\right] \tag{4-37}$$

其中,

$$\frac{\partial\cos\theta(\frac{i}{N}S_g)}{\partial S_g}=-\sin\theta(\frac{i}{N}S_g)\begin{pmatrix}\left[\kappa_0\frac{i}{N}+(\kappa_T-\kappa_0)(\frac{i}{N})^3+\frac{1}{2}(\kappa_0-\kappa_T)(\frac{i}{N})^4\right]\\+\left[\kappa_0'(\frac{i}{N})^2-\frac{2}{3}(\kappa_T'+2\kappa_0')(\frac{i}{N})^3+\frac{1}{2}(\kappa_T'+\kappa_0')(\frac{i}{N})^4\right]S_g\\+\left[\frac{5}{3}p_4(\frac{i}{N})^3-\frac{5}{2}p_4(\frac{i}{N})^4+p_4(\frac{i}{N})^5\right]{S_g}^4\\+\left[2p_5(\frac{i}{N})^3-\frac{9}{2}p_5(\frac{i}{N})^4+p_5(\frac{i}{N})^6\right]{S_g}^5\end{pmatrix} \tag{4-38}$$

$\frac{\partial E_x}{\partial p_4}$为

$$\frac{\partial E_x}{\partial p_4}=\frac{\Delta h}{2}\left[\frac{\partial}{\partial p_4}\cos\theta(\frac{0}{N}S_g)+2\frac{\partial}{\partial p_4}\cos\theta(\frac{1}{N}S_g)+2\frac{\partial}{\partial p_4}\cos\theta(\frac{2}{N}S_g)+\cdots+\frac{\partial}{\partial p_4}\cos\theta(\frac{N}{N}S_g)\right] \tag{4-39}$$

其中，

$$\frac{\partial\cos\theta(\frac{i}{N}S_g)}{\partial p_4}=-\sin\theta(\frac{i}{N}S_g)\left(\frac{1}{3}(\frac{i}{N})^3-\frac{1}{2}(\frac{i}{N})^4+\frac{1}{5}(\frac{i}{N})^5\right)S_g{}^5 \tag{4-40}$$

$\partial E_x/\partial p_5$为

$$\frac{\partial E_x}{\partial p_5}=\frac{\Delta h}{2}\left[\frac{\partial}{\partial p_5}\cos\theta(\frac{0}{N}S_g)+2\frac{\partial}{\partial p_5}\cos\theta(\frac{1}{N}S_g)+2\frac{\partial}{\partial p_5}\cos\theta(\frac{2}{N}S_g)+\cdots+\frac{\partial}{\partial p_5}\cos\theta(\frac{N}{N}S_g)\right] \tag{4-41}$$

其中，

$$\frac{\partial\cos\theta(\frac{i}{N}S_g)}{\partial p_5}=-\sin\theta(\frac{i}{N}S_g)\left(\frac{1}{3}(\frac{i}{N})^3-\frac{3}{4}(\frac{i}{N})^4+\frac{1}{6}(\frac{i}{N})^6\right)S_g{}^6 \tag{4-42}$$

然后，利用梯形公式求得E_y的数值解后，可直接运用求偏导公式求得$\frac{\partial E_y}{\partial S_g}$为

$$\begin{aligned}\frac{\partial E_y}{\partial S_g}=\frac{\partial y_{S_g}}{\partial S_g}=&\frac{1}{2N}\left[\sin\theta(\frac{0}{N}S_g)+2\sin\theta(\frac{1}{N}S_g)+2\sin\theta(\frac{2}{N}S_g)+\cdots+\sin\theta(\frac{N}{N}S_g)\right]\\&+\frac{\Delta h}{2}\left[\frac{\partial}{\partial S_g}\sin\theta(\frac{0}{N}S_g)+2\frac{\partial}{\partial S_g}\sin\theta(\frac{1}{N}S_g)+2\frac{\partial}{\partial S_g}\sin\theta(\frac{2}{N}S_g)+\cdots+\frac{\partial}{\partial S_g}\sin\theta(\frac{N}{N}S_g)\right]\end{aligned} \tag{4-43}$$

其中，

$$\frac{\partial \sin\theta(\frac{i}{N}S_g)}{\partial S_g}=\cos\theta(\frac{i}{N}S_g)\left(\begin{aligned}&\left[\kappa_0\frac{i}{N}+(\kappa_T-\kappa_0)(\frac{i}{N})^3+\frac{1}{2}(\kappa_0-\kappa_T)(\frac{i}{N})^4\right]\\&+\left[\kappa_0'(\frac{i}{N})^2-\frac{2}{3}(\kappa_T'+2\kappa_0')(\frac{i}{N})^3+\frac{1}{2}(\kappa_T'+\kappa_0')(\frac{i}{N})^4\right]S_g\\&+\left[\frac{5}{3}p_4(\frac{i}{N})^3-\frac{5}{2}p_4(\frac{i}{N})^4+p_4(\frac{i}{N})^5\right]{S_g}^4\\&+\left[2p_5(\frac{i}{N})^3-\frac{9}{2}p_5(\frac{i}{N})^4+p_5(\frac{i}{N})^6\right]{S_g}^5\end{aligned}\right)$$

(4–44)

$\frac{\partial E_y}{\partial p_4}$为

$$\frac{\partial E_y}{\partial p_4}=\frac{\partial}{\partial p_4}(y_{S_g}-y_T)=\frac{\partial y_{S_g}}{\partial p_4}=\frac{\Delta h}{2}\left[\frac{\partial}{\partial p_4}\sin\theta(\frac{0}{N}S_g)+2\frac{\partial}{\partial p_4}\sin\theta(\frac{1}{N}S_g)+2\frac{\partial}{\partial p_4}\sin\theta(\frac{2}{N}S_g)+\cdots+\frac{\partial}{\partial p_4}\sin\theta(\frac{N}{N}S_g)\right]$$

(4–45)

其中,

$$\frac{\partial \sin\theta(\frac{i}{N}S_g)}{\partial p_4}=\cos\theta(\frac{i}{N}S_g)\left(\frac{1}{3}(\frac{i}{N})^3-\frac{1}{2}(\frac{i}{N})^4+\frac{1}{5}(\frac{i}{N})^5\right){S_g}^5 \quad (4\text{–}46)$$

$\frac{\partial E_y}{\partial p_5}$为

$$\frac{\partial E_y}{\partial p_5}=\frac{\partial}{\partial p_5}(y_{S_g}-y_T)=\frac{\partial y_{S_g}}{\partial p_5}=\frac{\Delta h}{2}\left[\frac{\partial}{\partial p_5}\sin\theta(\frac{0}{N}S_g)+2\frac{\partial}{\partial p_5}\sin\theta(\frac{1}{N}S_g)+2\frac{\partial}{\partial p_5}\sin\theta(\frac{2}{N}S_g)+\cdots+\frac{\partial}{\partial p_5}\sin\theta(\frac{N}{N}S_g)\right]$$

(4–47)

其中,

$$\frac{\partial\cos\theta(\frac{i}{N}S_g)}{\partial p_5}=\cos\theta(\frac{i}{N}S_g)\left(\frac{1}{3}(\frac{i}{N})^3-\frac{3}{4}(\frac{i}{N})^4+\frac{1}{6}(\frac{i}{N})^6\right){S_g}^6 \quad (4\text{-}48)$$

最后，可直接运用求偏导公式，求得$\partial E_\theta/\partial S_g$：

$$\frac{\partial E_\theta}{\partial S_g}=\frac{\partial}{\partial S_g}(\theta_{S_g}-\theta_T)=\frac{\partial\theta_{S_g}}{\partial S_g}=\frac{1}{2}\kappa_0+\frac{1}{2}\kappa_T+(\frac{1}{6}\kappa_0'-\frac{1}{6}\kappa_T')S_g+\frac{1}{6}p_4{S_g}^4-\frac{3}{2}p_5{S_g}^5 \quad (4\text{-}49)$$

求得$\dfrac{\partial E_\theta}{\partial p_4}$：

$$\frac{\partial E_\theta}{\partial p_4}=\frac{\partial}{\partial p_4}(\theta_{S_g}-\theta_T)=\frac{\partial\theta_{S_g}}{\partial p_4}=\frac{1}{30}{S_g}^5 \quad (4\text{-}50)$$

求得$\dfrac{\partial E_\theta}{\partial p_5}$：

$$\frac{\partial E_\theta}{\partial p_5}=\frac{\partial}{\partial p_5}(\theta_{S_g}-\theta_T)=\frac{\partial\theta_{S_g}}{\partial p_5}=-\frac{1}{4}{S_g}^6 \quad (4\text{-}51)$$

4.3.5 算法实现

(1) 算法流程。

Step 1：初始化。

获取起始采样点$A_0(x_0, y_0, \theta_0, \kappa_0, \kappa_0')$、终止采样点$A_T(x_T, y_T, \theta_T, \kappa_T, \kappa_T')$、初始参数$\boldsymbol{P}(0)=[p_4(0), p_5(0), S_g(0)]$，设定梯形公式参数$N$，设定收敛参数$\delta$和最大迭代次数$k_{\max}$。令当前迭代次数$k=0$。

Step 2：输入当前迭代的优化参数$\boldsymbol{P}(k)=[p_4(k), p_5(k), S_g(k)]$，计算梯形公式参数$\Delta h=S_g/N$。

Step 3：计算$x(S_g)$，$y(S_g)$，$\theta(S_g)$，以及相应的E_x，E_y，E_θ。

先根据式(4-33)和式(4-36)，分别求$\cos\theta(\dfrac{i}{N}S_g)$和$\sin\theta(\dfrac{i}{N}S_g)$。

再分别代入式(4-32)和式(4-35)中,分别求得$x(S_g)$和$y(S_g)$。

根据式(4-29)直接求得$\theta(S_g)$。

最后,根据$x(S_g)$,$y(S_g)$,$\theta(S_g)$的值,分别求E_x,E_y,E_θ。

Step 4:迭代判断。

判断E_x,E_y,E_θ是否小于δ。若小于δ,或迭代次数达到k_{max},则结束迭代,否则,进入Step 5。

Step 5:计算雅可比矩阵。

根据式(4-38)、式(4-40)、式(4-42),分别求$\frac{\partial}{\partial S_g}\cos\theta(\frac{i}{N}S_g)$,$\frac{\partial}{\partial p_4}\cos\theta(\frac{i}{N}S_g)$,$\frac{\partial}{\partial p_5}\cos\theta(\frac{i}{N}S_g)$。

代入式(4-37)、式(4-39)、式(4-41)中,分别求得$\partial E_x/\partial S_g$,$\partial E_x/\partial p_4$,$\partial E_x/\partial p_5$。

根据式(4-44)、式(4-46)、式(4-48),分别求$\frac{\partial}{\partial S_g}\sin\theta(\frac{i}{N}S_g)$,$\frac{\partial}{\partial p_4}\sin\theta(\frac{i}{N}S_g)$,$\frac{\partial}{\partial p_5}\sin\theta(\frac{i}{N}S_g)$。

代入式(4-43)、式(4-45)、式(4-47)中,分别求得$\partial E_y/\partial S_g$,$\partial E_y/\partial p_4$,$\partial E_y/\partial p_5$。

最后,根据式(4-49)、式(4-51)、式(4-52),直接求$\partial E_\theta/\partial S_g$,$\partial E_\theta/\partial p_4$,$\partial E_\theta/\partial p_5$。

将求出的$\partial E_x/\partial p_4$,$\partial E_x/\partial p_5$,$\partial E_x/\partial S_g$,$\partial E_y/\partial p_4$,$\partial E_y/\partial p_5$,$\partial E_y/\partial S_g$,$\partial E_\theta/\partial S_g$,$\partial E_\theta/\partial p_4$,$\partial E_\theta/\partial p_5$代入式(4-25)中,构成雅可比矩阵。

Step 5:利用迭代公式(4-25),直接求得$P(k+1)=[p_4(k+1),p_5(k+1),S_g(k+1)]$。迭代次数$k$加1,进入Step 2继续迭代。

(2)算法仿真。

设定起点$A_0=[0, 0, 0.2, 0.01, 0]$,终点为$A_T=[40, 4, 0.05, 0.01, 0]$,初始参数为$P(0)=[p_4(0), p_5(0), S_g(0)]=[0, 0, d(A_0, A_T)]$,$d(A_0, A_T)$为$A_0$与$A_T$之间的直线距离。梯形公式参数$N=20$,迭代次数$k_{max}=10$,收敛参数$\delta=[0.01\quad 0.01\quad 0.001]$。(图4-9)仿真结果如下。

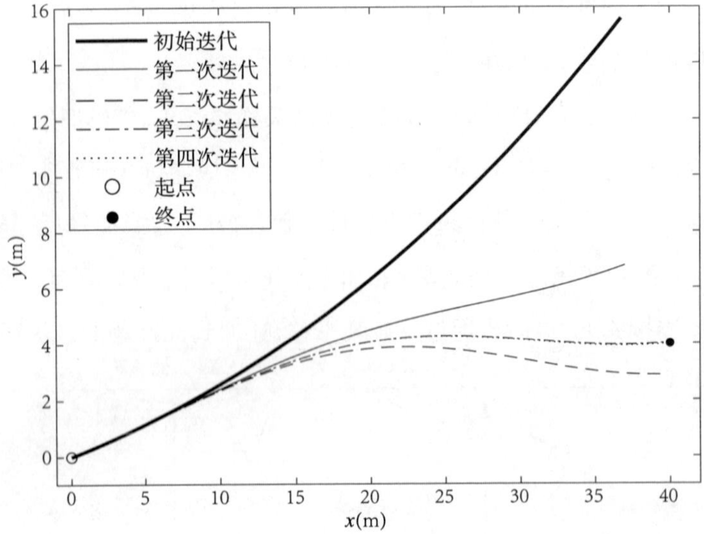

图4–9　最优路径迭代过程

表4–1　最优参数迭代过程

迭代次数 k	最优路径末端的位姿 $(x_{Sg}, y_{Sg}, \theta_{S_g})$	当前迭代的最优参数 P $[p_0^*, p_1^*, p_2^*, p_3^*, p_4^*, p_5^*, S_g^*]$	最优路径末端与目标点的位姿误差 E (E_x, E_y, E_θ)
1	36.762, 15.585, 0.6020	0.01, 0, 0, 0, 0, 0, 40.200	−3.238, 11.585, 0.5520
2	36.984, 6.789, 0.1939	0.01, 0, −2.45×10–4, 1.31×10–5, −1.70×10–7, −6.58×10–1^{1}, 37.651	−3.016, 2.789, 0.1439
3	39.795, 2.888, 0.0183	0.01, 0, −3.27×10–4, 1.64×10–5, −1.98×10–7, −1.05×10–1^{0}, 40.229	−0.205, −1.112, −0.4817
4	39.976, 4.032, 0.0507	0.01, 0, −2.90×10–4, 1.45×10–5, −1.75×10–7, −6.93×10–1^{1}, 40.422	−0.024, 0.032, 0.0007
5	39.999, 3.997, 0.0500	0.01, 0, −2.91×10–4, 1.45×10–5, −1.75×10–7, −7.06×10–1^{1}, 40.444	−0.001, −0.003, 0

可见，通过5次迭代，优化参数已经收敛。最终的误差为−1 mm、−3 mm和0 rad。

(3) 算法优化。

运用牛顿法求方程组的解，并应用于自动驾驶路径生成，其中关键在于初始解的选取。为了保证问题有解,对算法流程进行了优化,将复杂多变的问题转换为同一条件下的问题,这里用到了坐标的平移和旋转。

如图4-10所示,对于任意的采样起点A_0和采样终点A_T,能够通过平移和旋转,使得起点位于原点,终点位于x轴正半轴。具体地可以通过几何方法,分别求得平移向量、旋转角度β、旋转矩阵,再进行坐标平移、旋转。平移旋转后,起点和终点的航向角与原航向角相差β,而曲率κ和曲率变化率κ'则不发生改变。再运用牛顿法求最优的连接曲线,最后再通过反旋转平移,还原到原问题的最优路径。

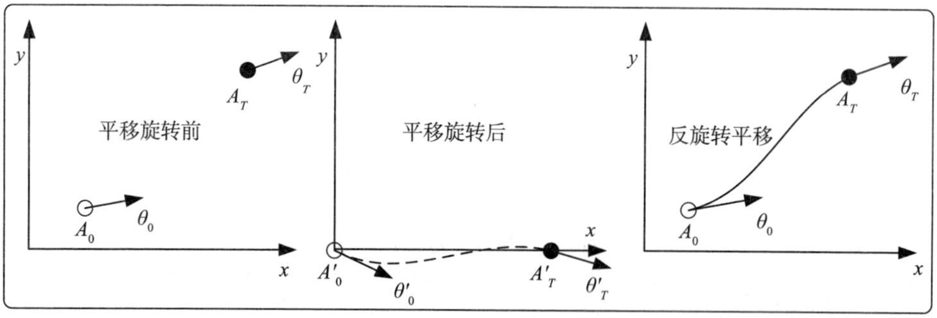

图4-10　旋转平移示意图

通过上面的平移旋转操作,原问题转换为求起点A'_0和终点A'_T之间的最优路径问题。结合自动驾驶路径规划场景可知:

(1) 每两个采样点间的直线距离满足$d_{\min}\leqslant d(A'_0, A'_T)=x(A'_T)\leqslant d_{\max}$。

(2) 前后两个采样点的航向一般与道路参考轨迹的航向相近,因此有$\theta_{\min}\leqslant\theta'_0\leqslant\theta_{\max}$,$\theta_{\min}\leqslant\theta'_T\leqslant\theta_{\max}$。

(3) 采样点处的曲率(曲率半径)满足相应的条件,令$\kappa_{\min}\leqslant\kappa(A'_0)\leqslant\kappa_{\max}$、$\kappa_{\min}\leqslant\kappa(A'_T)\leqslant\kappa_{\max}$。

(4) 采样点处的曲率变化率满足相应的条件,令$\kappa_{\min}'\leqslant\kappa'(A'_0)\leqslant\kappa_{\max}'$、$\kappa_{\min}'\leqslant\kappa(A'_T)\leqslant\kappa_{\max}'$。

以上限制条件,称为数据合理性判断,只有满足以上条件的采样点数据,才被认为是合理的,可以采用牛顿法求最优路径,否则,采用解析法求解最优路径。如此,保证问题有可行解。

综上,改进后的路径生成算法流程如下。

Step 1：平移和旋转。

根据采样起点A_0和采样终点A_T，分别计算平移向量、旋转角度、旋转向量，并获得平移旋转后的采样点数据A'_0和A'_T。

Step 2：数据合理性判断。

基于采样点数据A'_0和A'_T，判断是否满足(1)~(4)的判断条件。若满足，则进入Step 3；若不满足，则采用解析法求多项式路径，并求得离散路径点(x_i, y_i, θ_i)，进入Step 4。

Step 3：基于牛顿法的路径生成。

对于平移旋转后的采样起点A_0'和采样终点A_T'，运用前述的牛顿法求解最优参数$\boldsymbol{P}$，并求得生成路径点为(x_i, y_i, θ_i)。

Step 4：反向旋转平移。

已知生成的每个路径点(x_i, y_i, θ_i)，按照旋转角度、旋转向量、平移向量，反向旋转和平移到原起点和终点中间，构成生成的路径。

如图4-11所示，对于任意采样起点$A_0=[1 \quad 1 \quad 0.3 \quad 0.15 \quad 0.001]$和采样终点$A_T=[10 \quad 10 \quad 0.5 \quad -0.1 \quad 0.002]$，收敛参数$\delta=[0.01 \quad 0.01 \quad 0.001]$，初始参数为$\boldsymbol{P}(0)=[p_4(0), p_5(0), S_g(0)]=[0, 0, d(A_0, A_T)]$，梯形公式参数$N=20$，迭代次数$k_{max}=10$。通过2次迭代后，生成路径末端坐标为(9.992, 10.007, 0.501)，已达到收敛条件。

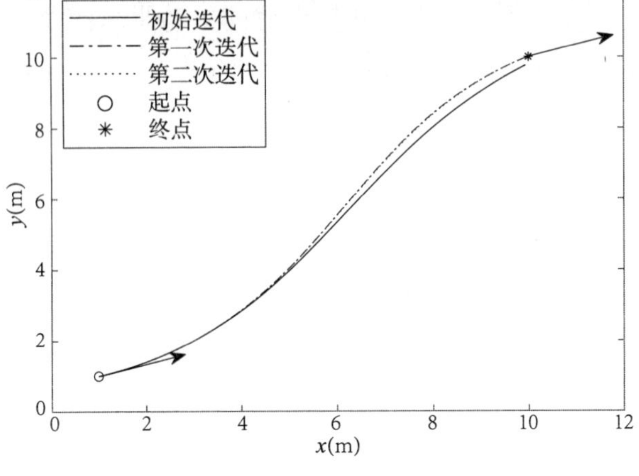

图4-11 算法改进后的路径生成结果

4.4 自动驾驶速度规划方法

与路径规划类似，往往希望为自动驾驶车辆规划的速度是一条可行的速度曲线，即在规划好的路径上，每个路径点叠加时间上的信息，使得每个路径点除了具有空间位姿信息外，还包含速度、加速度等时间信息。为此，相关研究提出了基于优化的速度规划方法，生成一条最优的速度曲线。

4.4.1 S-T **运动空间构建**

在路径规划中，我们将道路环境模型化为$S–L$图，同样地，在速度规划中，为了便于分析，用$S–T$图表示纵向位移与时间信息之间的二维关系图。需要指出的是，$S–L$图与$S–T$图中所指的S均表示规划路径的纵向位移，只是L和T所指不同。

自动驾驶车辆和动静态障碍物均可以在$S–T$图中，用曲线或区域覆盖来表示，若各自的曲线或覆盖区域存在重叠，则表示在未来某个时刻某个地点将会发生碰撞。如图4–12所示，分别给出了3种常见的驾驶场景。其中，A场景为变道避障，图中的静止障碍物与规划的目标路径没有冲突，因此在$S–T$图中没有显示障碍物的运动曲线；B场景为减速停车，图中的静止障碍物与规划的目标路径存在冲突，因此在$S–T$图中多了静止障碍物的运动曲线；C场景为变道避障场景，但是侧方车道存在障碍车辆，此时在$S–T$图中，障碍车辆的行驶速度较高，在未来某个时刻会发生碰撞。若想安全通过，则需要提高行驶速度，使得$S–T$图中的2条运动曲线尽量远离。

在当前时刻，将所有存在冲突的静止障碍物和动态障碍物，用运动曲线在$S–T$图中表示，由此形成了$S–T$图中的障碍物区域。假设以自车当前位置为原点，速度规划就是要从原点开始，搜索一条避障的速度曲线。如此，就将速度规划问题转换成了一个$S–T$空间中的路径搜索问题，这就是速度规划的核心。

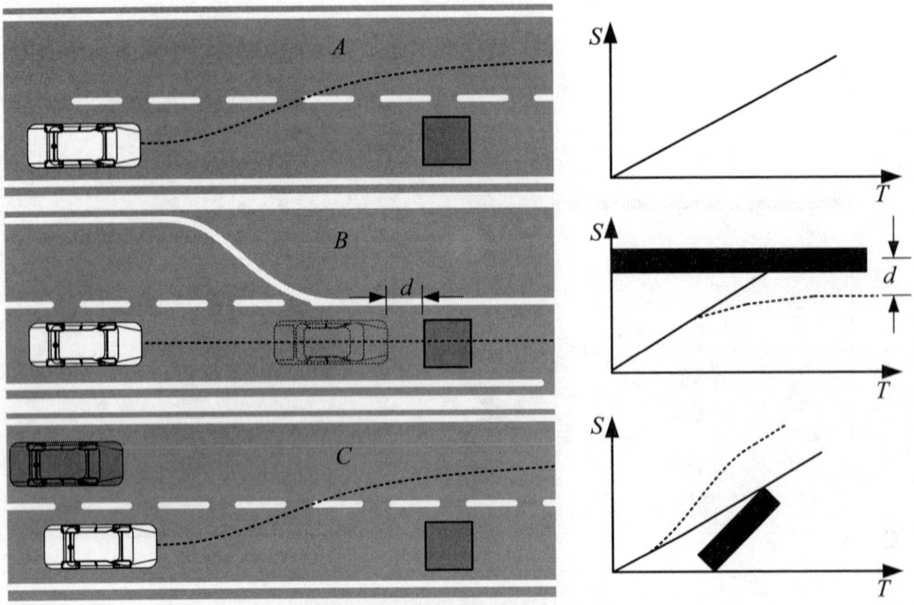

图4-12　驾驶场景与S-T运动空间

显然，速度曲线搜索与传统的路径搜索有一些差别。对于速度曲线，一般不允许出现倒车的情况，因此S–T图中的速度曲线永远是一条单调递增的运动曲线；另外，由于执行机构的限制，速度运动曲线的斜率（加速度）不能过大。

4.4.2 动态规划速度搜索

为了在S–T图中搜索最优运动路径，首先需要对S、T进行采样，如图4–13所示。将时间轴T等间距采样，采样步长为Δt，将位移轴S等间距采样，采样步长为Δs，S_{max}为路径规划的最大位移。同时，将道路环境中有碰撞风险的静止障碍物、动态障碍物的速度曲线叠加到S–T图中，例如静态障碍物在S–T图中表现为水平曲线，动态障碍物在S–T图中表现为具有一定斜率的曲线，若预测障碍物速度恒定，则表现为一条斜率一定的直线。基于S–T图可以直观反映自动驾驶车辆按照不同的速度曲线行驶，与障碍物之间存在的距离Δd，此距离取决于在同一时刻规划的速度曲线与障碍物速度曲线之间的距离。在搜索最优速度曲线时，通常要考虑安全距离，例如图4–13中的速度曲线①与静态障碍物之间的相对距离为Δd_1，速度曲线②与动态障碍物之间的相对距离为Δd_2。

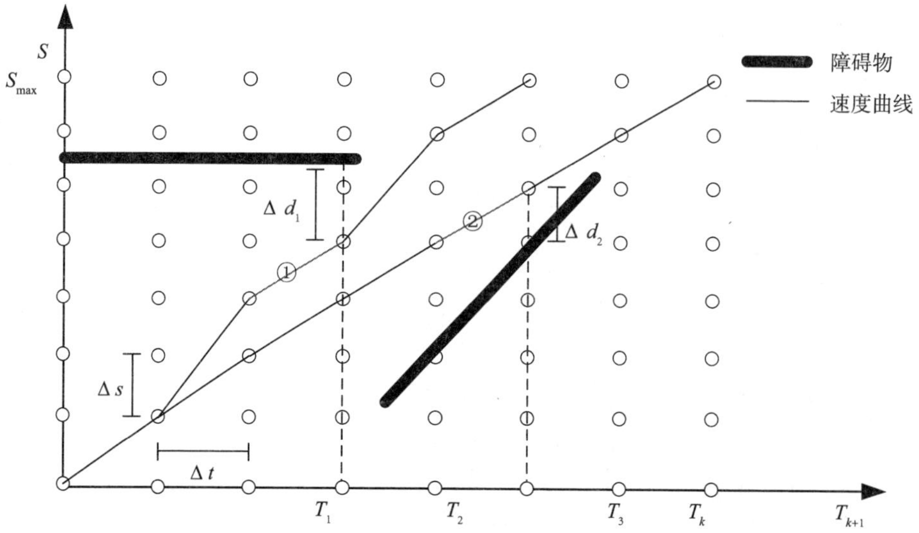

图4-13　*S-T*图的离散化空间

获得离散化的S–T图后，可以利用动态规划方法搜索最优路径，相当于从初始节点(t=0, s=0)开始，计算每一个离散点到初始节点的代价函数。对于任意的节点(t=t_k, s=s_k)到初始节点的代价函数，等于前一个节点到初始节点代价函数与该节点到前一个节点代价函数之和，即$f(k)=f(k-1, 0)+f(k, k-1)$。当搜索到$t_k \geqslant T_{max}$时，停止搜索，取代价函数最小的路径策略，反向回溯到初始节点(t=0, s=0)，这样就获得了从初始节点开始到T_{max}时刻的最优离散路径点。

如图4–14所示，考虑到车辆不能倒车，在任意时刻，决策必须保证S是关于T单调递增的；考虑到加速度不能过大的因素，决策必须保证加速度a满足合理。基于这两个原则，从当前状态(T_0, S_0)开始，在T_0-T_1阶段，(T_0, S_0)的决策集合为{(T_1, S_1), (T_1, S_2), (T_1, S_3)}；在T_1-T_2阶段，(T_1, S_1)的决策集合为{(T_2, S_2), (T_2, S_3), (T_2, S_4)}，(T_1, S_2)的决策集合为{(T_2, S_3), (T_2, S_4), (T_2, S_5)}，(T_1, S_3)的决策集合为{(T_2, S_4), (T_2, S_5), (T_2, S_6)}；在T_2-T_3阶段，(T_2, S_2)的决策集合为{(T_3, S_3), (T_3, S_4), (T_3, S_5)}，(T_2, S_3)的决策集合为{(T_3, S_4), (T_3, S_5), (T_3, S_6)}，(T_2, S_4)的决策集合为{(T_3, S_5), (T_3, S_6), (T_3, S_7)}，(T_2, S_5)的决策集合为{(T_3, S_6), (T_3, S_7)}，(T_2, S_6)的决策集合为{(T_3, S_7)}。

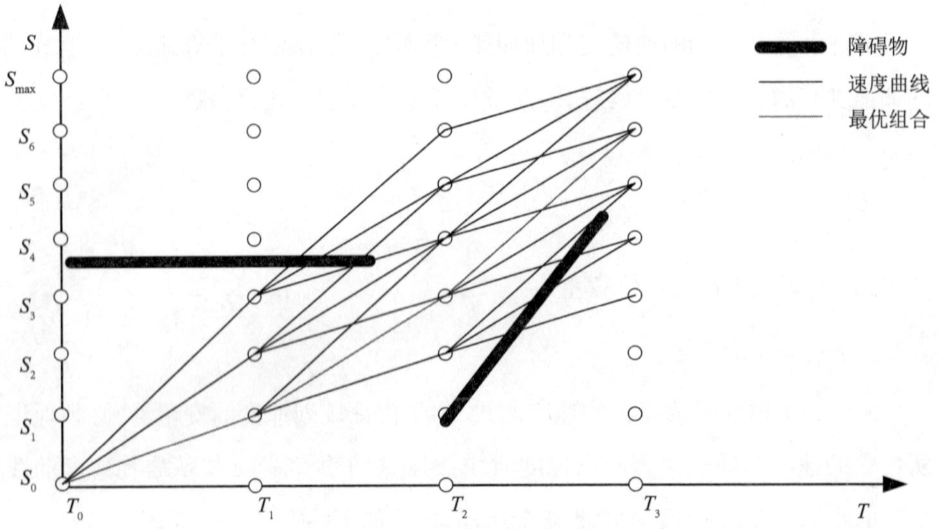

图 4-14　动态规划速度搜索

接下来需要定义相关的代价函数，以评价策略的优劣。考虑到车辆行驶过程中的安全性、舒适性、经济性等性能要求，给出了以下代价函数：

$$C=C_v+C_a+C_s \tag{4-52}$$

其中，C_v表示速度跟随代价函数，C_a表示舒适度代价函数，C_s表示安全代价函数。具体如下：

(1) 速度跟随代价。

此项代价函数表征了自动驾驶车辆跟随规定的车速的性能。在行驶过程中，通常需要指定车速，指定的车速受到一些因素的影响，例如驾驶员设定的车速、道路限速、安全弯道车速等。通常希望规划的车速与规定的车速一致，可以设如下速度跟随代价函数：

$$C_v=k_v(v_i-v_{set})^2 \tag{4-53}$$

其中，v_{set}为规定的车速，$v_i=\Delta S/\Delta T$，k_v表示速度跟随代价权重值。

(2) 舒适度代价。

舒适度受到车辆的加速度和加加速度影响，为了保证行驶舒适度，需要规划的加速度和加加速度越小越好，因此设计了如下舒适度代价函数：

$$C_a = k_a\left(\frac{v_i - v_{i-1}}{\Delta t}\right)^2 + k_{aa}\left(\frac{v_i - v_{i-1}}{\Delta t^2} - \frac{v_{i-1} - v_{i-1}}{\Delta t^2}\right)^2 \tag{4-54}$$

其中，k_a、k_{aa}表示舒适度代价权重值。

(3) 安全代价。

S–T图中描述了障碍物的速度曲线，为了保证规划速度的安全性，必须保证所搜索的速度曲线远离障碍物速度曲线，因此基于规划速度与障碍物速度曲线之间的距离，来评判规划速度的安全指标，设计如下的安全代价函数：

$$C_s = \begin{cases} 0, \Delta d > d_{\min} \\ k_s \dfrac{d_{\min} - \Delta d}{d_{\min}}, \Delta d \leqslant d_{\min} \end{cases} \tag{4-55}$$

其中，Δd表示当前状态下的决策速度曲线与障碍物之间的最小距离，$d_{\min}$表示安全距离，k_s表示安全代价权重值。当决策速度曲线与障碍物曲线相交时，$\Delta d=0$，说明在某个位置发生碰撞。

通过动态规划方法，可以在S–T空间内，为自动驾驶车辆搜索最优的速度曲线组合。

4.4.3 速度曲线优化

利用动态规划方法，搜索得到最优速度曲线组合以及相应的最优决策(T_i, S_i)，$i=0, 1, 2, \cdots$。容易想到，可以采用曲线拟合方法，以(T_i, S_i)作为数据样本，拟合出S–T空间内的连续曲线。常规的最小二乘拟合仅考虑误差平方和最小的指标，对于自动驾驶的速度曲线，还要保证加速度等其他指标。因此，可以采用优化方法，求解连续的最优速度曲线。

假设在S–T空间内搜索得到的离散速度点为(s_i, t_i)，$i=0, 1, 2, \cdots, N$。利

用五次多项式对离散点进行拟合，设$S-T$空间内的速度曲线为五次多项式函数：

$$s(t)=a_0+a_1t+a_2t^2+a_3t^3+a_4t^4+a_5t^5 \tag{4-56}$$

其中，a_0、a_1、a_2、a_3、a_4、a_5为待优化参数。

式(4-56)是位移关于时间的函数，通过对时间t求一阶导、二阶导，很容易得到相应的速度函数和加速度函数：

$$v(t)=a_1+2a_2t+3a_3t^2+4a_4t^3+5a_5t^4 \tag{4-57}$$

$$a(t)=2a_2+6a_3t+12a_4t^2+20a_5t^3 \tag{4-58}$$

$$aa(t)=6a_3+24a_4t+60a_5t^2 \tag{4-59}$$

按照最优化方法的思路，首先需要建立相应的目标函数。在这里，需要考虑如下性能指标。

(1) 优化曲线与样本点的误差。

将离散速度点视为样本点，优化的指标之一是保证优化曲线与样本点之间的误差越小越好，因此，可以建立优化曲线与样本点的误差函数：

$$C_1=\sum_{i=1}^{N}\left(f(t_i)-s_i\right)^2 \tag{4-60}$$

(2) 速度跟随性能。

在动态规划中，速度跟随性能反映了自动驾驶车辆跟随规定的车速的性能，例如跟随驾驶员设定的车速、道路限速、安全弯道车速等。动态规划的离散速度点满足了在样本点处的跟随性能最优，为了满足在全局跟随性能最优，可以建立如下性能指标：

$$C_2=\int_0^{t_{\max}}\left(v(t)-v_{\mathrm{ref}}\right)^2\mathrm{d}t \tag{4-61}$$

其中，v_{ref}为参考车速，指驾驶员设定的车速、道路限速、安全弯道车速等。

（3）舒适度性能。

舒适度受到车辆的加速度和加加速度影响，为了保证行驶舒适度，需要规划的加速度和加加速度越小越好，因此设计了如下舒适度代价函数：

$$C_3 = k_{31}\int_0^{t_{\max}}\left(a(t)\right)^2\mathrm{d}t + k_{32}\int_0^{t_{\max}}\left(aa(t)\right)^2\mathrm{d}t \tag{4-62}$$

其中，k_{31}，k_{32}为权重值。

综合以上性能指标，可得到目标函数为

$$\begin{aligned} C &= k_1C_1 + k_2C_2 + k_3C_3 \\ &= k_1\sum_{i=1}^{N}\left(f(t_i) - s_i\right)^2 + k_2\int_0^{t_{\max}}\left(v(t) - v_{ref}\right)^2\mathrm{d}t + k_{31}\int_0^{t_{\max}}\left(a(t)\right)^2\mathrm{d}t + k_{32}\int_0^{t_{\max}}\left(aa(t)\right)^2\mathrm{d}t \end{aligned} \tag{4-63}$$

要求上述目标函数取得最小值，同时满足一定的约束条件，例如位移在最大路径长度以内（$s(t) \leqslant s_{\max}$），速度在允许车速以内（$v_{\min} \leqslant v(t) \leqslant v_{\max}$），以及加速度和加加速度条件（$a_{\min} \leqslant a(t) \leqslant a_{\max}$，$aa_{\min} \leqslant aa(t) \leqslant aa_{\max}$）。最优化问题的约束条件表示为

$$\begin{cases} s_{\min} \leqslant s(t) \leqslant s_{\max} \\ v_{\min} \leqslant v(t) \leqslant v_{\max} \\ a_{\min} \leqslant a(t) \leqslant a_{\max} \\ aa_{\min} \leqslant aa(t) \leqslant aa_{\max} \end{cases} \tag{4-64}$$

另外，需要满足等式约束，例如初始位移（$s(0)=s_0$）、初始速度（$s'(0)=v(0)=v_0$）、初始加速度（$s''(0)=a(0)=a_0$）等。这些等式条件可以根据式（4-56）转换为先求解出部分待优化参数a_0，a_1，a_2。因此，求最优拟合曲线的问题转换为如下最优化问题：

$$\begin{aligned} &\min C = k_1C_1 + k_2C_2 + k_3C_3 \\ &\text{s.t.}\begin{cases} s_{\min} \leqslant s(t) \leqslant s_{\max} \\ v_{\min} \leqslant v(t) \leqslant v_{\max} \\ a_{\min} \leqslant a(t) \leqslant a_{\max} \\ aa_{\min} \leqslant aa(t) \leqslant aa_{\max} \end{cases} \end{aligned} \tag{4-65}$$

上述优化问题是带不等式约束的最优化问题,利用第2章提供的方法求解。

4.4.4 算法实现

(1) 算法流程。

Step 1:初始化采样。

获取车辆当前车速 v_0、加速度 a_0,设定预测时间 $T_{\max}$、采样时间 Δt、采样距离 Δs,设定采样点下边界为 $s_{\text{low}}=v_0t-1/2a_{\max}t^2$,表示以最大减速度制动时的 S–T 曲线,采样点下边界为 $s_{\text{up}}=v_{\max}t$,表示以允许的最大速度行驶时的 S–T 曲线。则 S–T 图中的采样点坐标为 $(i\Delta t,\ j\Delta s)$,满足 $0\leqslant i\Delta t\leqslant T_{\max}$,$s_{\text{low}}(i\Delta t)\leqslant j\Delta s\leqslant s_{\text{up}}(i\Delta t)$。

Step 2:障碍物导入。

对于静态障碍物,在规划路径上的纵向坐标为 s_{static},则在 S–T 图中的曲线为 $s=s_{\text{static}}$。对于动态障碍物,在规划路径上的纵向坐标为 s_{dyn},行驶速度为 v_{dyn},则在 S–T 图中的曲线为 $s=s_{\text{static}}+(t-t_{\text{dyn}})v_{\text{dyn}}$,$t_{\text{dyn}}$ 表示动态障碍物出现在规划路径上的起始时间。

Step 3:动态规划搜索。

第1阶段,计算各采样点的代价值和决策。第1阶段各采样点为 $t=1\Delta t$ 时刻所对应的采样点,记作 $(t_1,\ s_j^{(1)})$,根据初始时刻车辆的速度 v_0 和加速度 a_0,计算第一阶段各采样点所对应的速度 $v_j^{(1)}=(s_j^{(1)}-0)/\Delta t$、加速度 $a_j^{(1)}=(v_j^{(1)}-v_0)/\Delta t$、加加速度 $aa_j^{(1)}=(a_j^{(1)}-a_0)/\Delta t$。根据代价函数模型,计算第1阶段采样点的代价值,记作 $C_j^{(1)}$。第1阶段所有采样点的决策均为 $(0,\ 0)$,记作 $U(t_1,\ s_j^{(1)})=(0,\ 0)$。

从第2阶段开始,依次计算各采样点的代价值和决策。第 k 阶段各采样点为 $t=k\Delta t$ 时刻所对应的采样点,记作 $(t_k,\ s_j^{(k)})$,根据第 $t=(k-1)\Delta t$ 时刻各采样点的速度 $v_j^{(k-1)}$ 和加速度 $a_j^{(k-1)}$,计算第 k 阶段各采样点所对应的速度 $v_j^{(k)}=(s_j^{(k)}-s_j^{(k-1)})/\Delta t$、加速度 $a_j^{(k)}=(v_j^{(k)}-v_j^{(k-1)})/\Delta t$、加加速度 $aa_j^{(k)}=(a_j^{(k)}-a_j^{(k-1)})/\Delta t$。根据代价函数模型,计算第 k 阶段采样点的代价值,记作 $C_j^{(k)}$。第 k 阶段所有采样

点的决策，是代价函数值最小的$k-1$阶段的采样点，记作$U(t_k, s_j^{(k)})=(t_{k-1}, s_j^{(k-1)})^*$。

以此类推，直至搜索至第$T_{\max}/\Delta t$阶段。对于第$T_{\max}/\Delta t$阶段的各采样点，记作$(t_K, s_j^{(K)})$，$K=T_{\max}/\Delta t$，选择代价函数值最小的采样点，记作$(t_K, s_j^{(K)})^*$，从该采样点开始，反向搜索第$K-1$至第1阶段的决策，得到动态规划搜索的最优策略为$(0, 0)$，$(t_1, s_j^{(1)})^*$，$(t_2, s_j^{(2)})^*$，$(t_3, s_j^{(3)})^*$，…，$(t_{K-1}, s_j^{(K-1)})^*$，$(t_K, s_j^{(K)})$。

Step 4：速度曲线优化。

设五次多项式函数$v(t)=\alpha_0+\alpha_1 t+\alpha_1 t^2+\alpha_3 t^3+\alpha_4 t^4+\alpha_5 t^5$，对离散采样点$(0, 0)$，$(t_1, s_j^{(1)})^*$，$(t_2, s_j^{(2)})^*$，$(t_3, s_j^{(3)})^*$，…，$(t_{K-1}, s_j^{(K-1)})^*$，$(t_K, s_j^{(K)})$相对应的离散速度进行多项式拟合，并令$v(0)=v_0$，$v'(0)=a_0$，获得连续的速度曲线。

(2) 算法仿真。

设定初始时刻车辆速度为$v_0=20$ m/s，加速度$a_0=0$ m/s^2，设定预测时间$T_{\max}=8$ s，采样时间$\Delta t=1$ s，采样距离$\Delta s=0.2$ m，最大减速度为-3 m/s^2，允许的最大速度行驶速度为25 m/s，目标速度为15 m/s。建立了以下4种仿真场景：①无障碍物场景；②规划路径上存在静止障碍物，减速停车场景；③相邻车道有障碍车辆切入当前规划路径，自车减速避让场景；④相邻车道有障碍车辆切入当前规划路径，自车加速超越场景。仿真结果如图4–15所示。

对于第一种场景，动态规划的结果使车辆缓慢减速到目标车速(15 m/s)；对于第二种场景，动态规划的结果使车辆减速至0 m/s，最终在障碍物前停车；对于第三种场景，由于障碍车辆将在3 s后切入当前规划路径，因此动态规划的搜索结果使得车辆先减速避让，然后逐渐加速到目标车速；对于第四种场景，障碍车辆将在4 s后切入，自车能够有足够的空间加速超越，因此动态规划的搜索结果使得车辆先加速，待超越障碍车辆后，再减速恢复到目标车速。

在第4种场景，通过动态规划获得了最优策略，继续通过最小二乘法进行离散采样点的拟合，得到速度拟合曲线：$v(t)=20+0.7026t^2-0.2983t^3+0.0394t^4-0.0017t^5$，仿真结果如图4–16所示。

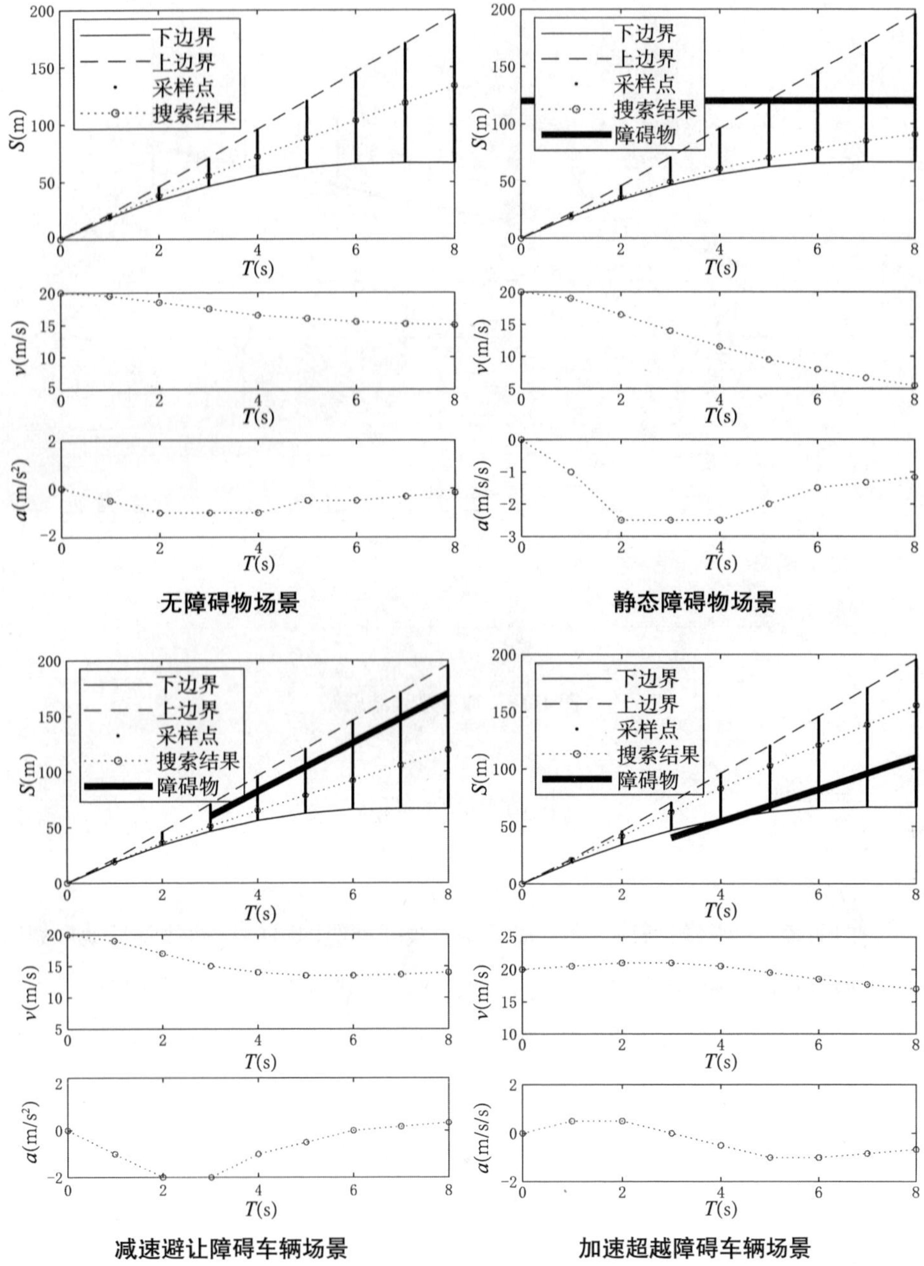
下边界
上边界
采样点
搜索结果
障碍物
S(m)
T(s)
v(m/s)
a(m/s²)
a(m/s/s)
无障碍物场景
静态障碍物场景
减速避让障碍车辆场景
加速超越障碍车辆场景

图 4–15　动态规划搜索

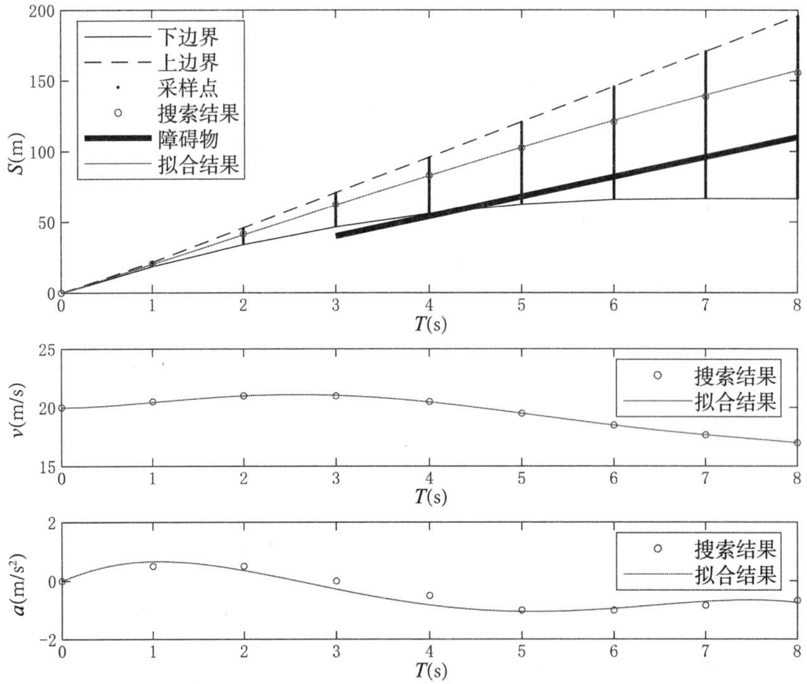

图4-16　速度规划结果

本章参考文献

[1] 白丽赟，胡学敏，宋昇，等.基于深度级联神经网络的自动驾驶运动规划模型[J].计算机应用，2019，39(10)：2870-2875.

[2] 李立，徐志刚，赵祥模，等.智能网联汽车运动规划方法研究综述[J].中国公路学报，2019，32(6)：20-33.

[3] ARAB A，YU K，YI J，et al. Motion planning for aggressive autonomous vehicle maneuvers[C]，in IEEE CASE，Fort Worth，USA，2016.

[4] DU X，LI X，LIU D，et al. Path planning for autonomous vehicles in complicated environments[C]// in IEEE ICVES，Beijing，China，2016.

[5] GU T，DOLAN J M，LEE J W. On-Road Trajectory Planning for General Autonomous Driving with Enhanced Tunability [M]// Intelligent Autonomous

Systems 13. Springer International Publishing, 2016.

[6] NAPOLI M E, BIGGIE H, HOWARD T M. On the performance of selective adaptation in state lattices for mobile robot motion planning in cluttered environments[C]// 2017 IEEE/RSJ International Conference on Intelligent Robots and Systems (IROS). IEEE, 2017.

[7] PETEREIT J, EMTER T, FREY C W. Combined Trajectory Generation and Path Planning for Mobile Robots Using Lattices with Hybrid Dimensionality [J]. Robot Intelligence Technology and Applications 2, 274: 145–157.

[8] GONZÁLEZ-SIEIRA A, MUCIENTES M. A Bugarín. Anytime Motion Replanning in State Lattices for Wheeled Robots[C]// XIII Workshop on Physical Agents. 2012.

[9] PIVTORAIKO M, KNEPPER R A, Kelly A. Differentially constrained mobile robot motion planning in state lattices [J]. Journal of Field Robotics, 2010, 26 (3):308–333.

第5章　自动驾驶轨迹跟踪控制方法

5.1 引　　言

自动驾驶是复杂的智能系统，包含环境感知、决策规划和车辆控制等部分[1]。车辆控制可分为路径跟踪控制（横向控制）和速度跟踪控制（纵向控制），分别使自动驾驶车辆跟随目标路径和目标速度行驶。路径跟踪控制是自动驾驶车辆的一项关键技术，通过对汽车行驶方向的控制，一般指控制汽车前轮偏角（或方向盘转角），使汽车沿着目标路径行驶[2]，同时保证车辆的稳定性和舒适性。速度跟踪控制，即通过控制车辆发动机节气门开度（电机转矩）和制动压力，使车辆加速或减速运动，达到跟踪期望车速的目的。

在横向控制中，常规的PID和模糊控制计算简便，但存在参数整定优化复杂、超调、模糊规则表主观性等诸多问题[3]。纯追踪(pure pursuit, PP)路径跟踪控制是一种基于几何模型的路径跟踪方法，具有非常简单的计算特点，参数易调，对硬件平台系统计算能力要求较低。纯追踪控制算法前视距离是一个关键的参数，其取值的大小在很大程度上影响车辆的跟踪效果。模型预测控制(model predictive control, MPC)是一种利用多点预瞄理论控制方法实现对已知目标路径的跟踪，应用于车辆路径跟踪控制中，具有一定的前瞻性，因而具有较高的跟踪精度。但是，MPC采用了循环迭代的优化求解方法，占用较多的计算时间和存储空间，对硬件平台计算能力有较高要求。在纵向控制中，PID、模糊控制等都具有良好的控制效果，结合油门、刹车切换逻辑，具有一定的鲁棒性和精确性。

5.2 纯追踪路径跟踪控制方法

纯追踪算法是一种基于几何原理的计算方法，计算车辆在运动中从当前位置到目标点走过的弧形轨迹，结合车辆运动模型，可以推导目标前轮偏角。

5.2.1 纯追踪算法基本理论

对于阿克曼转向机构的车辆，可近似认为瞬时轨迹与车体线速度方向相切，对应的后轴中心点的运动轨迹如图5-1所示。车辆的运动轨迹(后轴中心)取决于前轮偏角，若已知车辆当前转向角，则相应的运动轨迹也能够确定。

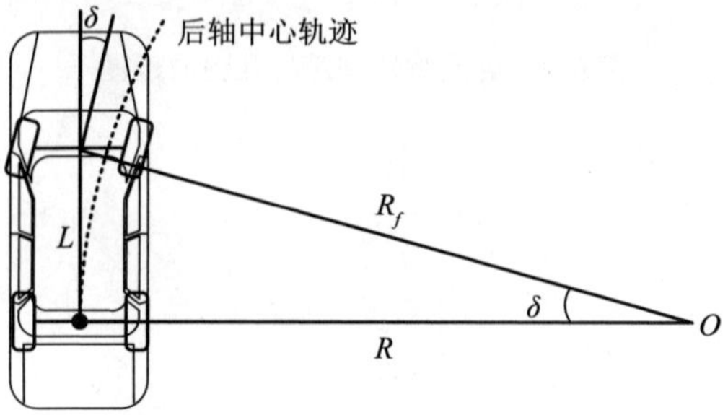

图5-1　车辆后轴中心的运动轨迹

假设车辆以固定前轮偏角运动时，其后轴中心的运动轨迹为圆周上的一段圆弧，该圆弧的圆心和半径取决于前轮偏角大小。通过简化模型可得前轮偏角与转向半径之间关系为[4][5]：

$$\tan\delta = L/R \tag{5-1}$$

式(5-1)中，L为车辆轴距，R为圆弧半径。可知，当后轮中心位置已知，给定当前前轮偏角，可以近似计算转弯半径、圆心位置及车辆后轴中心行驶的圆弧轨迹。当前轮偏角为零时，后轴中心运动轨迹为直线，可认为沿半径为∞的圆弧运动。

式(5–1)描述了车辆的前轮偏角与车辆的行驶轨迹之间的关系，而纯追踪模型用于求解车辆以何种转弯半径行驶(或何种圆弧轨迹)，能够跟踪到期望路径上的目标点。如图5–2所示，A为当前位置在期望路径上的投影点，预先根据一定规则确定参考路径上距离A点l_d处的目标点$(x_t,\ y_t)$，根据当前位置、航向和目标点位置，通过几何计算确定期望的行驶轨迹，该行驶轨迹为半径R的圆弧。因此，车辆按照此圆弧行驶，即可到达期望路径上的目标点。

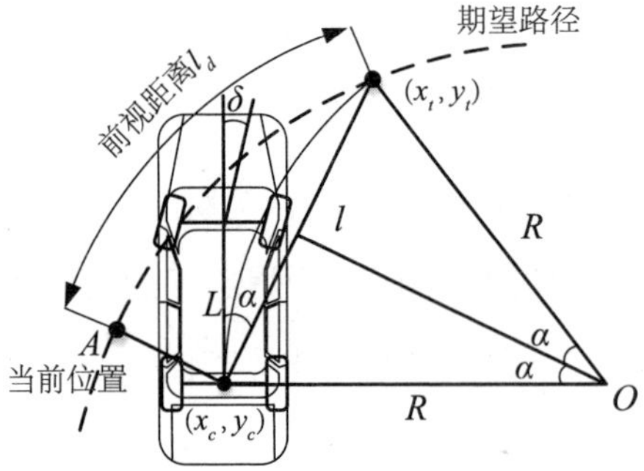

图5–2　纯追踪控制算法几何原理图

根据纯追踪模型，有如下几何关系：

$$\sin\alpha = \frac{1}{2}l/R \tag{5–2}$$

$$\tan\alpha = \frac{y_t - y_c}{x_t - x_c} \tag{5–3}$$

其中，l为车辆到目标点的直线距离，α为车辆航向与目标点之间的夹角。由此可得期望路径(圆弧)的半径R，并代入式(5–1)中，可得纯追踪控制方法的控制量δ：

$$\delta = \arctan\frac{2L\sin\left(\arctan\dfrac{y_t - y_c}{x_t - x_c}\right)}{l} \tag{5–4}$$

若控制前轮偏角δ，可以使车辆沿期望圆弧轨迹行驶，并跟踪到预设的目标轨迹。

纯追踪算法中，前视距离 l_d 是一个关键的参数，其取值的大小在很大程度上影响车辆的跟踪效果。Conlter[6]和 Edoardo[7]指出，较大前视距离会使车辆沿一个曲率较小的弧线缓慢逼近期望路径，在逼近过程中车辆跟踪不会产生大的振荡，但在车辆逼近期望路径时会产生“走捷径”现象，不能很好地跟踪整个路径；较小前视距离会使车辆沿一个曲率较大的弧线运动，能够在较短的时间内逼近期望路径，但车辆跟踪会产生振荡，如图 5–3 所示。

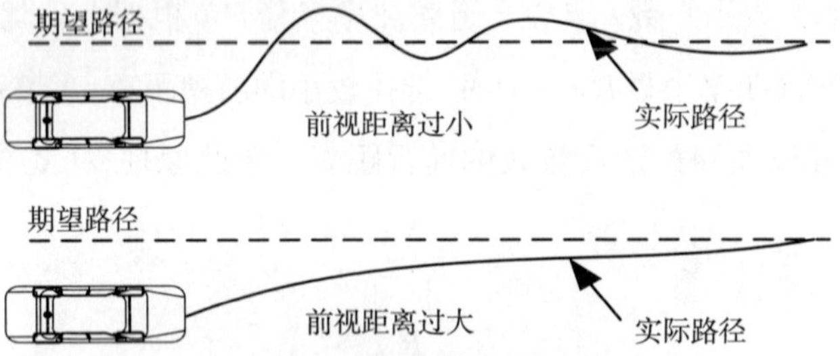

图 5–3　固定前视距离导致的问题

现阶段，基于纯追踪的路径跟踪控制算法的研究，大多数将前视距离设定为随车速变化的函数：

$$l=kv+L_f \tag{5–5}$$

式(5–5)中，k 为前视距离系数，v 为车辆速度，L_f 为最低前视距离。

基于车速的前视距离计算方式，能够解决前视距离过小和过大的问题，动态调整前视距离，符合人工驾驶的思维方式。然而，这种前视距离计算方式仅考虑速度的因素，在直道场景中有效，当遇到弯道场景时，仍然由于前视距离选择不合适而跟踪误差较大。

5.2.2 纯追踪算法改进

针对纯追踪方法的跟踪精度问题，采用基于速度和曲率的前视距离动态调整策略，根据车辆速度和道路曲率动态调整前视距离，再根据前视距离计算目标前轮偏角。最后，根据车辆位置误差和航向误差，采用模糊控制计算前轮偏角的补偿量。

(1) 基于速度和曲率的前视距离调整策略。

根据车辆速度对前视距离进行粗调整，确保自动驾驶车辆稳定性和一定的跟踪精度。再结合道路曲率信息，对前视距离进行细调整，进一步提高路径跟踪精度。根据此原则，定义前视距离：

$$L_d = k(R)v + L_f \tag{5-6}$$

式(5-6)中，$k(R)$表示系数k取决于道路曲率半径R。根据人工驾驶经验，当道路弯曲程度较大(曲率半径R较小)时，选择较小的前视距离；当道路弯曲程度较小(曲率半径R较大)时，选择较大的前视距离。依此原理，$k(R)$的对应关系表示为

$$k(R) = \begin{cases} k_{\min}, R < R_{\min} \\ 1 - e^{-a(R+b)}, R_{\min} \leqslant R \leqslant R_{\max} \\ k_{\max}, R_{\max} < R \end{cases} \tag{5-7}$$

式(5-7)中，a和b的取值分别为

$$a = \frac{\ln\frac{1-k_{\min}}{1-k_{\max}}}{1 - \log\frac{1-k_{\min}}{1-k_{\max}}}, b = \frac{R_{\max}\log\frac{1-k_{\min}}{1-k_{\max}} - R_{\min}}{1 - \log\frac{1-k_{\min}}{1-k_{\max}}} \tag{5-8}$$

道路曲率半径大于$R_{\max}$时，前视距离取$k_{\max}v + L_f$；曲率半径小于$R_{\min}$时，前视距离取$k_{\min}v + L_f$；半径为$[R_{\min}, R_{\max}]$时，前视距离介于$k_{\min}$和$k_{\max}$之间，随R减小而减小。图5-4所示为曲率半径与前视距离系数关系。

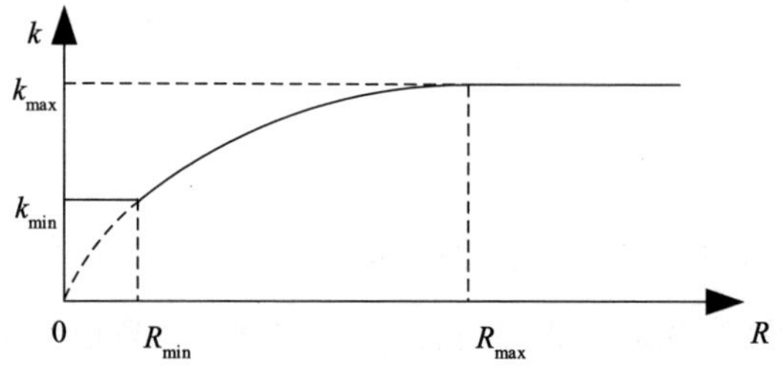

图5-4　前视距离系数与曲率半径关系曲线

(2) 模糊反馈控制。

为了加快消除位置误差,采用了模糊反馈控制,实现车辆对位置的跟踪。根据位置误差和航向误差,设计模糊控制规则,输出前轮偏角的反馈控制量。

横向距离偏差、航向角偏差、前轮偏角均分为7个模糊集合[NB, NM, NS, Z, PS, PM, PB],距离偏差取[−0.5 m, 0.5 m],航向偏差取[−0.3 rad, 0.3 rad],前轮偏角取[−0.2 rad, 0.2 rad]。如图5-5所示,以曲线左侧横向偏差为正,右侧为负;航向偏差逆时针为正,顺时针为负。考虑横向距离偏差和航向偏差不同情况下的重要性,构建前轮偏角输出模糊规则,如表5-1所示。

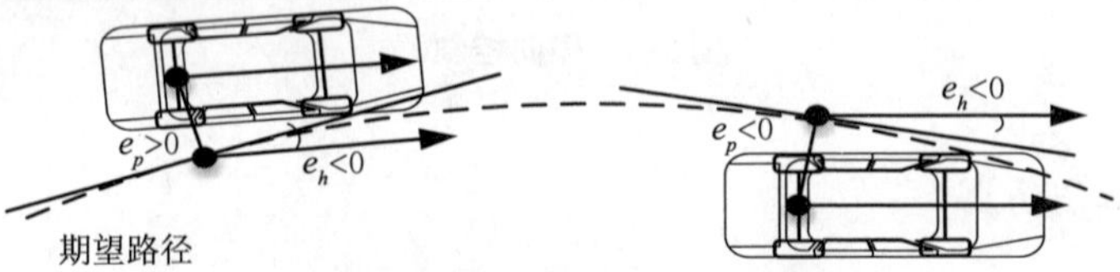

图5-5　横向位置偏差与航向偏差

表5-1　模糊控制规则表

e_h	e_p						
	NB	NM	NS	Z	PS	PM	PB
NB	PB	PB	PB	PM	PM	PS	Z
NM	PB	PB	PM	PM	PS	Z	NS
NS	PB	PB	PM	PS	Z	NS	NM
Z	PB	PM	PS	Z	NS	NM	NB
PS	PM	PS	Z	NS	NM	NB	NB
PM	PS	Z	NS	NM	NM	NB	NB
PB	Z	NS	NM	NM	NB	NB	NB

(3) 路径跟踪控制器设计。

基于以上分析,设计基于改进纯追踪的横向控制器,包含前馈控制部分和反馈控制部分,如图5-6所示。期望路径由自动驾驶规划模块提供,包含一系列离散点。控制器前馈控制部分基于改进纯追踪算法,根据输入的期望路径计算道路曲率半径,结合车辆速度,计算前视距离,根据纯追踪模型计算前馈控制量;反馈控制部分基于模糊控制，根据位置误差和航向误差，计算反馈控制量。最后，将前轮偏角控制量作用于车辆，实现车辆控制。

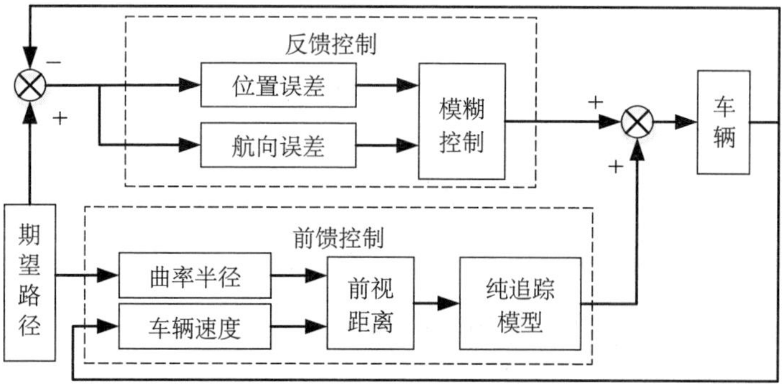

图5–6　横向控制器

5.2.3 算法仿真

(1) 直线跟踪仿真。

设定目标路径为直线，初始位置偏离目标路径1 m，航向与目标路径一致。测试低速和高速状态下路径跟踪性能，设置仿真车辆轴距为2.67 m，速度分别为20 km/h和60 km/h。仿真结果如图5–7、图5–8所示。

由仿真结果可知，在偏离车道1 m的初始条件下，4种方法均能控制车辆调整前轮偏角，使车辆返回到目标路径上，稳定时的横向误差在较小范围内。传统的纯追踪算法调整时间较长，而改进后的纯追踪算法能使车辆快速调整到目标路径。

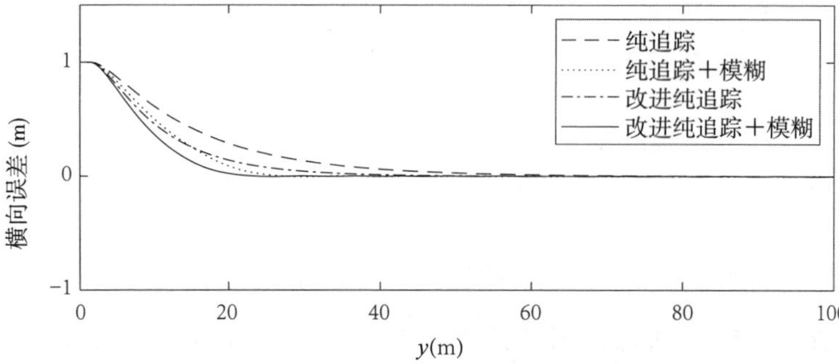

图5–7　直线跟踪仿真(车速20 km/h)

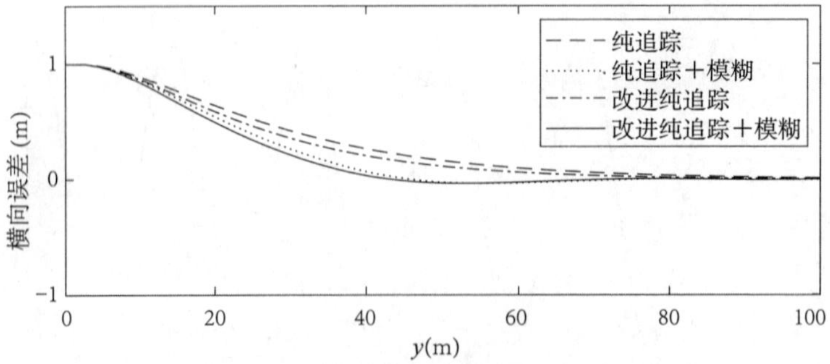

图5-8　直线跟踪仿真(车速60km/h)

(2)曲线跟踪仿真。

为了模拟弯道场景,将目标路径设定为连续变化的曲线$x_1=3.5\sin(y/20)$,$x_2=3.5\sin(y/3)$。对于x_1曲线,设定车辆行驶速度为40km/h;对于x_2曲线,设定车辆行驶速度为15km/h。仿真结果如图5-9、图5-10所示。

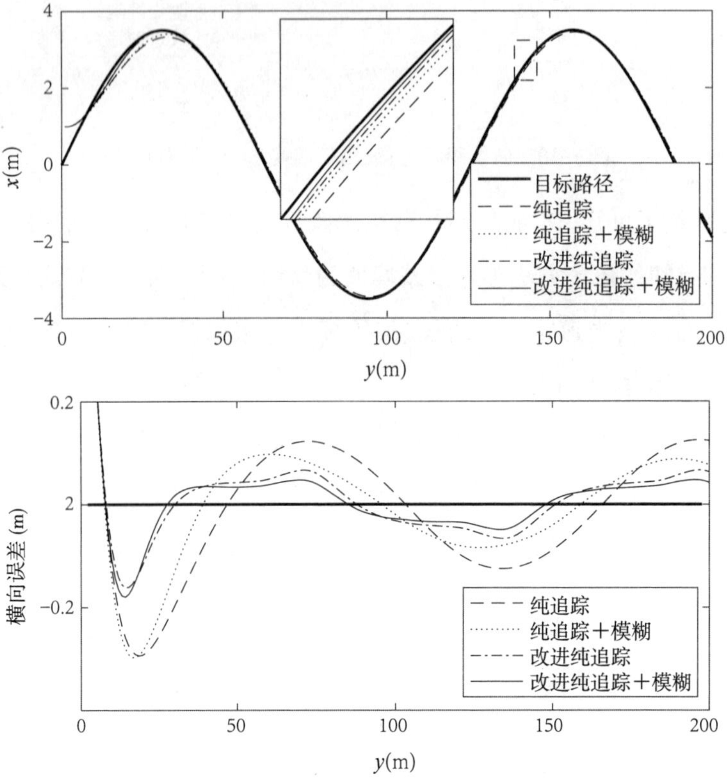

图5-9　曲线跟踪仿真(目标路径x_1=3.5sin(y/20))

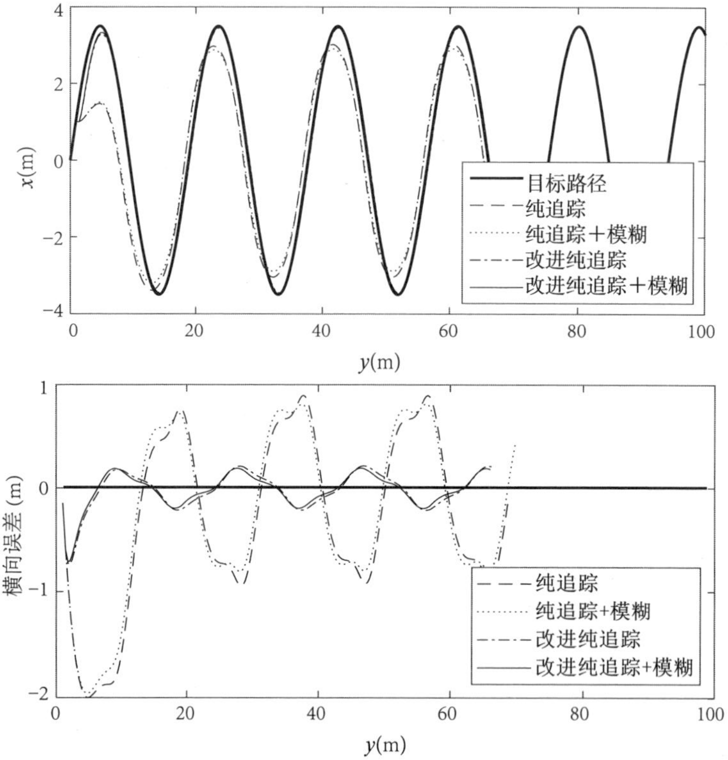

图5-10　曲线跟踪仿真(目标路径x_2=3.5sin(y/3))

由仿真结果可知,在弯道场景下,采用改进方法能够明显改善跟踪精度。当道路为x_1曲线时,传统方法跟踪误差峰值为0.1 m以上,而改进方法跟踪误差峰值在0.05 m以内;当道路为x_2曲线时,传统方法跟踪误差峰值达到0.8 m,而改进方法误差峰值在0.3 m以内。

由此可见,采用改进后的纯追踪算法,跟踪精度有显著提高,横向偏差峰值最大降低50%;在急弯场景时,改进算法的性能优势更为明显;而在直道行驶时,传统方法和改进方法均能保持较高的跟踪精度。

5.3 基于模型预测控制的路径跟踪控制方法

模型预测控制MPC是基于多点预瞄的思想,可以根据历史信息预测未来运动状态，基于最优化方法思想，建立目标函数和约束条件，将路径跟踪问题转化为最优化问题，通过求解最优化问题的解，获得最优控制量。MPC相比于纯追踪算法具有控制精度高的特点。

5.3.1 车辆运动学模型线性化

车辆运动学模型是在几何学的角度下对车辆的运动进行研究分析，考虑车辆的空间位置、速度等信息随时间的变化[8]。对于前轮转向车辆，以后轴中心作为车辆参考点，忽略侧向力的作用，只考虑车辆在水平面的运动，如图5-11所示。

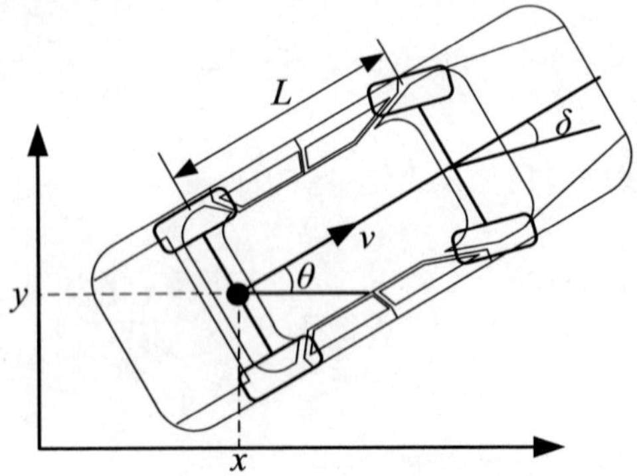

图5-11　车辆运动学模型

基于阿克曼转向机构的车辆运动学模型表示为

$$\begin{cases} x' = v\cos\theta \\ y' = v\sin\theta \\ \theta' = v\tan(\delta)/L \end{cases} \tag{5-9}$$

式(5-9)中，θ为车辆航向角，δ为等效前轮转向角度，v为车辆纵向速度，L为车辆轴距，x,y分别为车辆后轴中心的横纵坐标。

令状态量$\boldsymbol{X}=[x,\ y,\ \theta]^{\mathrm{T}}$，控制量$\boldsymbol{U}=[v,\ \delta]^{\mathrm{T}}$。运动学模型是典型的非线性模型，可表示为

$$\begin{cases} \boldsymbol{X}'(t) = f(\boldsymbol{X}(t), \boldsymbol{U}(t)) \\ \boldsymbol{Y}(t) = \boldsymbol{C}\boldsymbol{X}(t) \end{cases} \tag{5-10}$$

现在考虑参考输入,对于每一个参考点(x_r, y_r, θ_r),总存在理论上的控制输入$\boldsymbol{U}_r=[v_r, \delta_r]^{\mathrm{T}}$,使得自动驾驶车辆按此控制量执行,将会准确跟踪参考路径点。对于这样的参考点和参考控制量,同样是满足上述非线性关系,即

$$\begin{cases}\boldsymbol{X}_r'(t)=f(\boldsymbol{X}_r(t),\boldsymbol{U}_r(t))\\ \boldsymbol{Y}_r(t)=\boldsymbol{C}\boldsymbol{X}_r(t)\end{cases} \tag{5-11}$$

基于以上原则,在任意的参考点处作一阶泰勒展开,并忽略高阶项,得到:

$$f(\boldsymbol{X},\boldsymbol{U})=f(\boldsymbol{X}_r,\boldsymbol{U}_r)+\left.\frac{\partial f(\boldsymbol{X},\boldsymbol{U})}{\partial \boldsymbol{X}}\right|_{\substack{\boldsymbol{X}=\boldsymbol{X}_r\\ \boldsymbol{U}=\boldsymbol{U}_r}}(\boldsymbol{X}-\boldsymbol{X}_r)+\left.\frac{\partial f(\boldsymbol{X},\boldsymbol{U})}{\partial \boldsymbol{U}}\right|_{\substack{\boldsymbol{X}=\boldsymbol{X}_r\\ \boldsymbol{U}=\boldsymbol{U}_r}}(\boldsymbol{U}-\boldsymbol{U}_r) \tag{5-12}$$

将式(5–10)和式(5–11)代入式(5–12)中得

$$\dot{\boldsymbol{X}}-\dot{\boldsymbol{X}}_r=\left.\frac{\partial f(\boldsymbol{X},\boldsymbol{U})}{\partial \boldsymbol{X}}\right|_{\substack{\boldsymbol{X}=\boldsymbol{X}_r\\ \boldsymbol{U}=\boldsymbol{U}_r}}(\boldsymbol{X}-\boldsymbol{X}_r)+\left.\frac{\partial f(\boldsymbol{X},\boldsymbol{U})}{\partial \boldsymbol{U}}\right|_{\substack{\boldsymbol{X}=\boldsymbol{X}_r\\ \boldsymbol{U}=\boldsymbol{U}_r}}(\boldsymbol{U}-\boldsymbol{U}_r) \tag{5-13}$$

相应的可以得到如下线性模型:

$$\dot{\tilde{\boldsymbol{X}}}(t)=\boldsymbol{A}(t)\tilde{\boldsymbol{X}}(t)+\boldsymbol{B}(t)\tilde{\boldsymbol{U}}(t) \tag{5-14}$$

$$\boldsymbol{A}(t)=\begin{bmatrix}0 & 0 & -v_r\sin\theta_r\\ 0 & 0 & v_r\cos\theta_r\\ 0 & 0 & 0\end{bmatrix},\boldsymbol{B}(t)=\begin{bmatrix}\cos\theta_r & 0\\ \sin\theta_r & 0\\ (\tan\delta_r)/L & v_r/(L\cos^2\delta_r)\end{bmatrix} \tag{5-15}$$

$$\begin{aligned}\dot{\tilde{\boldsymbol{X}}}(t)&=\dot{\boldsymbol{X}}(t)-\dot{\boldsymbol{X}}_r(t)\\ \tilde{\boldsymbol{X}}(t)&=\boldsymbol{X}(t)-\boldsymbol{X}_r(t)\\ \tilde{\boldsymbol{U}}(t)&=\boldsymbol{U}(t)-\boldsymbol{U}_r(t)\end{aligned} \tag{5-16}$$

进一步地对式(5–14)和式(5–15)中的线性连续状态方程进行离散化处理,得到离散的线性模型:

$$\tilde{\boldsymbol{X}}(k+1)=\boldsymbol{A}(k)\tilde{\boldsymbol{X}}(k)+\boldsymbol{B}(k)\tilde{\boldsymbol{U}}(k) \tag{5-17}$$

$$\tilde{\boldsymbol{X}}(k)=\boldsymbol{X}(k)-\boldsymbol{X}_r(k),\tilde{\boldsymbol{U}}(k)=\boldsymbol{U}(k)-\boldsymbol{U}_r(k) \tag{5-18}$$

$$\boldsymbol{A}(k)=\begin{bmatrix}1 & 0 & -Tv_r(k)\sin\theta_r(k)\\ 0 & 1 & Tv_r(k)\cos\theta_r(k)\\ 0 & 0 & 1\end{bmatrix},\boldsymbol{B}(k)=\begin{bmatrix}T\cos\theta_r(k) & 0\\ T\sin\theta_r(k) & 0\\ \big(T\tan\delta_r(k)\big)/L & Tv_r(k)/\big(L\cos^2\delta_r(k)\big)\end{bmatrix} \tag{5-19}$$

其中,T为采样周期。

对于上述的线性离散状态方程,反映的是实际的状态量、控制量与参考状态量、控制量的误差的变化过程,即误差状态方程,其中$\boldsymbol{A}(k)$,$\boldsymbol{B}(k)$均为时变形式,即该误差状态方程属于线性时变系统。

进一步地,将状态误差和控制量误差组合,建立新的误差状态量:

$$\bar{\boldsymbol{X}}(k)=\begin{bmatrix}\tilde{\boldsymbol{X}}(k)\\ \tilde{\boldsymbol{U}}(k-1)\end{bmatrix},\Delta\bar{\boldsymbol{U}}(k)=\tilde{\boldsymbol{U}}(k)-\tilde{\boldsymbol{U}}(k-1) \tag{5-20}$$

由此得到新的状态方程:

$$\bar{\boldsymbol{X}}(k+1)=\bar{\boldsymbol{A}}(k)\bar{\boldsymbol{X}}(k)+\bar{\boldsymbol{B}}(k)\Delta\bar{\boldsymbol{U}}(k) \tag{5-21}$$

其中,

$$\bar{A}(k)=\begin{bmatrix}\boldsymbol{A}(k) & \boldsymbol{B}(k)\\ 0 & I\end{bmatrix},\bar{\boldsymbol{B}}(k)=\begin{bmatrix}\boldsymbol{B}(k)\\ I\end{bmatrix} \tag{5-22}$$

因此,控制变量由原来的误差变量$\tilde{\boldsymbol{U}}=\boldsymbol{U}-\boldsymbol{U}_r$变为控制量误差增量:

$$\Delta\bar{\boldsymbol{U}}=\tilde{\boldsymbol{U}}(k)-\tilde{\boldsymbol{U}}(k-1)=\big(\boldsymbol{U}(k)-\boldsymbol{U}_r(k)\big)-\big(\boldsymbol{U}(k-1)-\boldsymbol{U}_r(k-1)\big) \tag{5-23}$$

预测输出$\boldsymbol{Y}(x, y, \theta)$与参考轨迹$\boldsymbol{Y}_r(x_r, y_r, \theta_r)$的误差将被作为重要的优化指标,因此设计输出方程为

$$Y(k)=\bar{C}\bar{X}(k) \tag{5-24}$$

$$\bar{C}=[I_{3\times3}\quad 0] \tag{5-25}$$

综上所述,线性时变离散状态空间表达式为

$$\begin{cases}\bar{X}(k+1)=\bar{A}(k)\bar{X}(k)+\bar{B}(k)\Delta\bar{U}(k)\\ Y(k)=\bar{C}\bar{X}(k)\end{cases} \tag{5-26}$$

5.3.2 预测时域内预测输出

根据线性时变离散状态空间方程,进一步推导预测方程,用于预测未来的状态量及输出量。在一些文献中,将该线性时变模型做线性时不变模型来处,简化了计算过程。

简化的线性时不变状态空间方程为

$$\begin{cases}\bar{X}(k+1)=\bar{A}\bar{X}(k)+\bar{B}\Delta\bar{U}(k)\\ Y(k)=\bar{C}\bar{X}(k)\end{cases} \tag{5-27}$$

设预测时域为N_p,控制时域为N_c。给定N_c个控制量$[U(k),\ U(k+1),\ U(k+2),\ \cdots,\ U(k+N_c-1)]^T$,根据状态方程,可以推测如下的未来$N_p$个时域内的状态量。

$$\begin{cases}\bar{X}(k+1)=\bar{A}\bar{X}(k)+\bar{B}\Delta\bar{U}(k)\\ \bar{X}(k+2)=\bar{A}^2\bar{X}(k)+\bar{A}\bar{B}\Delta\bar{U}(k)+\bar{B}\Delta\bar{U}(k+1)\\ \bar{X}(k+3)=\bar{A}^3\bar{X}(k)+\bar{A}^2\bar{B}\Delta\bar{U}(k)+\bar{A}\bar{B}\Delta\bar{U}(k+1)+\bar{B}\Delta\bar{U}(k+2)\\ \vdots\end{cases} \tag{5-28}$$

同理,根据输出方程,可以推测未来N_p个时域内的输出量:

$$\begin{cases}\bar{Y}(k+1)=\bar{C}\bar{A}\bar{X}(k)+\bar{C}\bar{B}\Delta\bar{U}(k)\\ \bar{Y}(k+2)=\bar{C}\bar{A}^2\bar{X}(k)+\bar{C}\bar{A}\bar{B}\Delta\bar{U}(k)+\bar{C}\bar{B}\Delta\bar{U}(k+1)\\ \bar{Y}(k+3)=\bar{C}\bar{A}^3\bar{X}(k)+\bar{C}\bar{A}^2\bar{B}\Delta\bar{U}(k)+\bar{C}\bar{A}\bar{B}\Delta\bar{U}(k+1)+\bar{C}\bar{B}\Delta\bar{U}(k+2)\\ \vdots\end{cases} \tag{5-29}$$

将上式表示为矩阵形式为:

$$\overbrace{\begin{bmatrix}\bar{Y}(k+1)\\ \bar{Y}(k+2)\\ \vdots \\ \bar{Y}(k+N_c)\\ \vdots \\ \bar{Y}(k+N_p)\end{bmatrix}}^{\bar{Y}}=\overbrace{\begin{bmatrix}\bar{C}\bar{A}\\ \bar{C}\bar{A}^2\\ \vdots \\ \bar{C}\bar{A}^{N_c}\\ \vdots \\ \bar{C}\bar{A}^{N_p}\end{bmatrix}}^{\tilde{A}}\bar{X}(k)+\overbrace{\begin{bmatrix}\bar{C}\bar{B} & 0 & \cdots & 0\\ \bar{C}\bar{A}\bar{B} & \bar{C}\bar{B} & \cdots & \vdots \\ \vdots & \vdots & \ddots & \vdots \\ \bar{C}\bar{A}^{N_c-1}\bar{B} & \bar{C}\bar{A}^{N_c-2}\bar{B} & \cdots & \bar{C}\bar{B}\\ \vdots & \vdots & \vdots & \vdots \\ \bar{C}\bar{A}^{N_p-1}\bar{B} & \bar{C}\bar{A}^{N_p-2}\bar{B} & \cdots & \bar{C}\bar{A}^{N_p-N_c}\bar{B}\end{bmatrix}}^{\tilde{B}}\overbrace{\begin{bmatrix}\Delta\bar{U}(k)\\ \Delta\bar{U}(k+1)\\ \vdots \\ \Delta\bar{U}(k+N_c-1)\end{bmatrix}}^{\Delta\bar{U}} \tag{5-30}$$

将上式简记作

$$\bar{Y}=\tilde{A}\bar{X}(k)+\tilde{B}\Delta\bar{U} \tag{5-31}$$

5.3.3 路径跟踪的最优化问题

以上处理均是为了建立最优化问题。假定控制量已知,利用状态方程预测出了未来的状态量及输出量,然后通过建立目标函数和约束条件,对初始的控制量进行优化,最终求得最优控制序列。

(1) 路径跟踪控制的目标函数。

对于一般的最优化问题,首先根据实际问题建立目标函数。轨迹跟踪问题有如下的性能指标:①为了准确跟踪参考输入轨迹,需要保证预测输出与参考轨迹之间的误差尽量小;②为了保证车辆行驶的舒适性,期望控制量的变化尽量小。为此,设计了如下目标函数:

$$J=\sum_{i=1}^{N_p}\left\| y(k+i)-y_r(k+i)\right\|_{\boldsymbol{Q}}^2+\sum_{i=1}^{N_c}\left\|\left(\boldsymbol{U}(k+i)-\boldsymbol{U}(k+i-1)\right)\right\|_{\boldsymbol{R}}^2+\rho\varepsilon^2 \tag{5-32}$$

其中,第一项表示了预测输出与参考轨迹的误差,车辆的实际位姿尽量靠近参考路径点,以实现跟踪的目的,$\boldsymbol{Q}$为加权矩阵,可取对角矩阵;第二项表示了控制量变化幅度的指标,控制量变化率尽量小,以保证跟踪的流畅性,$\boldsymbol{R}$为加权矩阵,可取对角矩阵;第三项是增加的松弛因子,保证目标函数有可行解。

目标函数中包含多个变量，希望能够将变量统一为优化控制量误差增量$\Delta\bar{U}$，因此需要做相应的变换。首先对于第一项，可以根据预测方程，将该项表示为$\Delta\bar{U}$的表达式。

$$\begin{aligned}J_1&=\sum_{i=1}^{N_p}\left\|\left(y(k+i)-y_r(k+i)\right)\right\|_Q^2\Rightarrow\bar{\boldsymbol{Y}}^{\mathrm{T}}\boldsymbol{Q}\bar{\boldsymbol{Y}}\\&=(\tilde{A}\bar{\boldsymbol{X}}(k)+\tilde{B}\Delta\bar{U})^{\mathrm{T}}\boldsymbol{Q}\left(\tilde{A}\bar{\boldsymbol{X}}(k)+\tilde{B}\Delta\bar{U}\right)\\&=\bar{\boldsymbol{X}}(k)^{\mathrm{T}}\tilde{\boldsymbol{A}}^{\mathrm{T}}\boldsymbol{Q}\tilde{\boldsymbol{A}}\bar{\boldsymbol{X}}(k)+\Delta\bar{\boldsymbol{U}}^{\mathrm{T}}\tilde{\boldsymbol{B}}^{\mathrm{T}}\boldsymbol{Q}\tilde{\boldsymbol{A}}\bar{\boldsymbol{X}}(k)+\bar{\boldsymbol{X}}(k)^{\mathrm{T}}\tilde{\boldsymbol{A}}^{\mathrm{T}}\boldsymbol{Q}\tilde{\boldsymbol{B}}\Delta\bar{\boldsymbol{U}}+\Delta\bar{\boldsymbol{U}}^{\mathrm{T}}\tilde{\boldsymbol{B}}^{\mathrm{T}}\boldsymbol{Q}\tilde{\boldsymbol{B}}\Delta\bar{\boldsymbol{U}}\\&=2\bar{\boldsymbol{X}}(k)^{\mathrm{T}}\tilde{\boldsymbol{A}}^{\mathrm{T}}\boldsymbol{Q}\tilde{\boldsymbol{B}}\Delta\bar{\boldsymbol{U}}+\Delta\bar{\boldsymbol{U}}^{\mathrm{T}}\tilde{\boldsymbol{B}}^{\mathrm{T}}\boldsymbol{Q}\tilde{\boldsymbol{B}}\Delta\bar{\boldsymbol{U}}\end{aligned}\tag{5-33}$$

上式中，由于$\bar{\boldsymbol{X}}(k)$，$\tilde{\boldsymbol{A}}$，$\tilde{\boldsymbol{B}}$均为已知，因此对于目标函数J_1中与$\Delta\bar{U}$无关项可以忽略。

对于第二项，可以通过变换，将该项表示为如下的关于$\Delta\bar{U}$的表达式。同理，对于目标函数J_2中与$\Delta\bar{U}$无关项可以忽略，同时，考虑到每个控制周期内的参考控制量变化不大，近似认为$\Delta U_r(k)=0$。

$$\begin{aligned}J_2&=\sum_{i=1}^{N_c}\left\|\left(\boldsymbol{U}(k+i)-\boldsymbol{U}(k+i-1)\right)\right\|_R^2=\sum_{i=1}^{N_c}\left\|\left(\Delta\boldsymbol{U}(k+i)-\boldsymbol{U}(k+i-1)\right)\right\|_R^2\\&=\sum_{i=1}^{N_c}\left\|\Delta\bar{\boldsymbol{U}}(k)+\boldsymbol{U}_r(k)-\boldsymbol{U}_r(k-1)\right\|_R^2=\sum_{i=1}^{N_c}\left\|\Delta\bar{\boldsymbol{U}}(k)+\Delta\boldsymbol{U}_r(k)\right\|_R^2\\&=\left(\Delta\bar{\boldsymbol{U}}+\Delta\boldsymbol{U}_r\right)^{\mathrm{T}}R\left(\Delta\bar{\boldsymbol{U}}+\Delta\boldsymbol{U}_r\right)\\&=\Delta\bar{\boldsymbol{U}}^{\mathrm{T}}R\Delta\bar{\boldsymbol{U}}+2\Delta\boldsymbol{U}_r{}^{\mathrm{T}}\Delta\boldsymbol{U}_r\Delta\bar{\boldsymbol{U}}\end{aligned}\tag{5-34}$$

其中，$\Delta\boldsymbol{U}_r=[\,\boldsymbol{U}_r(k)-\boldsymbol{U}_r(k-1),\ \boldsymbol{U}_r(k+1)-\boldsymbol{U}_r(k),\ \cdots,\ \boldsymbol{U}_r(k+N_c-1)-\boldsymbol{U}_r(k+N_c-2)\,]^{\mathrm{T}}$。

综上，目标函数可以表示为

$$\begin{aligned}J&=2\bar{\boldsymbol{X}}(k)^{\mathrm{T}}\tilde{\boldsymbol{A}}^{\mathrm{T}}\boldsymbol{Q}\tilde{\boldsymbol{B}}\Delta\bar{\boldsymbol{U}}+\Delta\bar{\boldsymbol{U}}^{\mathrm{T}}\tilde{\boldsymbol{B}}^{\mathrm{T}}\boldsymbol{Q}\tilde{\boldsymbol{B}}\Delta\bar{\boldsymbol{U}}+\Delta\bar{\boldsymbol{U}}^{\mathrm{T}}\boldsymbol{R}\Delta\bar{\boldsymbol{U}}+2\Delta\boldsymbol{U}_r{}^{\mathrm{T}}\boldsymbol{U}_r\Delta\bar{\boldsymbol{U}}\\&=\Delta\bar{\boldsymbol{U}}^{\mathrm{T}}(\tilde{\boldsymbol{B}}^{\mathrm{T}}\boldsymbol{Q}\tilde{\boldsymbol{B}}+\boldsymbol{R})\Delta\bar{\boldsymbol{U}}+2\left(\bar{\boldsymbol{X}}(k)^{\mathrm{T}}\tilde{\boldsymbol{A}}^{\mathrm{T}}\boldsymbol{Q}\tilde{\boldsymbol{B}}+\Delta\boldsymbol{U}_r{}^{\mathrm{T}}\Delta\boldsymbol{U}_r\right)\Delta\bar{\boldsymbol{U}}+\rho\varepsilon^2\end{aligned}\tag{5-35}$$

转换为标准形式为

$$J=\frac{1}{2}\boldsymbol{X}^{\mathrm{T}}\boldsymbol{P}\boldsymbol{X}+\boldsymbol{C}^{\mathrm{T}}\boldsymbol{X} \tag{5-36}$$

其中，

$$\boldsymbol{X}=\begin{bmatrix}\Delta\bar{U}\\ \varepsilon\end{bmatrix}=\left[\Delta\bar{U}(k),\Delta\bar{U}(k+1),\cdots,\Delta\bar{U}(k+\boldsymbol{N}_c-1),\varepsilon\right]^{\mathrm{T}} \tag{5-37}$$

$$\frac{1}{2}\boldsymbol{P}=\begin{bmatrix}\tilde{B}^{\mathrm{T}}\boldsymbol{Q}\tilde{B}+\boldsymbol{R} & 0\\ 0 & \rho\end{bmatrix} \tag{5-38}$$

$$\boldsymbol{C}^{\mathrm{T}}=\left[\left(2\bar{X}(k)^{\mathrm{T}}\tilde{A}^{\mathrm{T}}\boldsymbol{Q}\tilde{B}+2\Delta U_r{}^{\mathrm{T}}\Delta U_r\right)\quad 0\right] \tag{5-39}$$

(2) 约束条件。

进一步地，对路径跟踪来说，控制量有一定的限制，需要设计合理的约束条件。对于原问题，约束条件为

$$\boldsymbol{u}_{\min}\leqslant\boldsymbol{u}(k)\leqslant\boldsymbol{u}_{\max} \tag{5-40}$$

$$\Delta\boldsymbol{u}_{\min}\leqslant\Delta\boldsymbol{u}(k)\leqslant\Delta\boldsymbol{u}_{\max} \tag{5-41}$$

相关资料对约束条件做了一些近似处理，以减少计算量。认为理论的参考控制量$\delta_r=0$，这样考虑的依据是：一方面，期望状态都是不用转向或尽量少转向，就能够跟踪参考路径；另一方面，取$\delta_r=0$，就能够使得优化的前轮偏角尽可能接近0，使得车辆少转向。若不做这样的近似处理，也可以通过给定的参考路径点，逐点求得参考位姿和近似的参考前轮偏角。

对于约束条件$\boldsymbol{u}_{\min}\leqslant\boldsymbol{u}(k)\leqslant\boldsymbol{u}_{\max}$，可以通过如下变换，表示为$\Delta\bar{U}$的约束条件。

$$\begin{cases}\Delta\bar{U}(k)=\tilde{U}(k)-\tilde{U}(k-1)\\ \Delta\bar{U}(k+1)=\tilde{U}(k+1)-\tilde{U}(k)\\ \Delta\bar{U}(k+2)=\tilde{U}(k+2)-\tilde{U}(k+1)\\ \cdots\end{cases}\Rightarrow$$

$$\begin{cases}\Delta\bar{U}(k)=\tilde{U}(k)-\tilde{U}(k-1)\\ \Delta\bar{U}(k)+\Delta\bar{U}(k+1)=\tilde{U}(k+1)-\tilde{U}(k-1)\\ \Delta\bar{U}(k)+\Delta\bar{U}(k+1)+\Delta\bar{U}(k+2)=\tilde{U}(k+2)-\tilde{U}(k-1)\\ \cdots\end{cases} \tag{5-42}$$

$$\Rightarrow \overbrace{\begin{bmatrix} \boldsymbol{I} & 0 & 0 & 0 \\ \boldsymbol{I} & \boldsymbol{I} & \cdots & \cdots \\ \vdots & \vdots & \ddots & \vdots \\ \boldsymbol{I} & \boldsymbol{I} & \boldsymbol{I} & \boldsymbol{I} \end{bmatrix}}^{\bar{I}_1} \overbrace{\begin{bmatrix} \Delta\bar{\boldsymbol{U}}(k) \\ \Delta\bar{\boldsymbol{U}}(k+1) \\ \vdots \\ \Delta\bar{\boldsymbol{U}}(k+N_c-1) \end{bmatrix}}^{\Delta\bar{U}} = \begin{bmatrix} \boldsymbol{U}(k)-\boldsymbol{U}_r(k)-\tilde{\boldsymbol{U}}(k-1) \\ \boldsymbol{U}(k+1)-\boldsymbol{U}_r(k+1)-\tilde{\boldsymbol{U}}(k-1) \\ \vdots \\ \boldsymbol{U}(k+N_c-1)-\boldsymbol{U}_r(k+N_c-1)-\tilde{\boldsymbol{U}}(k-1) \end{bmatrix} \tag{5-43}$$

$$\Rightarrow \overbrace{\begin{bmatrix} \boldsymbol{u}_{\min}-\boldsymbol{U}_r(k)-\tilde{\boldsymbol{U}}(k-1) \\ \boldsymbol{u}_{\min}-\boldsymbol{U}_r(k+1)-\tilde{\boldsymbol{U}}(k-1) \\ \vdots \\ \boldsymbol{u}_{\min}-\boldsymbol{U}_r(k+N_c-1)-\tilde{\boldsymbol{U}}(k-1) \end{bmatrix}}^{U_{\min}} \leqslant \bar{\boldsymbol{I}}_1\Delta\bar{\boldsymbol{U}} \leqslant \overbrace{\begin{bmatrix} \boldsymbol{u}_{\max}-\boldsymbol{U}_r(k)-\tilde{\boldsymbol{U}}(k-1) \\ \boldsymbol{u}_{\max}-\boldsymbol{U}_r(k+1)-\tilde{\boldsymbol{U}}(k-1) \\ \vdots \\ \boldsymbol{u}_{\max}-\boldsymbol{U}_r(k+N_c-1)-\tilde{\boldsymbol{U}}(k-1) \end{bmatrix}}^{U_{\max}} \tag{5-44}$$

$$\Rightarrow \begin{bmatrix} \bar{\boldsymbol{I}}_1 \\ -\bar{\boldsymbol{I}}_1 \end{bmatrix} \Delta\bar{\boldsymbol{U}} \leqslant \begin{bmatrix} \boldsymbol{U}_{\max} \\ \boldsymbol{U}_{\min} \end{bmatrix} \tag{5-45}$$

对于约束条件$\Delta\boldsymbol{u}_{\min}\leqslant\Delta\boldsymbol{u}(k)\leqslant\Delta\boldsymbol{u}_{\max}$，可以通过如下变换，表示为$\Delta\bar{U}$的约束条件。

$$\Delta\bar{\boldsymbol{U}}(k)=\big(\boldsymbol{U}(k)-\boldsymbol{U}_r(k)\big)-\big(\boldsymbol{U}(k-1)+\boldsymbol{U}_r(k-1)\big)=\Delta\boldsymbol{U}(k)-\big(\boldsymbol{U}_r(k)-\boldsymbol{U}_r(k-1)\big)$$

$$\Rightarrow \begin{cases} \Delta\bar{\boldsymbol{U}}(k)=\Delta\boldsymbol{U}(k)-\big(\boldsymbol{U}_r(k)-\boldsymbol{U}_r(k-1)\big) \\ \Delta\bar{\boldsymbol{U}}(k+1)=\Delta\boldsymbol{U}(k+1)-\big(\boldsymbol{U}_r(k+1)-\boldsymbol{U}_r(k)\big) \\ \qquad\vdots \\ \Delta\bar{\boldsymbol{U}}(k+N_c-1)=\Delta\boldsymbol{U}(k+N_c-1)-\big(\boldsymbol{U}_r(k+N_c-1)-\boldsymbol{U}_r(N_c-2)\big) \end{cases} \tag{5-46}$$

$$\Rightarrow \overbrace{\begin{bmatrix} \boldsymbol{I} & 0 & \cdots & 0 \\ 0 & \boldsymbol{I} & \cdots & \vdots \\ \vdots & \vdots & \ddots & \vdots \\ 0 & 0 & \cdots & \boldsymbol{I} \end{bmatrix}}^{\bar{I}_2} \overbrace{\begin{bmatrix} \Delta\bar{\boldsymbol{U}}(k) \\ \Delta\bar{\boldsymbol{U}}(k+1) \\ \vdots \\ \Delta\bar{\boldsymbol{U}}(k+N_c-1) \end{bmatrix}}^{\Delta\bar{U}} = \begin{bmatrix} \Delta\boldsymbol{U}(k)-\big(\boldsymbol{U}_r(k)-\boldsymbol{U}_r(k-1)\big) \\ \Delta\boldsymbol{U}(k+1)-\big(\boldsymbol{U}_r(k+1)-\boldsymbol{U}_r(k)\big) \\ \vdots \\ \Delta\boldsymbol{U}(k+N_c-1)-\big(\boldsymbol{U}_r(k+N_c-1)-\boldsymbol{U}_r(k+N_c-2)\big) \end{bmatrix} \tag{5-47}$$

$$\Rightarrow \overbrace{\begin{bmatrix} \Delta \boldsymbol{u}_{\min} - (\boldsymbol{U}_r(k) - \boldsymbol{U}_r(k-1)) \\ \Delta \boldsymbol{u}_{\min} - (\boldsymbol{U}_r(k+1) - \boldsymbol{U}_r(k)) \\ \vdots \\ \Delta \boldsymbol{u}_{\min} - (\boldsymbol{U}_r(k+N_c-1) - \boldsymbol{U}_r(N_c-2)) \end{bmatrix}}^{\Delta U_{\min}} \leqslant \bar{I}_2 \Delta \bar{U} \leqslant$$

$$\overbrace{\begin{bmatrix} \Delta \boldsymbol{u}_{\max} - (\boldsymbol{U}_r(k) - \boldsymbol{U}_r(k-1)) \\ \Delta \boldsymbol{u}_{\max} - (\boldsymbol{U}_r(k+1) - \boldsymbol{U}_r(k)) \\ \vdots \\ \Delta \boldsymbol{u}_{\max} - (\boldsymbol{U}_r(k+N_c-1) - \boldsymbol{U}_r(k+N_c-2)) \end{bmatrix}}^{\Delta U_{\max}} \tag{5-48}$$

$$\Rightarrow \begin{bmatrix} \bar{I}_2 \\ -\bar{I}_2 \end{bmatrix} \Delta \bar{U} \leqslant \begin{bmatrix} \Delta \boldsymbol{U}_{\max} \\ -\Delta \boldsymbol{U}_{\min} \end{bmatrix} \tag{5-49}$$

因此，最终的约束条件变为

$$\begin{bmatrix} \bar{\boldsymbol{I}}_1 \\ -\bar{\boldsymbol{I}}_1 \\ \bar{\boldsymbol{I}}_2 \\ -\bar{\boldsymbol{I}}_2 \end{bmatrix} \Delta \bar{U} \leqslant \begin{bmatrix} \boldsymbol{U}_{\max} \\ -\boldsymbol{U}_{\min} \\ \Delta \boldsymbol{U}_{\max} \\ -\Delta \boldsymbol{U}_{\min} \end{bmatrix} \tag{5-50}$$

以上将自动驾驶路径跟踪问题转换为了一个标准的最优化问题：

$$\min J = \frac{1}{2} \boldsymbol{X}^{\mathrm{T}} \boldsymbol{P} \boldsymbol{X} + \boldsymbol{C}^{\mathrm{T}} \boldsymbol{X} \tag{5-51}$$

$$\text{s.t.} \begin{bmatrix} \bar{\boldsymbol{I}}_1 & 0 \\ -\bar{\boldsymbol{I}}_1 & 0 \\ \bar{\boldsymbol{I}}_2 & 0 \\ -\bar{\boldsymbol{I}}_2 & 0 \\ 0 & 1 \end{bmatrix} X \leqslant \begin{bmatrix} \boldsymbol{U}_{\max} \\ -\boldsymbol{U}_{\min} \\ \Delta \boldsymbol{U}_{\max} \\ -\Delta \boldsymbol{U}_{\min} \\ \varepsilon_{\max} \end{bmatrix} \tag{5-52}$$

其中，

$$\boldsymbol{X} = \begin{bmatrix} \Delta \bar{U} \\ \varepsilon \end{bmatrix} = [\Delta \bar{U}(k), \Delta \bar{U}(k+1), \cdots, \Delta \bar{U}(k+N_c-1), \varepsilon]^{\mathrm{T}} \tag{5-53}$$

$$P=\begin{bmatrix}\tilde{B}^{\mathrm{T}}Q\tilde{B}+R & 0\\ 0 & \rho\end{bmatrix} \tag{5-54}$$

$$C^{\mathrm{T}}=\left[\left(2\bar{X}(k)^{\mathrm{T}}\tilde{A}^{\mathrm{T}}Q\tilde{B}+2\Delta U_r(k)^{\mathrm{T}}\right)\quad 0\right] \tag{5-55}$$

对于此类最优化问题,可以采用第2章中的二次规划求解方法求得最优解。

5.4 纵向速度控制方法

横向控制能够实现对空间轨迹(路径)的跟踪,为了实现车辆自动的加速/减速控制,需要相应地设计纵向控制方法,以满足自动驾驶中的巡航、跟车、减速停车等场景功能,最终实现对时空轨迹的跟踪。

5.4.1 纵向控制系统结构

目前主要有2种纵向控制形式:直接控制和分层控制。直接式控制根据规划的结果(期望速度、期望加速度)作为输入,直接计算得到油门/制动控制输出;分层式控制则将控制过程分成了2个阶段:在第一阶段根据规划的结果,计算得到中间控制量,一般指加速度/减速度控制量,作为第二阶段的输入量;在第二阶段根据车辆纵向动力学模型,将加速度控制量转换为最终的节气门/制动力控制输出量,发送至执行机构。通常将分层控制的第一阶段称为上层控制,第二阶段称为下层控制。分层式控制方式具有如下特点:

(1) 控制过程直观,可以针对不同阶段分别设定控制目标。

(2) 分阶段控制将控制过程分成多个模块,能够降低控制系统复杂度。

(3) 各个控制模块间相互独立,便于控制器参数调节和控制系统优化调试。

采用分层式控制方式的车辆纵向控制系统如图5-12所示。

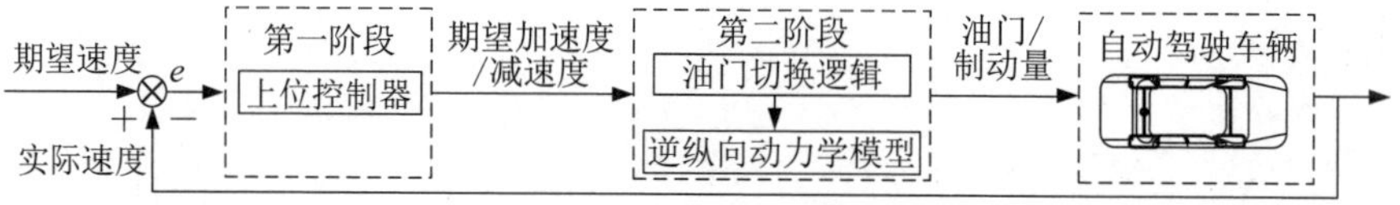

图5-12 纵向控制系统

控制系统的框架包含一个纵向控制器模型和一个逆纵向动力学模型。纵向控制器模型根据参考速度和实际速度计算目标加速度/减速度；逆纵向动力学模型根据目标加速度/减速度计算发动机节气门开度或制动系统制动力，最终由执行机构执行使车辆加速或减速。在第二阶段的下位控制器设计中，通过车辆逆纵向动力学系统模型，以车辆期望加速度a为系统输入，输出期望节气门开度a和期望制动压力p，通过执行机构控制节气门和制动器，实现车辆期望加速度。

5.4.2 纵向PID控制算法流程

纵向控制一般采用增量式PID控制方法，基于期望速度与实际速度的偏差，计算目标加速度。PID控制算法如下：

$$a = k_p(v_d - v) + k_i\int_0^t (v_d - v)\mathrm{d}t + k_d(v_d - v)' \tag{5-56}$$

其中，a表示控制量，即期望的车辆纵向加速度；v_d表示车辆的期望速度，由速度规划给出；v为车辆实际速度；k_p, k_i, k_d分别为PID参数。

自动驾驶车辆在行驶过程中，通过实时速度规划，为控制系统输入规划速度和加速度，控制模块根据当前速度与规划速度比较，采用PID算法计算目标加速度，然后输出至下层控制，计算执行控制量。然而，直接采用PID容易造成车辆在定速行驶过程中出现频繁加减速切换等问题，为此，在PID控制基础上，加入一些逻辑判断，如图5–13所示。

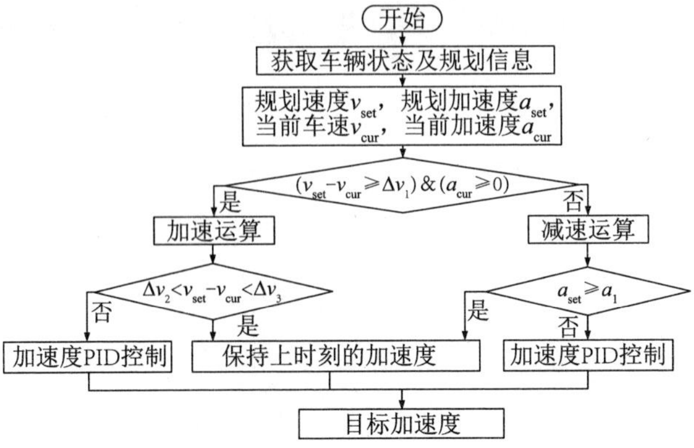

图5–13　纵向控制逻辑流程

5.4.3 基于模型预测控制的速度控制算法

当速度规划的结果为速度曲线时，期望通过速度控制实现对速度曲线的准确跟踪。由于纵向控制涉及速度、加速度等动力学约束，单纯采用PID控制难以满足约束条件。因此，本节考虑采用模型预测控制，对输出期望加速度进行优化。

(1) 车辆纵向动力学模型。

相关文献中，将车辆纵向动力学模型近似表示为一阶惯性系统：

$$a_x' = \frac{1}{\tau}(a_{x\text{des}} - a_x) \tag{5-57}$$

$$a_x = \frac{K_L}{T_L s + 1} a_{x\text{des}} \tag{5-58}$$

其中，a_x为车辆的加速度，$a_{x\text{des}}$为期望的加速度，τ为惯性时间常数，K_L，T_L均为时间常量。上式进行离散化后得到

$$a_x(k+1) = \left(1 - \frac{T}{\tau}\right)a_x(k) + \frac{T}{\tau}a_{x\text{des}}(k) \tag{5-59}$$

根据速度-加速度关系，可以进一步推导自动驾驶车辆在行驶过程中的速度：

$$v(k+1) = v(k) + Ta_x(k) \tag{5-60}$$

以速度v_x和加速度a_x作为状态量，令$\boldsymbol{X} = [v_x,\ a_x]^{\mathrm{T}}$，考虑输出为速度和加速度，令$\boldsymbol{Y} = [v_x,\ a_x]^{\mathrm{T}}$，令控制量$\boldsymbol{u} = a_{x\text{des}}$，则可以建立车辆纵向运动的离散状态空间方程：

$$\boldsymbol{X}(k+1) = \boldsymbol{AX}(k) + \boldsymbol{Bu}(k) \tag{5-61}$$

$$\boldsymbol{Y}(k) = \boldsymbol{CX}(k) \tag{5-62}$$

其中，

$$\boldsymbol{A} = \begin{bmatrix} 1 & T \\ 0 & 1 - \dfrac{T}{\tau} \end{bmatrix}, \boldsymbol{B} = \begin{bmatrix} 0 \\ \dfrac{T}{\tau} \end{bmatrix}, \boldsymbol{C} = \begin{bmatrix} 1 & 0 \\ 0 & 1 \end{bmatrix} \tag{5-63}$$

基于状态空间方程，推广得到预测模型：

$$\overbrace{\begin{bmatrix} Y(k+1|k) \\ \vdots \\ Y(k+N_c|k) \\ \vdots \\ Y(k+N_p|k) \end{bmatrix}}^{Y}=\overbrace{\begin{bmatrix} CA \\ \vdots \\ CA^{N_c} \\ \vdots \\ CA^{N_p} \end{bmatrix}}^{\boldsymbol{\Phi}}\boldsymbol{X}(k)+\overbrace{\begin{bmatrix} CB & 0 & \cdots & 0 \\ CAB & CB & \cdots & 0 \\ \vdots & \vdots & \ddots & \vdots \\ CA^{N_c-1}B & CA^{N_c-2}B & \cdots & CB \\ \vdots & \vdots & \vdots & \vdots \\ CA^{N_p-1}B & CA^{N_p-2}B & \cdots & CA^{N_p-N_c}B \end{bmatrix}}^{\boldsymbol{\Psi}}\overbrace{\begin{bmatrix} \boldsymbol{u}(k|k) \\ \boldsymbol{u}(k+1|k) \\ \vdots \\ \boldsymbol{u}(k+N_c-1|k) \end{bmatrix}}^{U} \tag{5-64}$$

记作

$$\boldsymbol{Y}=\boldsymbol{\Phi X}(k)+\boldsymbol{\Psi U} \tag{5-65}$$

(2) 目标函数与约束方程。

纵向控制的目标是准确跟踪参考速度曲线，首先对这一问题建立目标函数。纵向控制有如下性能指标：①为了准确跟踪参考速度曲线，需要保证预测速度输出与参考速度之间的误差尽量小、预测加速度与参考加速度之间的误差尽量小；②为了保证车辆行驶的舒适性，期望加速度尽量接近于0。为此，设计了如下的目标函数：

$$J=\sum_{i=1}^{N_p}\left\|\left(y(k+1)-\boldsymbol{y}_r(k+1)\right)\right\|_Q^2+\sum_{i=1}^{N_c}\left\|\boldsymbol{u}(k)\right\|_R^2=\left\|\boldsymbol{Y}-\boldsymbol{Y}_r\right\|_{\boldsymbol{Q}}^2+\left\|\boldsymbol{U}\right\|_{\boldsymbol{R}}^2 \tag{5-66}$$

其中，$\boldsymbol{y}_r=[v_r,\ a_r]^{\mathrm{T}}$为参考输入，已知参考速度曲线$v_r$，速度曲线对时间求导，可以计算参考加速度曲线$a_r$。对于目标函数中的第一项，表示在控制量的作用下，车辆跟踪参考速度、参考加速度的性能，$\boldsymbol{Q}$为加权矩阵；目标函数中的第二项，表示期望加速度控制量的绝对值的性能，$\boldsymbol{R}$为加权矩阵。

对于目标函数，做如下变换：

$$\begin{aligned} J&=\left(\boldsymbol{\Phi X}(k)+\Psi U-Y_r\right)^{\mathrm{T}}Q\left(\boldsymbol{\Phi X}(k)+\boldsymbol{\Psi U}-Y_r\right)+U^{\mathrm{T}}\boldsymbol{R}\boldsymbol{U} \\ &=\boldsymbol{X}(k)^{\mathrm{T}}\boldsymbol{\Phi}^{\mathrm{T}}\boldsymbol{Q\Psi U}-Y_r{}^{\mathrm{T}}\boldsymbol{Q\Psi U}+\boldsymbol{U}^{\mathrm{T}}\boldsymbol{\Psi}^{\mathrm{T}}\boldsymbol{Q\Psi U}+\boldsymbol{U}^{\mathrm{T}}\boldsymbol{\Psi}^{\mathrm{T}}\boldsymbol{Q\Phi X}(k)-\boldsymbol{U}^{\mathrm{T}}\boldsymbol{\Psi}^{\mathrm{T}}\boldsymbol{Q}Y_r+\boldsymbol{U}^{\mathrm{T}}\boldsymbol{RU} \\ &=\boldsymbol{U}^{\mathrm{T}}\left(\boldsymbol{\Psi}^{\mathrm{T}}\boldsymbol{Q\Psi}+\boldsymbol{R}\right)\boldsymbol{U}+2\left(\boldsymbol{X}(k)^{\mathrm{T}}\boldsymbol{\Phi}^{\mathrm{T}}\boldsymbol{Q\Psi}-Y_r{}^{\mathrm{T}}\boldsymbol{Q\Psi}\right)\boldsymbol{U} \end{aligned} \tag{5-67}$$

上式同样忽略了与U无关项。转换为标准形式：

$$J=\frac{1}{2}\boldsymbol{X}^{\mathrm{T}}\boldsymbol{P}\boldsymbol{X}+\boldsymbol{C}^{\mathrm{T}}\boldsymbol{X} \tag{5-68}$$

其中，

$$\boldsymbol{X}=[\boldsymbol{u}(k|k),\ \boldsymbol{u}(k+1|k),\ \boldsymbol{u}(k+2|k),\ \cdots,\ \boldsymbol{u}(k+N_c-1|k)]^{\mathrm{T}} \tag{5-69}$$

$$\boldsymbol{P}=2(\boldsymbol{\Psi}^{\mathrm{T}}\boldsymbol{Q}\boldsymbol{\Psi}+\boldsymbol{R}) \tag{5-70}$$

$$\boldsymbol{C}^{\mathrm{T}}=2(\boldsymbol{X}(k)^{\mathrm{T}}\boldsymbol{\Phi}^{\mathrm{T}}\boldsymbol{Q}\boldsymbol{\Psi}-\boldsymbol{Y}_r^{\mathrm{T}}\boldsymbol{Q}\boldsymbol{\Psi}) \tag{5-71}$$

进一步地，对纵向控制来说，对控制量有一定的限制，需要设计合理的约束条件。对于速度控制问题，约束条件为：

$$\boldsymbol{U}_{\min}\leqslant a_x(k+i|k)\leqslant\boldsymbol{U}_{\max},i=1,\ 2,\ \cdots,\ N_c \tag{5-72}$$

$$\boldsymbol{u}_{\min}\leqslant v_x(k+i|k)\leqslant\boldsymbol{u}_{\max},i=1,\ 2,\ \cdots,\ N_c \tag{5-73}$$

对于约束条件式(5-72)，是对实时加速度a_x的限制，需要通过相应的转换变为对期望加速度$a_{x\mathrm{des}}$的限制。具体转换过程为

$$a_x(k+1|k)=T_1a_x(k|k)+T_2a_{x\mathrm{des}}(k|k)$$

$$a_x(k+2|k)=T_1a_x(k+1|k)+T_2a_{x\mathrm{des}}(k+1|k)$$

$$a_x(k+3|k)=T_1a_x(k+2|k)+T_2a_{x\mathrm{des}}(k+2|k)$$

……

$$a_x(k+N_c|k)=T_1a_x(k+N_c-1|k)+T_2a_{x\mathrm{des}}(k+N_c-1|k)$$

写成矩阵形式为

$$\begin{bmatrix}1&0&0&\cdots&0\\-T_1&1&0&\cdots&0\\0&-T_1&1&\cdots&0\\\vdots&\vdots&\vdots&\ddots&\vdots\\0&0&0&-T_1&1\end{bmatrix}\begin{bmatrix}a_x(k+1)\\a_x(k+2)\\\vdots\\a_x(k+N_c)\end{bmatrix}+\begin{bmatrix}-T_1a_x(k)\\0\\\vdots\\0\end{bmatrix}=T_2\begin{bmatrix}a_{xdes}(k)\\a_{xdes}(k+1)\\\vdots\\a_{xdes}(k+N_c-1)\end{bmatrix} \tag{5-74}$$

因此，对于约束条件式(5-72)，由于$\boldsymbol{U}_{\min}\leqslant a_x(k+i|k)\leqslant\boldsymbol{U}_{\max}$，因此有

$$\overbrace{\begin{bmatrix} 1-\dfrac{T_1a_0}{\boldsymbol{U}_{\min}} & 0 & 0 & \cdots & 0 \\ -T_1 & 1 & 0 & \cdots & 0 \\ 0 & -T_1 & 1 & \cdots & 0 \\ \vdots & \vdots & \vdots & \ddots & \vdots \\ 0 & 0 & 0 & -T_1 & 1 \end{bmatrix}}^{\boldsymbol{A}_1}\overbrace{\begin{bmatrix} \boldsymbol{U}_{\min} \\ \boldsymbol{U}_{\min} \\ \vdots \\ \boldsymbol{U}_{\min} \end{bmatrix}}^{\boldsymbol{U}_{\min}} \leqslant T_2\begin{bmatrix} a_{x\mathrm{des}}(k) \\ a_{x\mathrm{des}}(k+1) \\ \vdots \\ a_{x\mathrm{des}}(k+N_c-1) \end{bmatrix} \leqslant \overbrace{\begin{bmatrix} 1-\dfrac{T_1a_0}{\boldsymbol{U}_{\max}} & 0 & 0 & \cdots & 0 \\ -T_1 & 1 & 0 & \cdots & 0 \\ 0 & -T_1 & 1 & \cdots & 0 \\ \vdots & \vdots & \vdots & \ddots & \vdots \\ 0 & 0 & 0 & -T_1 & 1 \end{bmatrix}}^{\boldsymbol{A}_2}\overbrace{\begin{bmatrix} \boldsymbol{U}_{\max} \\ \boldsymbol{U}_{\max} \\ \vdots \\ \boldsymbol{U}_{\max} \end{bmatrix}}^{\boldsymbol{U}_{\max}} \tag{5-75}$$

其中，a_0为当前时刻的加速度，$a_0=a_x(k)$。

式(5-75)可以转换为如下的标准形式($\boldsymbol{A}x\leqslant\boldsymbol{B}$)：

$$\begin{bmatrix} T_2\boldsymbol{I} \\ -T_2\boldsymbol{I} \end{bmatrix}\begin{bmatrix} a_{x\mathrm{des}}(k) \\ a_{x\mathrm{des}}(k+1) \\ \vdots \\ a_{x\mathrm{des}}(k+N_c-1) \end{bmatrix} \leqslant \begin{bmatrix} \boldsymbol{A}_2\boldsymbol{U}_{\max} \\ -\boldsymbol{A}_1\boldsymbol{U}_{\min} \end{bmatrix} \tag{5-76}$$

对于约束条件式(5-73)，表示行驶过程中的速度限制，可以通过如下变换，表示为控制量$a_{x\mathrm{des}}$的约束条件。具体转换过程为

$$a_x(k+1|k)=T_1a_x(k|k)+T_2a_{x\mathrm{des}}(k|k)$$

$$a_x(k+2|k)=T_1^2a_x(k|k)+T_1T_2a_{x\mathrm{des}}(k|k)+T_2a_{x\mathrm{des}}(k+1|k)$$

$$a_x(k+3|k)=T_1^3a_x(k|k)+T_1^2T_2a_{x\mathrm{des}}(k|k)+T_1T_2a_{x\mathrm{des}}(k+1|k)+T_2a_{x\mathrm{des}}(k+2|k)$$

……

$$a_x(k+N_c|k)=T_1^{N_c}a_x(k|k)+T_1^{N_c-1}T_2a_{x\mathrm{des}}(k|k)+T_1^{N_c-2}T_2a_{x\mathrm{des}}(k+1|k)+\cdots+T_2a_{x\mathrm{des}}(k+N_c-1|k)$$

写成矩阵形式为

$$\begin{bmatrix} a_x(k+1) \\ a_x(k+2) \\ \vdots \\ a_x(k+N_c) \end{bmatrix}=\begin{bmatrix} T_1 \\ T_1^{\ 2} \\ \vdots \\ T_1^{\ N_c} \end{bmatrix}a_x(k)+\overbrace{\begin{bmatrix} T_2 & 0 & 0 & \cdots & 0 \\ T_1T_2 & T_2 & 0 & \cdots & 0 \\ T_1^{\ 2}T_2 & T_1T_2 & T_2 & \cdots & 0 \\ \vdots & \vdots & \vdots & \ddots & 0 \\ T_1^{\ N_c-1}T_2 & T_1^{\ N_c-2}T_2 & \cdots & T_1T_2 & T_2 \end{bmatrix}}^{T_0}\begin{bmatrix} a_{x\mathrm{des}}(k) \\ a_{x\mathrm{des}}(k+1) \\ \vdots \\ a_{x\mathrm{des}}(k+N_c-1) \end{bmatrix} \tag{5-77}$$

由于$v(k+i+1)-v(k+i)=Ta_x(k+i)$，因此可以得到

$$\overbrace{\begin{bmatrix} -1 & 1 & 0 & \cdots & 0 \\ 0 & -1 & 1 & \cdots & 0 \\ \vdots & \vdots & \vdots & \ddots & \vdots \\ 0 & 0 & \cdots & -1 & 1 \end{bmatrix}}^{I_0}\begin{bmatrix} v(k+1) \\ v(k+2) \\ \vdots \\ v(k+N_c+1) \end{bmatrix}=T\begin{bmatrix} T_1 \\ {T_1}^2 \\ \vdots \\ {T_1}^{N_c} \end{bmatrix}a_x(k)+TT_0\begin{bmatrix} a_{x\text{des}}(k) \\ a_{x\text{des}}(k+1) \\ \vdots \\ a_{x\text{des}}(k+N_c-1) \end{bmatrix} \tag{5-78}$$

由于

$$\begin{bmatrix} \boldsymbol{u}_{\min} \\ \boldsymbol{u}_{\min} \\ \vdots \\ \boldsymbol{u}_{\min} \end{bmatrix}\leqslant\begin{bmatrix} v(k+1) \\ v(k+2) \\ \vdots \\ v(k+N_c+1) \end{bmatrix}\leqslant\begin{bmatrix} \boldsymbol{u}_{\max} \\ \boldsymbol{u}_{\max} \\ \vdots \\ \boldsymbol{u}_{\max} \end{bmatrix} \tag{5-79}$$

因此，有

$$\overbrace{\boldsymbol{I}_0\begin{bmatrix} \boldsymbol{u}_{\min} \\ \boldsymbol{u}_{\min} \\ \vdots \\ \boldsymbol{u}_{\min} \end{bmatrix}-Ta_0\begin{bmatrix} T_1 \\ {T_1}^2 \\ \vdots \\ {T_1}^{N_c} \end{bmatrix}}^{\boldsymbol{I}_{\min}}\leqslant TT_0\begin{bmatrix} a_{x\text{des}}(k) \\ a_{x\text{des}}(k+1) \\ \vdots \\ a_{x\text{des}}(k+N_c-1) \end{bmatrix}\leqslant\overbrace{\boldsymbol{I}_0\begin{bmatrix} \boldsymbol{u}_{\max} \\ \boldsymbol{u}_{\max} \\ \vdots \\ \boldsymbol{u}_{\max} \end{bmatrix}-Ta_0\begin{bmatrix} T_1 \\ {T_1}^2 \\ \vdots \\ {T_1}^{N_c} \end{bmatrix}}^{\boldsymbol{I}_{\max}} \tag{5-80}$$

则式(5-80)可以转换为

$$\boldsymbol{I}_{\min}\leqslant TT_0\begin{bmatrix} a_{x\text{des}}(k) \\ a_{x\text{des}}(k+1) \\ \vdots \\ a_{x\text{des}}(k+N_c-1) \end{bmatrix}\leqslant\boldsymbol{I}_{\max} \tag{5-81}$$

因此，式(5-81)可以转换为如下的标准形式($\boldsymbol{A}x\leqslant\boldsymbol{B}$)：

$$\begin{bmatrix} TT_0 \\ -TT_0 \end{bmatrix}\begin{bmatrix} a_{x\text{des}}(k) \\ a_{x\text{des}}(k+1) \\ \vdots \\ a_{x\text{des}}(k+N_c-1) \end{bmatrix}\leqslant\begin{bmatrix} \boldsymbol{I}_{\max} \\ -\boldsymbol{I}_{\min} \end{bmatrix} \tag{5-82}$$

因此,综合式(5-76)和式(5-82),最终约束条件变为

$$\begin{bmatrix} T_2 I \\ -T_2 I \\ TT_0 \\ -TT_0 \end{bmatrix} \begin{bmatrix} a_{x\text{des}}(k) \\ a_{x\text{des}}(k+1) \\ \vdots \\ a_{x\text{des}}(k+N_c-1) \end{bmatrix} \leqslant \begin{bmatrix} \boldsymbol{A}_2 \boldsymbol{U}_{\max} \\ -\boldsymbol{A}_1 \boldsymbol{U}_{\min} \\ \boldsymbol{I}_{\max} \\ -\boldsymbol{I}_{\min} \end{bmatrix} \tag{5-83}$$

上面将自动驾驶速度控制问题转换为了一个标准的最优化问题:

$$\min J = \frac{1}{2} \boldsymbol{X}^{\mathrm{T}} \boldsymbol{P} \boldsymbol{X} + \boldsymbol{C}^{\mathrm{T}} \boldsymbol{X} \tag{5-84}$$

$$\text{s.t.} \begin{bmatrix} T_2 \boldsymbol{I} \\ -T_2 \boldsymbol{I} \\ \boldsymbol{T}\boldsymbol{T}_0 \\ -\boldsymbol{T}\boldsymbol{T}_0 \end{bmatrix} \begin{bmatrix} a_{x\text{des}}(k) \\ a_{x\text{des}}(k+1) \\ \vdots \\ a_{x\text{des}}(k+N_c-1) \end{bmatrix} \leqslant \begin{bmatrix} \boldsymbol{A}_2 \boldsymbol{U}_{\max} \\ -\boldsymbol{A}_1 \boldsymbol{U}_{\min} \\ \boldsymbol{I}_{\max} \\ -\boldsymbol{I}_{\min} \end{bmatrix} \tag{5-85}$$

其中,

$$\boldsymbol{X} = [a_{x\text{des}}(k|k),\ a_{x\text{des}}(k+1|k),\ a_{x\text{des}}(k+2|k),\ \cdots,\ a_{x\text{des}}(k+N_c-1|k)]^{\mathrm{T}} \tag{5-86}$$

$$\boldsymbol{P} = 2(\boldsymbol{\Psi}^{\mathrm{T}} \boldsymbol{Q} \boldsymbol{\Psi} + \boldsymbol{R}) \tag{5-87}$$

$$\boldsymbol{C}^{\mathrm{T}} = 2(\boldsymbol{X}(k)^{\mathrm{T}} \boldsymbol{\Phi}^{\mathrm{T}} \boldsymbol{Q} \boldsymbol{\Psi} - \boldsymbol{Y}_r^{\mathrm{T}} \boldsymbol{Q} \boldsymbol{\Psi}) \tag{5-88}$$

对于此类最优化问题,可以采用第2章中的二次规划求解方法能够求得最优解。

本章参考文献

[1] 陈龙,罗杰,杨旭,等.基于模糊纯追踪控制的自动泊车算法研究[J].武汉理工大学学报(信息与管理工程版),2019,41(3):92-97.

[2] 冀同涛,李刚,王明家,等.基于前馈和反馈相结合的路径跟踪算法[J].汽车工程师,2019,267(7):19-22.

[3] SAMUEL M, HUSSEIN M, BINTI M. A Review of some Pure-Pursuit based

Path Tracking Techniques for Control of Autonomous Vehicle [J]. International Journal of Computer Applications, 2016, 135(1): 35–38.

[4] 李革，王宇，郭刘粉，等. 插秧机导航路径跟踪改进纯追踪算法[J]. 农业机械学报，2018，49(5)：21–26.

[5] DHANYA S L, VIVEK A, GOPINATH S. Lateral control of an autonomous vehicle based on Pure Pursuit algorithm [C]// 2017 International Conference on Technological Advancements in Power and Energy (TAP Energy), Kollam, India, 2017: 1–8.

[6] CONLTER R C. Implementation of the pure pursuit path tracking algorithm[R]. Pittsburgh: Camegie Mellon University, 1992.

[7] EDOARDO C. Enhanced Pure Pursuit Algorithm & Autonomous Driving [D]. School of Mechanical and Manufacturing Engineering Faculty of Engineering UNSW Sydney, 2019.

[8] 郭振航. 基于模型预测控制的无人驾驶车辆横向控制器设计[D]. 哈尔滨：哈尔滨工业大学，2020.

第6章 基于智能优化的规划控制方法

6.1 智能优化方法基本理论

在电子、通信、计算机、自动化、机器人、经济学和管理学等众多学科中，许多复杂的组合优化问题不断出现。面对这些大型的优化问题，传统的优化方法需要遍历整个搜索空间，无法在短时间内完成搜索，且容易产生搜索的“组合爆炸”，或者容易陷入局部最优的问题。受到人类智能、生物群体社会性或自然现象规律的启发，人们发明了很多智能优化算法来解决上述复杂优化问题，主要包括模仿自然界生物进化机制的遗传算法、通过群体内个体间的合作与竞争来优化搜索的差分进化算法、模拟生物免疫系统学习和认知功能的免疫算法、模拟蚂蚁集体寻径行为的蚁群算法、模拟鸟群和鱼群群体行为的粒子群算法、源于固体物质退火过程的模拟退火算法、模拟人类智力记忆过程的禁忌搜索算法、模拟动物神经网络行为特征的神经网络算法等。这些算法有个共同点，即都是通过模拟或揭示某些自然界的现象和过程或生物群体的智能行为而得到发展。在优化领域，称它们为智能优化算法，它们具有简单、通用、便于并行处理等特点。

6.1.1 智能优化方法概述

最优化一般被分成连续优化和组合优化两大类。连续优化是求解连续变量的问题，一般是求一组实数或者一个函数。组合优化是求解离散变量的问题，是从一个无限集或者可数无限集里寻找一个对象。求解连续优化问题的优化算法有很多，如最速下降法、牛顿法、拟牛顿法等，此类算法多为局部搜索算法。而组合优化的求解非常困难，目前常用的求解组合优化的优化算法有精确算法、近似算法以及智能优化算法[1]。

许多优化方法都属于数值优化范畴，具有如下特点：①以梯度法为基础，解析与数值计算相结合，是一种基于固定模式的最优化迭代求解方法；②迭代过程实质上是对迭代点进行非线性变换的过程，非线性变换是通过方向和步长来实现；③对于最优化问题的每一个实例，都需要从头到尾执行整个算法，计算复杂度是固定的；④一旦算法被程序实现，算法的效率（计算精度和复杂度）就被固定了。

智能优化算法是随机算法与局部搜索算法相结合的产物，具有全局优化性能、通用性强且适于并行处理等特点，既可以广泛地应用到组合优化中，也可以应用到连续优化的计算中。常用算法包括禁忌搜索算法、模拟退火算法、遗传算法、蚁群算法、粒子群算法、人工神经网络等。智能优化算法区别于数值最优化算法，此类算法的优化设计思想不是来源于问题的组织结构信息，而是来源于对自然的仿真与模拟。生物体和自然生态系统可以通过自身的演化，使许多在人类看来高度复杂的优化问题得到满意的解决。受此启发，产生了以模仿自然与生物机理为特征的智能优化方法，它们为用传统的数值优化方法难以解决的NP问题提供了另外一种有效的解决途径。随着计算机技术的快速发展，为了在一定程度上解决大空间、非线性、全局寻优、组合优化等复杂问题，许多智能优化方法不断涌现。因其独特的优点和机制，这些算法得到了学者的广泛关注，掀起了研究热潮。

Cherry Keven[2]总结了传统优化算法与智能优化算法的差异，包括以下几点。①传统优化算法一般是针对结构化的问题，有较为明确的问题和条件描述，如线性规划、二次规划、整数规划、混合规划、带约束和不带约束条件等，即有清晰的结构信息；而智能优化算法一般针对的是较为普适的问题描述，普遍比较缺乏结构信息。②传统优化算法不少都属于凸优化范畴，有唯一明确的全局最优点；而智能优化算法针对的绝大多数是多极值问题，如何防止陷入局部最优而尽可能找到全局最优是采纳智能优化算法的根本原因。③对于单极值问题，传统算法大部分时候已足够好，而智能算法没有任何优势；对多极值问题，智能优化算法通过其有效设计可以在跳出局部最优和收敛到一个点之间有较好的平衡，从而实现找到全局最优点，但有的时候局部最优也是可接受的，所以传统算法也有很大应用空间和针对特殊结构的改进可能。④传统优化算法一般是确定性算法，有固定的结构和参数，计算复杂度和收敛性可做理论分析；智能优化算法大多属于启发性算法，能定性分析却难定量证明，且大多数算法基于随机特性，其收敛性一般是概率意义上的，实际性能不可控，往往收敛速度也比较慢，计算复杂度较高。

智能优化算法通过模拟或揭示某些自然现象或过程而得到发展，其思想和内容涉及数学、物理学、生物进化、人工智能、神经科学和统计力学等领域，为解决复杂问题提供了新的思路和手段。本章围绕智能优化方法解决自动驾驶规划控制问题展开，重点介绍了神经网络和遗传算法两种典型的智能优化方法在自动驾驶规控中的应用。

6.1.2 遗传算法基本原理

1）遗传算法基本理论

遗传算法最早由美国学者Holland于1967年提出，希望将自然界的进化方法用于实现求解复杂问题的自动程序设计。Holland的研究成果发表在著作《自然及人工系统中的适应性》中，认为所有的适应问题都可以表示为“遗传”问题，并用“进化”方法来解决[3]。经过几十年发展，遗传算法及其改进算法在理论上和实际应用中都取得了较大进展。

在优化问题中，涉及的影响因素很多，解空间较大，而解空间中的变量与目标值之间的关系非常复杂。可以采用随机抽取定义域中的几组变量的方法搜索最优解，其基本思路是对随机解进行分析比较，最后获得近似最优解。对于小空间，简单的枚举法就可以完成，但是对于较大的搜索空间，枚举法难以奏效。针对这一问题，可以采用遗传算法进行搜索优化。

在遗传算法中，借用了一些术语：“个体”表示问题的一个解；“种群”表示一组“个体”的集合；个体用一定长度的二进制编码表示，因此也称个体二进制编码、字符串或染色体；在种群中每个个体的优劣性能通过“适应度函数”计算的适应度值来体现；“初始种群”表示随机设定的一组个体集合；“父代种群”和“子代种群”分别表示种群在进化过程中的上、下两代种群；“遗传操作”包含选择复制、交叉、变异，种群在不断的遗传操作过程中逐渐进化，直到获得最优个体。

(1) 个体与种群。

个体是模拟生物进化的基本单位，由一定数目的二进制串组成，对于一个N位的二进制串，可以构成2^N个组合，能够表示2^N个个体。其中，N称为个体的长度。例如对于一个6位二进制串，表示的个体如下：

个体1：000000。

个体2：000001。

个体3：000010。

个体4：000011。

……

个体2^6：111111。

每一个个体可以表示问题的一个解。例如对于问题：$\min F(x,y)=x^2+3xy+2y^2$，要求$X=(x,y)$使得函数值$F(x,y)$取值最小，可以将问题解的形式表示为6位二进制串，则每个个体形式为

个体1：$\underline{000}\,\underline{000}$；个体2：$\underline{000}\,\underline{001}$；个体3：$\underline{000}\,\underline{010}$；…；个体$2^6$：$\underline{111}\,\underline{111}$

↓ ↓ ↓ ↓ ↓ ↓ ；…； ↓ ↓

个体1：$x=0,y=0$；个体2：$x=0,y=1$；个体3：$x=0,y=2$；…；个体2^6：$x=7,y=7$

用6位二进制串表示的个体可以达到2^6个，这对于解空间很小的优化问题，可以通过遍历解空间的方式解决。一旦解空间很大，例如以10位二进制串表示个体时，解空间将达到2^{10}，遍历解空间将会造成严重的计算负担。

这时遗传算法的群体进化的优势就得以体现，在遗传进化中，并非对解空间的每个个体进行优化，而是选择一定数目的个体构成种群，通过对群体个体施加遗传操作实现群体内个体结构重组的迭代处理。例如，采用6位二进制串表示个体，对每个个体的二进制位随机赋值，生成P个体，构成种群，其中P表示种群

的数量，P的值远小于2^6。

个体1:$\underline{010}\,\underline{101}$； 个体2:$\underline{100}\,\underline{101}$； 个体3:$\underline{000}\,\underline{110}$；…； 个体$P$:$\underline{101}\,\underline{010}$

↓ ↓　　↓ ↓　　↓ ↓；…；　　↓ ↓

个体1:$x=2,y=5$； 个体2:$x=4,y=5$； 个体3:$x=0,y=6$；…； 个体P:$x=5,y=2$

种群是由固定数目个体构成的群体，这些个体仅仅只是整个解空间的子空间。根据遗传进化思想，生物进化之所以能够持续，正是因为从初始代种群一代一代繁殖，不断产生新的个体和淘汰旧的个体。按照这一思想，初始种群构成了解空间的子空间，进化过程产生新的种群，对应了解空间的不断更新，间接地实现了解空间的"遍历"。

(2) 编码与解码。

编码即将问题的解表示为类似染色体的编码，采用二进制编码的方法，将每个可能的问题解编码为一组二进制的字符串，每个字符串包含多个子字符串。待求参量分别被编码为二进制子字符串V_i，构成二进制数的染色体编码，即$V=(V_1, V_2, V_3, \cdots, V_i, \cdots)$。对于初始代种群，随机对染色体每一位赋初值0或1，设种群数目为P，重复P次后，得到初始代群体：

$$V_p{}^1=(V_1{}^1, V_2{}^1, V_3{}^1, \cdots), p=1, 2, 3, \cdots, P \tag{6-1}$$

如此完成了种群及个体的定义，每一个个体都表示问题的一个解。在进化过程中的种群，个体长度和种群规模不发生变化，发生变化的只是二进制串的编码值。因此，对于进化中的第k代种群编码，可以表示为

$$V_p{}^k=(V_1{}^k, V_2{}^k, V_3{}^k, \cdots), i=1, 2, 3, \cdots, P \tag{6-2}$$

解码操作即将二进制串形式的个体转换为对应的实数值或问题的解。例如，设x_i表示待求参量，对应了个体二进制串中的子串V_i，则二进制子串V_i所表示的实数值可通过二进制转十进制计算公式获得：

$$X_i=\sum_{j=1}^{J}k_j2^{j-1} \tag{6-3}$$

其中，J表示子串V_i的二进制编码的位数，k_j是子串V_i的第j位的取值，$k_j=0$或1。

由于X_i只能表示J位二进制串对应的整数值，往往问题的解以小数形式存

在，需要按照如下方式转换为对应的解x_i：

$$x_i = m_i + \frac{X_i(n_i - m_i)}{2^J - 1} \tag{6-4}$$

$[m_i, n_i]$表示问题解x_i的取值范围。

例如，对于问题$\min F(x, y) = x^2 + 3xy + 2y^2$，要求$x \in [0, 1]$，$y \in [1, 10]$的解。其中，某个个体编码为$\underline{0\,1\,0}\ \underline{1\,1\,0}$，编码对应的实数值分别为$X=2$，$Y=6$。将其转换为对应的解为

$$x = 0 + \frac{2(1-0)}{2^3 - 1} = \frac{2}{7},\ y = 1 + \frac{6(10-1)}{2^3 - 1} = \frac{61}{7}$$

（3）适应度。

根据生物进化的思想，生物之所以能够逐渐适应环境、优胜劣汰，其本质是从初始代种群一代一代繁殖，在这个过程中，一些旧的个体被淘汰，一些优秀的个体被继承，产生的下一代种群一般都优于上一代种群。种群的更新或个体的优胜劣汰，取决于个体对于环境的适应度，因此在遗传算法中产生了适应度的概念。

适应度是描述个体优劣程度的指标，在遗传算法中通过设计目标函数和适应度函数，对个体的适应度进行量化评价。对于整个种群，通过对每个个体适应度取算数平均值，作为种群的平均适应度，用于评价种群的适应度。

对于问题$\min F(x, y) = x^2 + 3xy + 2y^2$，当前种群为：个体1，$x=2$，$y=5$；个体2，$x=4$，$y=5$；个体3，$x=0$，$y=6$；…；个体$P$，$x=5$，$y=2$。显然，每个个体使得目标函数$F(x, y)$取值越小，其适应度越大，因此可以设计适应度函数为目标函数的倒数，则每个个体的适应度如下：

个体1：目标函数值$F(2, 5)=4+30+50=84$，适应度$=1/84$。

个体2：目标函数值$F(4, 5)=16+60+50=126$，适应度$=1/126$。

个体3：目标函数值$F(0, 6)=0+0+72=72$，适应度$=1/72$。

……

个体P：目标函数值$F(5, 2)=25+30+8=63$，适应度$=1/63$。

种群平均适应度$=(1/84+1/126+1/72+1/63)/P$。

(4) 选择复制。

模拟生物进化中的优胜劣汰原则,根据适应度值大小对个体进行评估和择优,从上一代种群中选择指标较优的一定数量的个体,成为下一代种群中的个体。选择复制的方法很多,“轮盘”和“锦标赛”选择法是选择复制中常用的方法。

“轮盘”选择法的基本思想:适应度值大的个体,其被选择的概率更大,如图 6–1 所示。

具体步骤:对于上一代种群中的每个个体,根据目标函数值大小,计算个体的适应度,并对所有个体适应度求和,得到总适应度;每个个体的适应度除以总适应度,得到个体被选择的概率;构造一个概率轮盘,个体在轮盘中所占的比例与其被选择的概率相对应;生成一个[0, 1]的随机值,若该随机数小于等于前 i 个个体的累积概率且大于前 $i-1$ 个个体的累积概率,则选择第 i 个个体进入子代种群;重复以上步骤,直至选择 P 个个体,构成下一代种群。

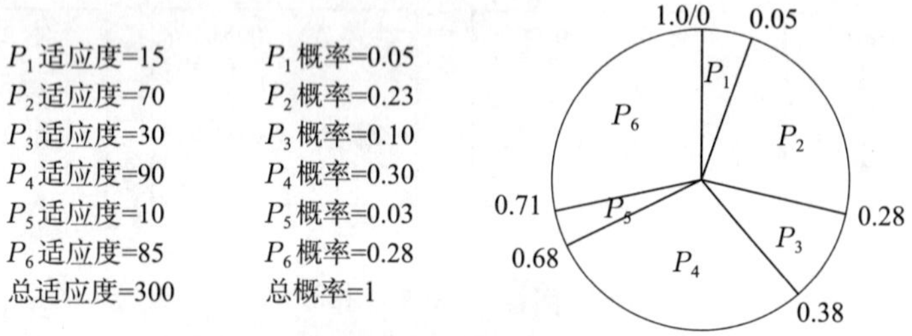

图 6–1　轮盘选择法

“锦标赛”选择法基本思想是:每次从种群中取出一定数量个体参加竞赛,选择其中最好的一个进入子代种群,重复该操作,直到新的种群规模达到原来的种群规模,如图 6–2 所示。

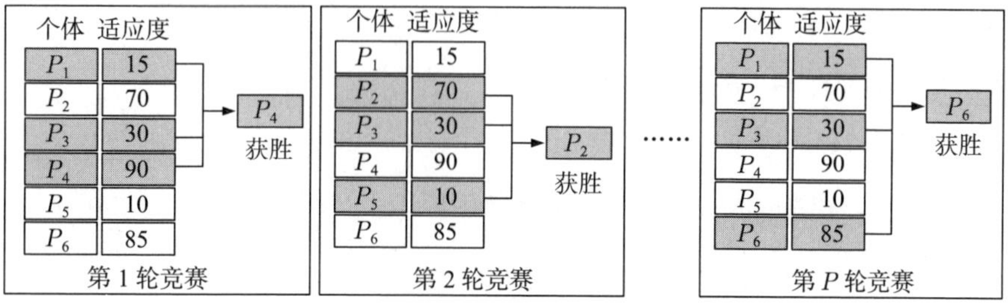

图 6–2　锦标赛选择法

具体步骤:从当前种群中随机抽取一定数量的个体;根据被选择个体的适应度,选择最好的一个个体进入下一代种群;重复上述操作,直至选择P个个体,构成下一代种群。

(5) 交叉与变异。

交叉是模拟生物进化的杂交过程,将父代个体进行基因交换重组,产生新的个体。在交叉操作中,有可能产生性能优良的新个体,也可能产生性能较差的个体,而随着进化过程,优良的个体将会被保留,较差的个体将会被淘汰。总体上看,交叉使得种群朝着更优的方向进化。

交叉操作按照一定概率,随机选择父代种群中两个个体V_i和V_j,随机产生交叉点位,两个个体相互交换交叉点位的编码值,形成两个子代个体V_i'和V_j',如此完成交叉操作,如图6-3所示。在选择交叉点位时,可以采用一点交叉和两点交叉。

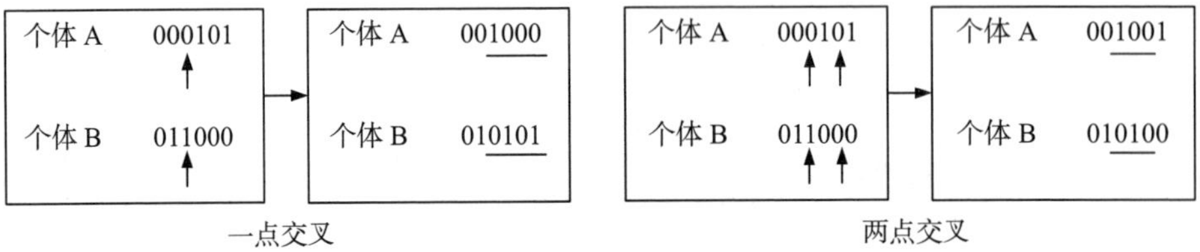

图6-3 交叉操作

变异操作模拟了生物进化中的基因突变过程。在遗传学中,各种偶然的因素引起生物基因突变,往往造成个体失去了对环境的适应性,但也可能给个体带来显著的性能提升。因此,变异的概率很小,但能够增加种群的多样性。

具体地,变异操作指按一定的概率随机地选择个体编码中某位,进行取反运算,由1变到0或由0变到1。变异操作同自然界一样,变异概率很小,但增加了运算的全局性。

个体1:0 1 0 $\underline{1}$ 0 1,$x=2$,$y=5$→新个体1:0 1 0 $\underline{0}$ 0 1,$x=2$,$y=1$。

个体2:1 $\underline{0}$ 0 1 0 1,$x=4$,$y=5$→新个体2:1 $\underline{1}$ 0 1 0 1,$x=6$,$y=5$。

通过交叉变异操作,完成了一次种群进化,得到了下一代种群。以这样的方式从第一代初始种群开始,反复进行选择、交叉和变异操作,循环迭代N次。

(6) 终止条件。

一般认为进化结束的标志是前后两代种群的平均适应度和最优个体的适应度变化很小,或变化率小于设定的阈值时,进化过程已经趋于收敛,可以结束进化过程。为了保证算法在规定时间内完成,当进化次数达到设定N次后,退出迭代。在最后一代种群中选择最优的个体,并通过解码转换为相应问题的解,该解即为最优化问题的最优解。

2) 遗传算法一般流程

利用遗传算法进行优化的算法流程如图6-4所示。

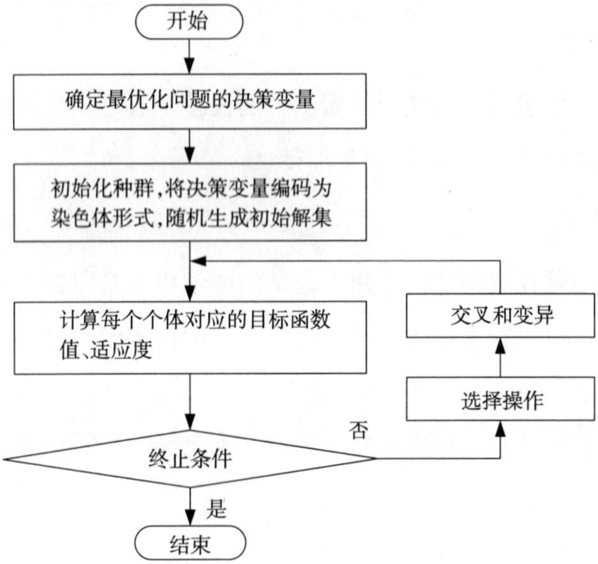

图6-4　遗传算法流程

在优化设计中,设计变量、目标函数、约束条件是优化模型的3个要素。采用遗传算法时,一般通过编码技术对设计变量进行编码,将设计变量转化为适合于群体进化的表达形式。对目标函数进行处理,使其蕴含于遗传算法的适应度函数,如此,在群体进化过程中,适应度也就反映了优化模型的目标函数。然后运用遗传算法的选择复制、交叉变异操作,循环迭代。当群体进化结束时,适应度最大的个体对应的目标函数值最小,该个体即对应的最优化问题的最优解[4]。

3) 遗传算法的应用

遗传算法提供了一种求解复杂系统优化问题的通用框架,它不依赖于问题的具体领域,对问题的种类有很强的鲁棒性,所以广泛应用于很多学科。以下是相关文献总结的遗传算法的主要应用领域。

(1) 函数优化。

函数优化是遗传算法的经典应用领域,对于一些非线性、多模型、多目标的函数优化问题,用其他优化方法难以求解,而遗传算法可以方便地得到较好的结果。

(2) 组合优化。

遗传算法是寻求组合优化问题满意解的极佳工具之一。实践证明,遗传算法对于组合优化问题中的NP问题非常有效。

(3) 生产调度。

生产调度问题在很多情况下建立起来的数学模型难以精确求解,即使经过一些简化之后可以进行求解也会因简化得太多而使求解结果与实际相差太远。现在遗传算法已成为解决复杂调度问题的有效工具。

其他一些领域,如自动控制、机器人、图像处理等,也都是遗传算法的重要应用领域。

与传统优化方法相比,遗传算法具有如下特点。①传统优化方法大多基于梯度信息的优化方法,这类方法存在一些局限,例如这些方法利用了目标函数的梯度信息,因而通常获得的是初始解附近的局部最优解;又如往往需要构造特定形式的目标函数,比如凸函数,使得目标函数具有全局最优解。而对于遗传算法,仅仅需要构建目标函数与适应度函数间的关系,并不需要了解目标函数的形式或者梯度信息。故遗传算法能够解决各种复杂的优化问题,不限于设计变量是否连续,不限于线性优化和非线性优化问题。②对于多极值的优化问题,若采用常规的优化方法,容易得到局部最优解。要想获得全局最优解,需要对整个解空间进行遍历,但是对于算力有限的平台难以实现。遗传算法则能够解决这些问题。首先,群体优化是一种多点优化的方法,能够避免陷入局部最优;其次,遗传算法的交叉和变异操作,使得种群具有多样性,种群可以从不同的方向优化。基于这些特点,遗传算法比常规优化算法更具有全局最优性。③遗传算法具有大规模并行计算的特点。这是由于遗传算法的实现需要对种群中每个个体的适应度并行计算并比较优劣,因而计算量远大于常规的优化方法,但是随着计算机硬件升级换代,高算力平台不断涌现,这种并行计算、高耗时的缺陷将会逐渐被克服。

6.1.3 神经网络基本原理

人工神经网络是近年来得到迅速发展的一个前沿课题。神经网络由于其大规模并行处理以及容错性、自组织能力、自适应能力和联想功能强等特点,已成为解决很多问题的有力方法。

1)人工神经网络基本理论

(1)人工神经元。

人脑是极其复杂的系统,由近860亿个神经元交织构成的网状结构,人类接收到外界信息,如温度、材质、颜色,通过感知神经元的信息传导机制,将刺激信号一层层地传递给其他神经元,最终实现对信息的分类辨识。人脑神经系统的工作机理是一个非常复杂过程,科学地解释需要参考生物学和神经学方面的研究资料。

科学家们参考生物神经元的结构,提出了人造神经元模型(图6-5)。神经元的输入信号用来模拟生物神经元的树突,接收来自其他神经元的信号(X_i)。这些信号的来源不同,对神经元的影响也不同,因此给每个输入信号分配一个权重(ω_i)。然后对接收到的输入信号做加权求和计算,与产生神经兴奋的阈值(B)相比较,模拟当神经元处于抑制状态时,轴突并不向外输出信号,当树突中输入的刺激累计达到一定程度(超过B),神经元就会从抑制状态转为兴奋状态,最后通过传递函数f,计算得到输出结果(Y),同时通过神经元向其他神经元发送信号。

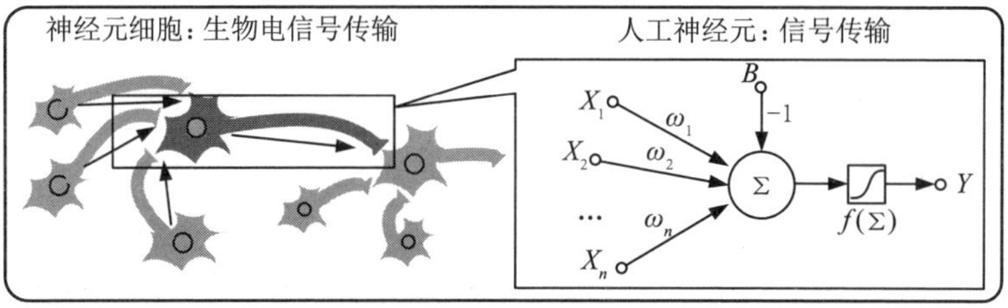

图6–5　人工神经元模型

在人工神经元中，传递函数f又称为激活函数，作用是模拟生物神经元所具有的非线性转移特性，传递函数（图6–6）通常有以下几种形式。

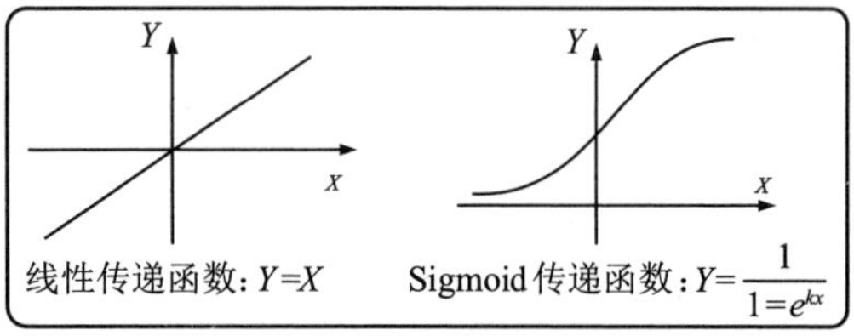

图6–6　传递函数

（2）人工神经网络。

单个神经元系统对信息的处理能力有限，只有将大量的人工神经元互联而成的网络，才能够实现对复杂信息的识别处理。这里介绍一种基本的前馈型多层神经网络，如图6–7所示。前馈型多层神经网络一般分成若干层顺序连接，在输入层加上输入信息，通过中间层，加权后传递到输出层并输出。一个典型前馈型多层神经网络可描述为：①网络包含一个输入层和多个隐含层，以及最后一个输出层；②任意一层包含多个神经元和一个阈值单元；③前后两层间的神经元通过权值相连；④对于任意的神经元，其输入与输出之间关系用传递函数f来描述。

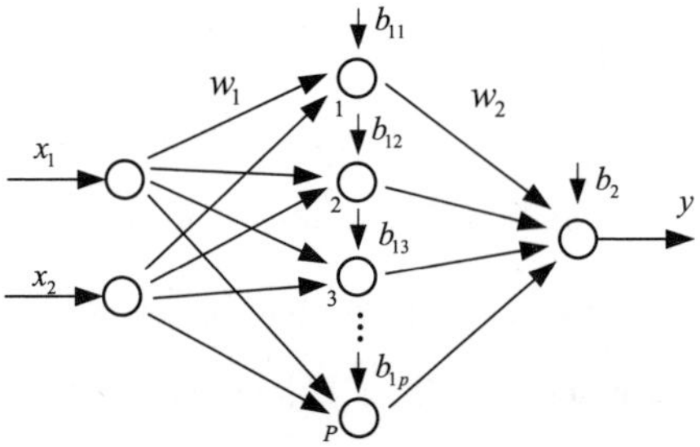

图6–7　三层结构的神经网络模型

多层前馈神经网络可以具有多个隐含层，隐含层越多，神经网络处理复杂问题的能力越强。通过训练后的多层神经网络，能够实现输入 X→输出 Y 的任意非线性映射功能。

(3) BPNN。

BPNN 是一种多层前馈神经网络，采用了误差反向传播算法(back-Propagation Algorithm，BP 算法)对网络权值和偏置进行训练。BPNN 具有较强的非线性动态处理能力，能够表达输入、输出之间的非线性隐式关系，BPNN 已被广泛应用于目标识别和信息提取等众多领域。

BP 算法训练过程可以分为两个过程：①输入信息流入输入层，经过隐含层到输出层逐层处理计算，得到各神经元节点的输出值，这一过程称为信息流的正向传递过程；②计算网络的实际输出与训练样本期望值的误差，若该误差未达到允许值，根据此误差确定权值和偏置的调整量，然后从后向前逐层更新神经元的权值和偏置，这一过程称为误差反向传播过程。

这种信息的正向传递与误差反向传播过程在不断迭代中重复进行，直到网络的输出与样本值误差逐渐减小至允许的精度，或达到预设的迭代次数[5]。

如图 6-7 所示，向量 $[x_1, x_2, x_3, \cdots]$ 作为神经网络的一个输入样本，$\boldsymbol{w}_1$ 为隐含层权值向量，$\boldsymbol{b}_1$ 是隐含层的偏移向量，$\boldsymbol{w}_2$ 是输出层的权值向量，$\boldsymbol{b}_2$ 为输出层的偏移向量，y 是神经网络对应的输出值。设 f 和 g 分别为隐含层和输出层的传递函数。隐含层的第 j 个节点的输入可以描述为 $\mathrm{Net}_j=\sum_{i=1}^{2} x_i w_{ij}$，第 j 个节点的输出是 $O_j=f\left(\sum_{i=1}^{2} x_i w_{ij}\right)+\boldsymbol{b}_{1j}$，输出层的输入为 $\mathrm{Net}=\sum_{j=1}^{p} O_j w_j$，网络输出为 $y=g(\mathrm{Net})+\boldsymbol{b}_2$。

在反向传播中，误差信号将沿原正向传播路径反向传输，并对隐含层和输出层各神经元的权值系数进行修正，使误差信号趋于最小。误差函数定义为

$$E=\frac{1}{2}(y-d)^2 \tag{6-5}$$

其中，y 和 d 表示实际输出和期望输出。BP 算法根据误差函数的负梯度方向修正权值系数。

首先，输出层的权值系数被更新为

$$w_j(k+1)=w_j(k)+\Delta w_j(k)=w_j(k)-\eta\frac{\partial E}{\partial w_j} \tag{6-6}$$

其中，η是学习率，Δw_j可以计算为

$$\Delta w_j=-\eta\frac{\partial E}{\partial w_j}=-\eta\frac{\partial E}{\partial y}\frac{\partial y}{\partial \mathrm{Net}}\frac{\partial \mathrm{Net}}{\partial w_j} \tag{6-7}$$

其中，$\frac{\partial E}{\partial y}=y-d$，$\frac{\partial y}{\partial \mathrm{Net}}=g'(\mathrm{Net})$，$\frac{\partial \mathrm{Net}}{\partial w_j}=O_j$。

因此，输出层的权值系数被更新为

$$w_j(k+1)=w\ (k)-\eta g'(\mathrm{Net})O_j(y-d) \tag{6-8}$$

隐含层的权值系数被更新为

$$w_{ij}(k+1)=w_{ij}(k)+\Delta w_{ij}(k)=w_{ij}(k)-\eta\frac{\partial E}{\partial w_{ij}} \tag{6-9}$$

其中，Δw_{ij}可以计算为

$$\Delta w_{ij}=-\eta\frac{\partial E}{\partial w_{ij}}=-\eta\frac{\partial E}{\partial O_j}\frac{\partial O_j}{\partial w_{ij}}=-\eta\frac{\partial E}{\partial y}\frac{\partial y}{\partial \mathrm{Net}}\frac{\partial \mathrm{Net}}{\partial O_j}\frac{\partial O_j}{\partial w_{ij}} \tag{6-10}$$

其中，$\frac{\partial E}{\partial y}=y-d$，$\frac{\partial y}{\partial \mathrm{Net}}=g'(\mathrm{Net})$，$\frac{\partial \mathrm{Net}}{\partial O_j}=w_j$，$\frac{\partial O_j}{\partial w_{ij}}=f'(\mathrm{Net}_j)x_i$。

因此，隐含层的权值系数被更新为

$$w_{ij}(k+1)=w_{ij}(k)-\eta(y-d)g'(\mathrm{Net})w_j f'(\mathrm{Net}_j)x_i \tag{6-11}$$

2）BPNN一般流程

由于BPNN属于有监督（有导师）学习，需要一组已知目标输出的学习样本集，在训练之前随机指定权值，将学习样本输入神经网络之后得到对应的输出，

再根据期望值与输出值计算对应的误差，根据误差值来逐层改变权值，直至误差达到设定的范围停止训练。BPNN算法流程图如图6–8所示。

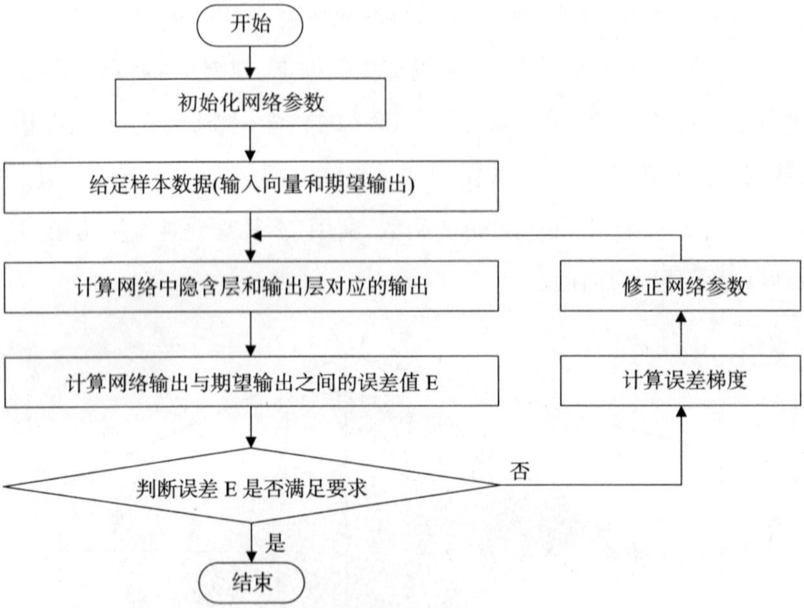

图6–8 BPNN算法流程图

BP中通过训练误差来逐步调整各层间的输入权重和偏置，这个调整的过程依据的是梯度下降法。训练误差E是关于输入权重和偏置的二次函数，分别对权重和偏置求偏导数，也就是梯度向量，沿着梯度向量的方向，训练误差增加最快，而沿着梯度向量相反的方向，梯度减少最快，在这个方向上更容易找到训练误差函数的最小值。

3）神经网络的拟合应用

神经网络可以用于任意函数模型的拟合，通过现有的样本数据找出输入与输出之间的权值关系，然后利用这样的权值关系进行预测。相对于基于最小二乘法的拟合方法，神经网络拟合具有如下特点：常规的最小二乘法做数据拟合时，需要给定拟合函数的数学模型，例如给定多项式拟合函数，利用最小二乘法求拟合曲线的多项式参数，而神经网络做拟合则不需要事先知道拟合函数的数学模型，它是通过黑箱模型来描述输入与输出之间的映射关系；常规最小二乘法通常用于线性函数拟合,而神经网络则可以应对任意的非线性函数,对于一些复杂的非线性系统,难以用准确的数学模型表示这些系统测试数据中自变量与应变量之间的函数关系,而神经网络可以很好地解决这些问题。

实例:假设$oxyz$平面中存在一系列离散数据点,如图6–9所示。现需要对数据点进行空间曲面拟合,由于未知拟合函数的数学模型,因此可以采用神经网络,对数据点进行拟合。输入样本为$[x, y]$,输出样本为z,定义一个3层神经网络,结构为2–10–1,采用Sigmoid传递函数,利用BP算法对神经网络模型进行训练,最终可以得到拟合曲面。

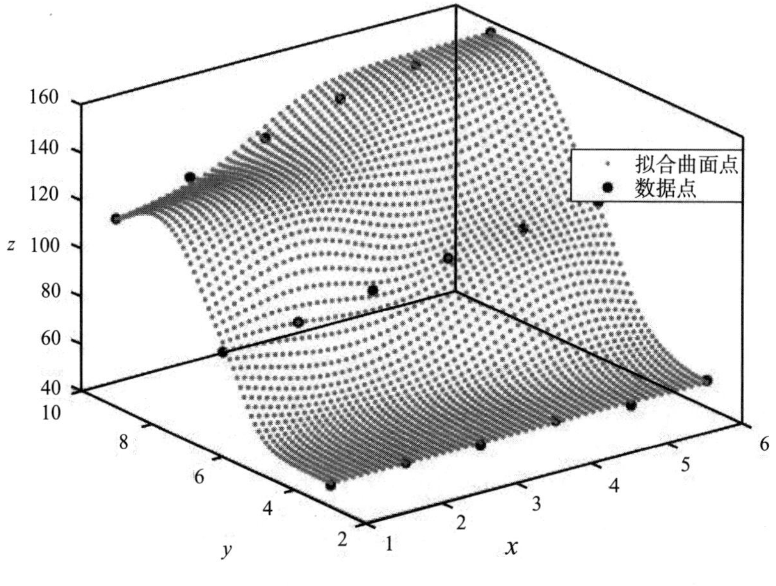

图6–9　神经网络空间曲面拟合应用

需要指出的是,神经网络拟合是以数据为基础建立模型,样本数据的数量和质量影响着拟合模型的精确性。样本数据一般来源于先验知识和经验总结,或是通过实验得到的系统观测数据,样本数据的客观性和准确性以及对其适当地量化处理,必然会影响神经网络拟合精度。

6.2 基于神经网络的一体化速度规划控制方法

常规自动驾驶速度规划模块与速度控制模块相互独立,速度规划模块的输出作为速度控制模块的输入,分别设计相应的速度规划算法和纵向控制算法。在自动驾驶运行时,系统周期性地规划速度曲线并计算速度控制量。由于道路环境变化和车辆状态的改变,规划的目标速度曲线时刻变化,缺乏延续性。同时,周期性规划速度曲线并计算速度控制量,也增加了系统的时耗。为了降低速度规划与纵向控制的计算复杂度,保证自动驾驶的舒适性和稳定性,本节在路径规划工作的基础上,提出了一种基于神经网络的一体化速度规划控制方法。相比于现有的速度规划与控制方法,基于神经网络的一体化速度规划控制方法具有以下特点:①直接计算实时期望加速度,而不生成速度曲线,大大降低算法的时间复杂度,工程实现极为简便;②利用训练好的一体化速度规划控制模型计算实时加速度控制量,保证了控制量连续平稳变化,提升了驾驶舒适性;③针对多种典型场景,分别建立相应的速度规划控制模型,能够适应自动驾驶车辆复杂的驾驶场景。

6.2.1 方法整体思想

自动驾驶车辆在行驶过程中,首先结合道路环境规划最优的目标路径。在给定行驶路径的条件下,需要针对路径上的静态障碍物、动态障碍物、停止线、限速牌等信息,做出相应的速度规划与控制计算,输出加(减)速度控制量,以实现避障、跟车、停车等驾驶行为。如图6-10所示,分别对应了实际驾驶中的3种典型场景:静态障碍物场景、动态障碍物场景、限速场景。

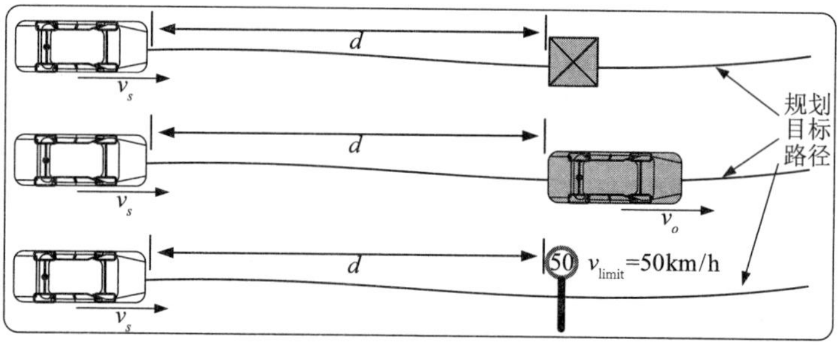

图6-10　三种典型场景

汽车在目标路径上行驶时，加速度控制量主要取决于当前场景中的环境因素，包括自车速度、障碍物类型、障碍物速度、与障碍物的距离、限速信息等。这些影响因素既复杂又相互关联，使得推导一个考虑了所有参数的公式相当困难。

可以将加速度控制量模型表达为加速度a与速度v和距离d之间的函数$a=f(v, d)$，函数中的a表示加速度控制量，v表示速度变量，d表示距离变量。理论上，只需要获得当前场景下的速度和距离变量的观测值，就可以直接代入计算加速度控制量。考虑前述的3种典型驾驶场景，假设已经分别推导了3种场景下的加速度控制量模型，则可以直接计算出加(减)速度，发送至控制模块执行，使车辆减速或跟随动态障碍物行驶。基于神经网络的一体化速度规划控制方法的整体结构如图6-11所示。

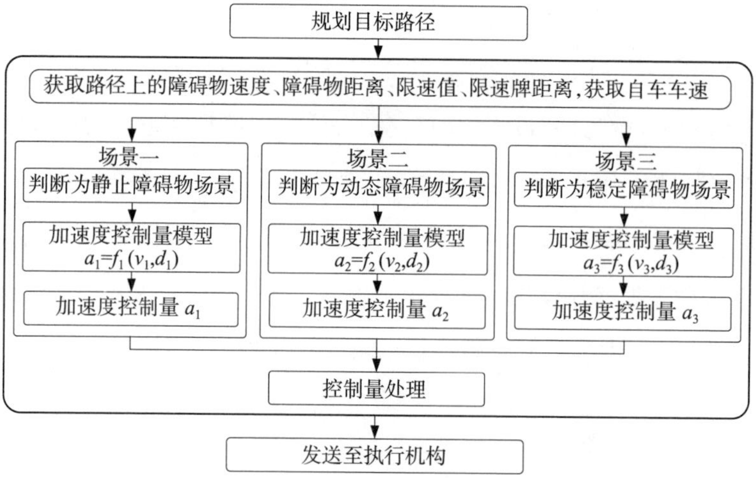

图6-11　一体化速度规划控制整体结构

上述3类场景——静止障碍物场景、动态障碍物场景和稳定障碍物场景，描述如下。对于自动驾驶车辆遇到前方停止线、终点线或设定停车点等此类场景，车辆都应该降速停车，这些场景等同于自动驾驶车辆遇到前方静态障碍物而降速停车，因此将此类场景统一归类为静态障碍物场景。对于动态障碍物的场景，如前方行驶车辆、行走的行人等，自动驾驶应生成实时加(减)速度指令，使得车辆跟随动态障碍物行驶，因此统一归类为动态障碍物场景。对于前方限速牌、前方弯道、绕行侧前方障碍物等，这些场景都需要输出减速度，使车辆减速到安全车速通过，故此类场景归类为稳定障碍物场景。

分别对这3种场景设计加速度控制量模型，用于在线实时计算加速度控制量。最后对加速度进行处理，以加速度较小者作为输出，并对输出结果进行平滑及限幅等处理。

6.2.2 加速度控制量模型构建

一体化速度规划控制方法的关键在于构建加速度控制量模型，而该模型可能是一种非线性模型，且难以用准确的函数关系来表达。因此，可以利用神经网络逼近任意非线性函数的功能，在给定一定量的样本数据前提下，通过自学习，获得输入量(速度和距离)到输出量(加速度控制量)的映射关系，即加速度控制量模型。

根据人工驾驶经验，在给定场景条件下，已知速度和距离数据信息，能够做出恰当的加速度控制量决策。例如，在静态障碍物场景下，自车车速为10 m/s，到障碍物的距离为24 m，则做出加速度控制量为$-1.5\ m/s^2$的决策，才能使得车辆安全停车。又如，在动态障碍物场景下，自车车速为10 m/s，前车车速为5 m/s，两车相距40 m，则做出加速度控制量为$-0.5\ m/s^2$的决策，能使得车辆保持安全车距。将人工驾驶经验转化为输入输出样本集合，作为神经网络学习样本集合。然后建立3层神经网络，利用样本集合，离线训练神经网络，建立加速度控制量模型。最后将加速度控制量模型用于在线的加速度控制量计算。利用加速度控制量模型计算加速度控制量的流程如图6-12所示。

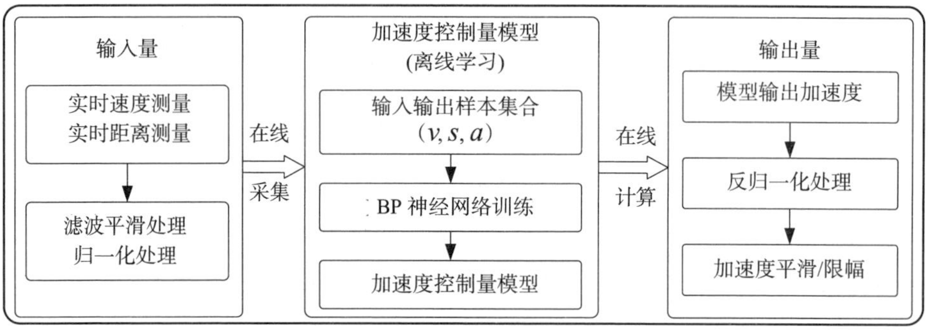

图6–12　神经网络速度规划方法流程

(1) 离线学习阶段。

将加速度控制量模型描述为输入量到输出量的映射关系，即$a_{ij}=f(v_i,\ d_j)$。在预设的场景下，根据人工驾驶经验，能够总结出：当速度变量为v_i，$i=1,\ 2,\ \cdots,\ m$，距离变量为d_j，$j=1,\ 2,\ \cdots,\ n$时，所需的加速度为a_{ij}。由此，可以构成$m\times n$个输入输出样本集合：

$$s_{ij}=[v_i,\ d_j,\ a_{ij}],\ i=1,\ 2,\ \cdots,\ m,\ j=1,\ 2,\ \cdots,\ n \tag{6-12}$$

建立3层神经网络模型，其中输入层神经元数量为输入状态量个数(2)，隐含层神经元数量为$N(10)$，输出层神经元数量为输出量个数(1)。神经网络输入层到隐含层、隐含层到输出层的权值向量为$\boldsymbol{w}_1$和$\boldsymbol{w}_2$，隐含层和输出层的偏置向量为$\boldsymbol{b}_1$和$\boldsymbol{b}_2$，传输函数为双曲正切函数。将s_{ij}作为学习样本，采用BP算法训练神经网络的权值向量和偏置向量，反向学习过程为[6]

$$\boldsymbol{w}_1^{(k+1)}=\boldsymbol{w}_1^{(k)}+\Delta\boldsymbol{w}_1^{(k)} \tag{6-13}$$

$$\boldsymbol{w}_2^{(k+1)}=\boldsymbol{w}_2^{(k)}+\Delta\boldsymbol{w}_2^{(k)} \tag{6-14}$$

$$\boldsymbol{b}_1^{(k+1)}=\boldsymbol{b}_1^{(k)}+\Delta\boldsymbol{b}_1^{(k)} \tag{6-15}$$

$$\boldsymbol{b}_2^{(k+1)}=\boldsymbol{b}_2^{(k)}+\Delta\boldsymbol{b}_2^{(k)} \tag{6-16}$$

式(6–13)至式(6–16)中，k为迭代训练次数，Δw和Δb为BP算法的调整量。将训练后的神经网络模型作为速度规划模型，用于后续在线计算加速度的模型。

(2) 在线计算阶段。

以神经网络规划模型作为计算模型,实时读取状态量[d_t, v_t],包括距离状态量和速度状态量。然后将状态量作为神经网络规划控制模型的输入,在线计算加/减速度,在线计算公式为

$$a_t{}'=\mathrm{tansig}\left(\boldsymbol{w}_2\cdot \mathrm{tansig}\left(\boldsymbol{w}_1\cdot[v_t{}', d_t{}']^{\mathrm{T}}+\boldsymbol{b}_1\right)+\boldsymbol{b}_2\right) \tag{6-17}$$

式(6-17)中,a_t', v_t', d_t'分别为归一化的加速度状态量、速度状态量和距离状态量,$\boldsymbol{w}_1$,$\boldsymbol{w}_2$,$\boldsymbol{b}_1$,$\boldsymbol{b}_2$为训练后的神经网络权值向量和偏置向量。最后,将a_t'反归一化作为计算输出。

6.2.3 典型场景的速度规划控制模型

(1) 静态障碍物场景速度规划控制模型。

在静态障碍物场景中,决定加速度控制量的因素为自车车速、自车到障碍物的距离。将自车车速离散化为集合v,将自车到障碍物的距离离散化为集合d,两两组合,形成输入样本集合:

$$P=[v_i, d_j], v_i\in v, d_j\in d, i=1, 2, 3, \cdots, 12, j=1, 2, 3, \cdots, 9 \tag{6-18}$$

根据人工驾驶经验,得到相对应的加速度a_{ij},构成由108个元素构成的输出样本集:

$$T=\{a_{ij}| i=1, 2, 3, \cdots, 12, j=1, 2, 3, \cdots, 9\} \tag{6-19}$$

由此可得静态障碍物场景的样本集合,如表6-1所示。

表6-1 静态障碍物场景的样本集合

d_j	1	2	3	4	5.5	7	8.5	10	12	14	16	19
2	−0.25	−1	−2	−4	−6	−6	−6	−6	−6	−6	−6	−6
5	0	−0.5	−1	−1.5	−3	−5	−6	−6	−6	−6	−6	−6

续表

d_j	1	2	3	4	5.5	7	8.5	10	12	14	16	19
9	0	−0.25	−0.5	−1	−1.5	−2.5	−4	−5	−6	−6	−6	−6
15	0	−0.25	−0.25	−0.5	−1	−2.5	−2.5	−3	−5	−6	−6	−6
24	0	0	−0.25	−0.25	−0.5	−1	−1.5	−2	−3	−4	−5	−6
37	0	0	0	−0.25	−0.5	−0.5	−1	−1.5	−2	−2.5	−4	−5
55	0	0	0	−0.25	−0.25	−0.5	−0.5	−1	−1.5	−2	−2.5	−3
79	0	0	0	0	−0.25	−0.25	−0.5	−0.5	−1	−1	−1.5	−2.5
110	0	0	0	0	0	−0.25	−0.25	−0.5	−0.5	−1	−1	−1.5

表6-1中，对于任意元素$v_i \in v$，$d_j \in d$，按照下式对输出加速度样本进行检验以满足安全性能：

$$a_{ij} = \max\left\{ a_{\text{select}} \in a \middle| a_{\text{select}} \leqslant -\frac{{v_i}^2}{2d_j} \right\} \tag{6-20}$$

对输入输出样本集$[P, T]$中的每一个样本$[v_i, d_j, a_{ij}]$，按如下公式做归一化处理，获得归一化后的输入输出样本集合$[P', T']$。

$$v_i' = \frac{v_i - (v_{12} + v_1)/2}{(v_{12} - v_1)/2} \tag{6-21}$$

$$d_j' = \frac{d_j - (d_9 + d_1)/2}{(d_9 - d_1)/2} \tag{6-22}$$

$$a_{ij}' = \frac{a_{ij} - (a_{\max} + a_{\min})/2}{(a_{\max} - a_{\min})/2} \tag{6-23}$$

初始化3层神经网络模型，以输入输出样本集$[P', T']$作为训练样本，离线训练神经网络，获得神经网络的权值向量和偏置向量。最后，以训练后的神经网络作为速度规划控制计算模型，以自动驾驶车辆实时车速、到静止障碍物的距离作为计算模型的输入，在线计算加速度。图6-13为静止障碍物场景下的速度规划控制模型。

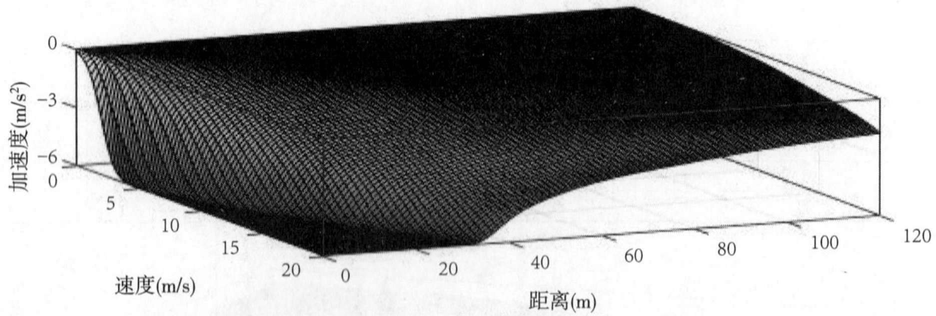

图 6–13　静态障碍物场景的速度规划控制模型

（2）动态障碍物场景规划控制模型。

在动态障碍物场景中，决定加速度控制量的因素为自车车速、前车车速、自车到前车的距离。在这里，定义速度输入量为两车的相对速度 $\Delta v = v_s - v_o$，定义距离输入量为时距 $\tau = d/v_s$。将相对速度离散化为集合 Δv，将时距离散化为集合 τ，两两组合，形成输入样本集合。然后根据人工驾驶经验，得到相应的输出加速度集合，并将输入输出样本转换为如表 6–2 所示的样本集合。

利用神经网络自学习的性能，离线修正模型，得到动态障碍物场景下的速度规划控制计算模型，如图 6–14 所示。最后采用该计算模型，在线计算输出加速度。

表 6–2　动态障碍物场景的样本集合

Δv	0.25	0.5	1	1.5	2	2.5	3	4	5	6
−7	−1	0	0.5	1	2	3	4	4	4	4
−5	−1	−0.5	0	0.5	1	2	3	4	4	4
−3	−2	−1	−0.5	0	0.5	1	2	4	4	4
−1	−2	−1.5	−1	−0.5	0	0.5	1	3	4	4
0	−3	−2	−1.5	−1	−0.5	0	0.5	1.5	3	3
1	−5	−4	−3	−2	−1	−0.5	0	1	1.5	2

续表

Δv	0.25	0.5	1	1.5	2	2.5	3	4	5	6
3	−5	−5	−5	−5	−3	−3	−1	0	0.5	1
5	−5	−5	−5	−5	−5	−4	−3	−1	−0.5	0
7	−5	−5	−5	−5	−5	−5	−5	−3	−2	−1

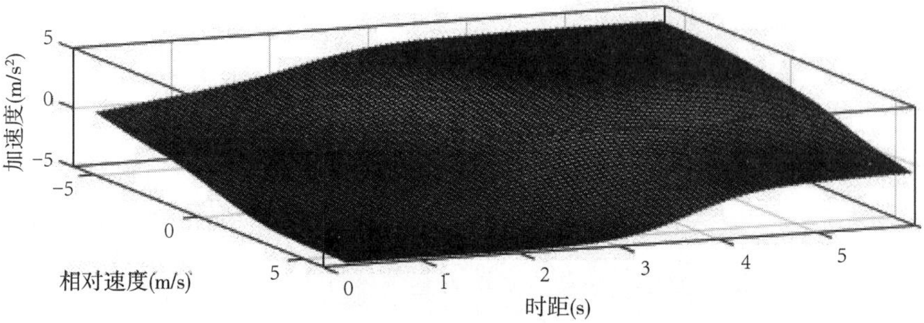

图6–14　动态障碍物场景的速度规划控制模型

(3) 稳定障碍物场景规划控制模型。

稳定障碍物的场景,速度规划控制的目标是计算实时加速度,使自动驾驶车辆降速到安全车速。与上述动态、静态障碍物场景类似,输入变量为相对速度和距离,相对速度为自车车速−目标车速,距离为自车到目标物的距离,输出变量为加速度,根据人工驾驶经验得到训练样本数据集合,如表6–3所示。构建速度规划控制模型如图6–15所示。

表6–3　稳定障碍物场景的样本集合

ΔV	2	5	9	15	24	37	55	79	110
1	−0.25	0	0	0	0	0	0	0	0
2	−1	−0.5	−0.25	−0.25	0	0	0	0	0
3	−2.5	−1	−0.5	−0.25	−0.25	0	0	0	0
4	−4	−2	−1	−0.5	−0.25	−0.25	−0.25	0	0

续表

ΔV	2	5	9	15	24	37	55	79	110
5.5	−6	−4	−2	−1	−0.5	−0.5	−0.25	−0.25	0
7	−6	−5	−3	−3	−1	−0.5	−0.5	−0.25	−0.25
8.5	−6	−6	−4	−3	−2	−1	−0.5	−0.5	−0.25
10	−6	−6	−5	−4	−2.5	−2	−1	−0.5	−0.5
12	−6	−6	−6	−5	−4	−2.5	−2	−1	−0.5
14	−6	−6	−6	−6	−4	−3	−2.5	−1	−1

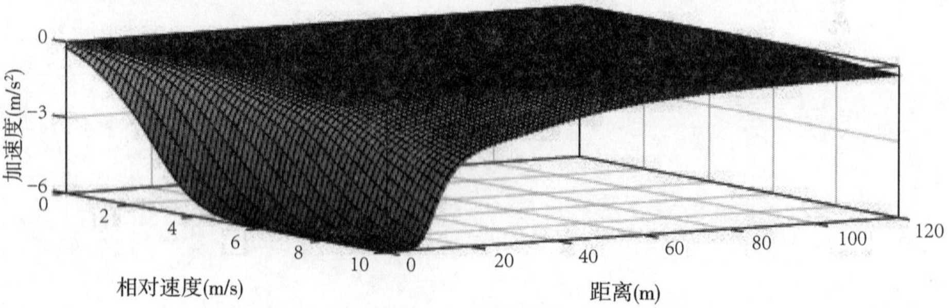

图6–15　稳定障碍物场景的速度规划控制模型

6.2.4 仿真研究

仿真研究基于MATLAB/Simulink展开，通过MATLAB神经网络工具箱离线训练获得网络模型参数，在Simulink中建立速度规划控制仿真模型。

遇静态障碍物场景，障碍物位于前方100 m处，自动驾驶车辆分别以20 m/s、15 m/s和10 m/s的初始速度开始驶向障碍物，测试车辆能否平滑降速。仿真结果如图6–16所示。

由仿真结果可知，当自动驾驶车辆与障碍物距离小于6 s时距时，速度规划控制模块根据自车车速和到障碍物的距离，计算输出减速度，车辆开始制动减速。结果表明，在不同的初始车速的条件下，自动驾驶车辆都能够输出连续平滑的减速度，实现车辆平稳降速。

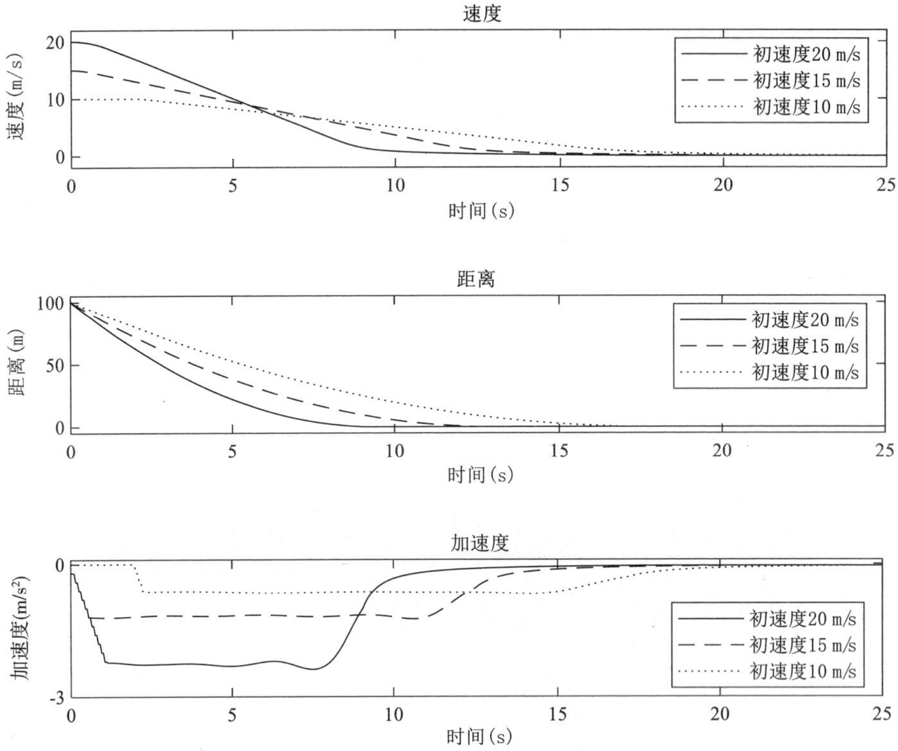

图6-16　遇静态障碍物减速停车测试

遇动态障碍物场景，前方车辆作为动态障碍物，且车速度随时间动态变化。自动驾驶车辆初始车速为15 m/s，到前车的初始距离为30 m，目标时距为2.5 s。分别进行了两类模拟测试：自动驾驶车辆跟随前车减速和自动驾驶车辆跟随前车连续变化。

对于自动驾驶车辆跟随前车减速的场景，假设前车从25 m/s恒速行驶，以$-1.5\ m/s^2$的减速度减速到10 m/s后保持恒速行驶；对于自动驾驶车辆跟随前车连续变化的场景，假设前车车速随时间以正弦函数变化。上述两种场景，测试自动驾驶车辆的跟车性能，仿真结果如图6-17、图6-18所示。

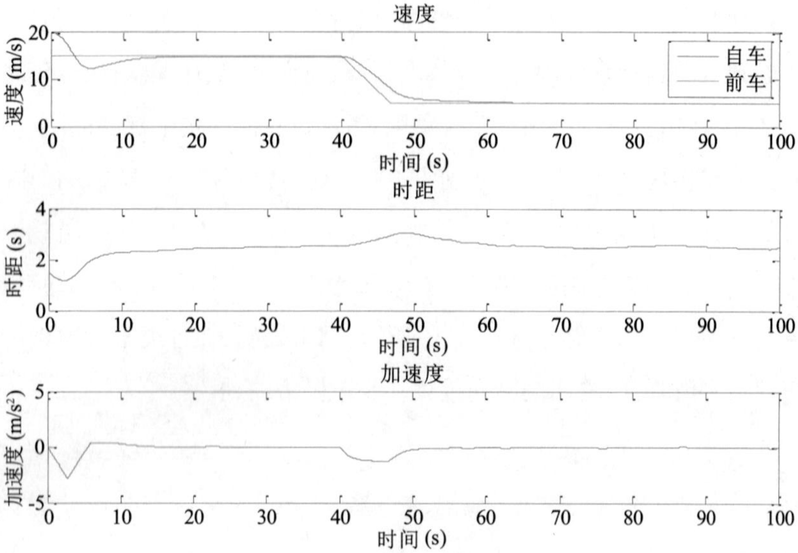

图6-17　跟随前车减速测试

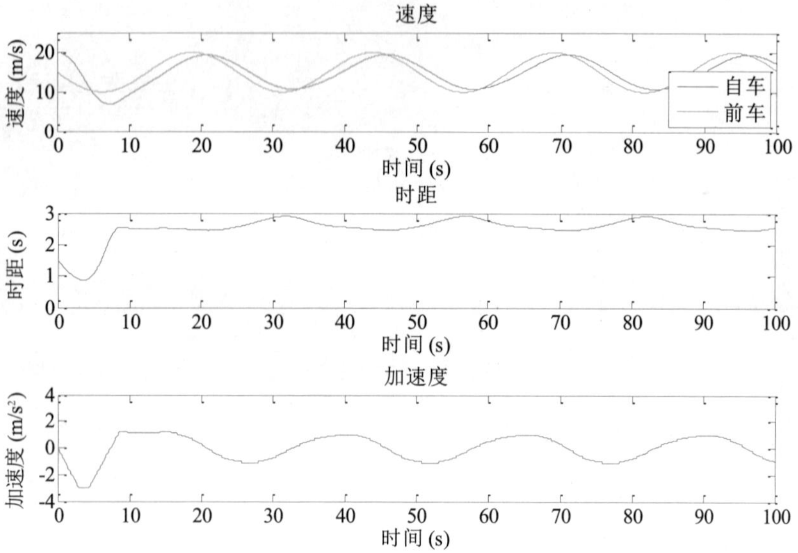

图6-18　跟随前车连续变化测试

结果表明,前车恒速行驶时(图6-17,0～40 s),神经网络模型能够规划连续平滑的加速度,使自动驾驶车辆保持与前车的2.5 s的跟车时距;前车从第一种恒速变化到第二种恒速运行时(图6-17,40～100 s),自动驾驶车辆能够迅速响应前车的变化,并达到稳定跟车;当前车速度连续变化时(图6-18),自动驾驶车辆能够较好响应前车车速变化，跟车时距保持在2.5～3 s的合理安全范围内。

考虑到自动驾驶系统中的各类扰动，如测量误差、执行误差、执行延时等，根据实际情况，在仿真系统中增加了扰动因素，测试算法的抗干扰性能。

静态障碍物场景：障碍物位于前方100 m处，自动驾驶车辆以15 m/s的初始速度开始减速。干扰因素：速度测量加入了±1.5 m/s以内的随机误差，对距离测量加入了±2 m以内的随机误差，执行系统的响应延时为0.5 s，制动系统的执行误差为±10%。仿真结果如图6-19所示，结果表明，在各类干扰因素影响下，车辆仍保持平滑降速，输出的减速度仅在小范围内波动。

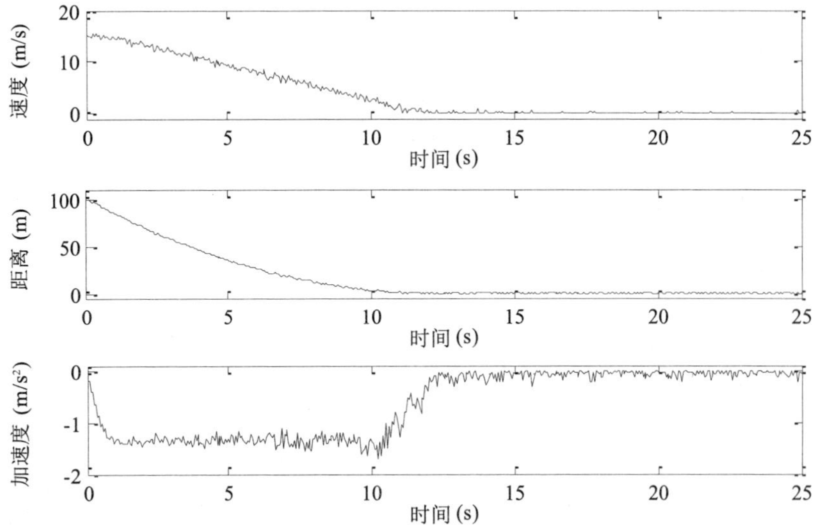

图6-19　抗干扰测试

动态障碍物场景：对速度测量加入了±1.5 m/s以内的随机误差，对距离测量加入了± 2 m以内的随机误差，执行系统的响应延时为0.5 s，制动系统的执行误差为±10%。仿真结果如图6-20所示。结果表明，自动驾驶车辆仍能保持较为稳定地跟车，加速度仅在小范围内波动。与图6-18(无干扰情况)相比，跟车时间在第10 s有明显上升，主要原因是执行系统的响应延时干扰，加速或减速的时延造成车距急剧增加或减少。

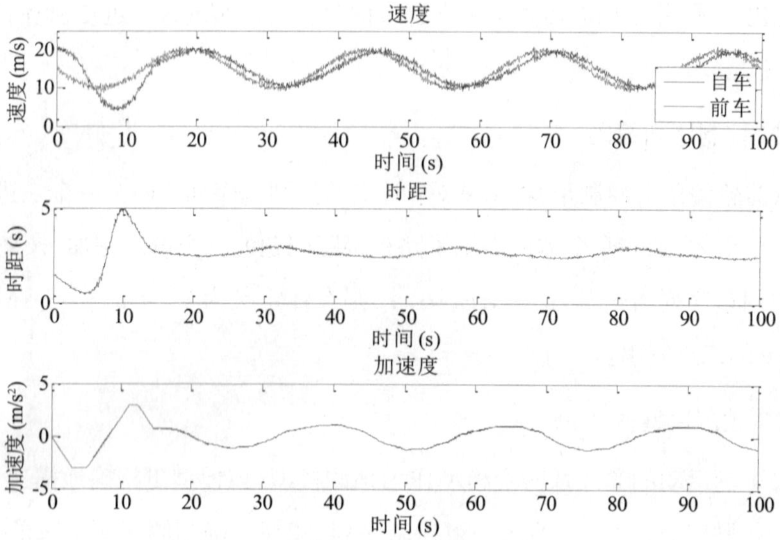

图 6-20　抗干扰测试

6.3 基于遗传算法的路径跟踪控制方法

传统的模型预测控制需要将车辆运动模型简化为线性预测模型，通过构建二次型的目标函数，采用凸优化方法求解最优解。显然，这样的简化带来了未知的控制误差和复杂的数学推导。针对这些问题，本节提出一种基于遗传算法的车辆轨迹跟踪控制方法，将控制量序列编码为二进制染色体，利用遗传算法对控制量序列进行迭代优化，最终获得最优的控制量序列。

6.3.1 方法整体思想

求解路径跟踪问题的最优控制量，就是对初始解的不断优化过程。基于遗传算法的路径跟踪方法，整体思路是将控制量视为一个个体，从初始的种群开始，对个体的染色体编码进行进化改造，让个体所表示的控制量使路径跟踪问题的各性能指标逐渐提高，直至最优。在这里，个体指的是控制量的一种表现形式，控制量是一种具体的物理量，而个体是一种编码形式，二者是一一对应的关系；性能指标指的是路径跟踪问题的目标，包括跟踪误差指标、控制量波动指标等。

基于遗传算法的路径跟踪方法，实际上是将路径跟踪该问题转换为了控制量的优化问题，并采用遗传算法来求解最优解。为了实现这一过程，我们首先给定如下概念。

(1) 控制序列编码。

以前轮偏角为控制量，将未来k个时刻的控制量序列编码为一个二进制串，作为一个个体，则一个个体就表示了路径跟踪问题的一个解。例如，未来k个时刻的控制量序列为$u_1,u_2,u_3,\cdots,u_i,\cdots,u_k$，则个体定义为$V=v_1v_2v_3\cdots v_i\cdots v_k$，其中$v_i$表示$u_i$的二进制串。

(2) 预测模型。

以车辆运动的非线性时变模型作为预测模型，该模型更精确地描述了车辆未来的行驶状态。那么，给定一组控制序列，能够精确预测车辆未来的行驶路径。例如，对于车辆运动可以表示为离散形式的任意的非线性时变模型：$\boldsymbol{X}(k+1)=f(\boldsymbol{X}(k),\ \boldsymbol{U}(k))$，若给定控制量$\boldsymbol{U}(k)$，则可以预测车辆未来状态$\boldsymbol{X}(k+1)$。

有了上述概念，再利用遗传算法的思想，对初始的控制序列进行迭代优化，如图6-21所示。首先，将未来k个时刻的前轮偏角组成控制序列，进行遗传编码，并生成初始种群；然后，基于控制序列编码，每个个体表示了路径跟踪问题的一个解，即一组控制序列，再基于预测模型，给定了这组控制序列，就能够预测车辆未来的行驶路径；接下来，建立评价模型对每个个体的性能指标进行评价，包含预测路径与参考路径的位姿误差指标，以及控制量波动指标，进而获得每个个体的适应度；最后，按照遗传算法的迭代进化流程，产生下一代种群，并重复以上过程，最终完成控制序列优化，获得最优控制量。

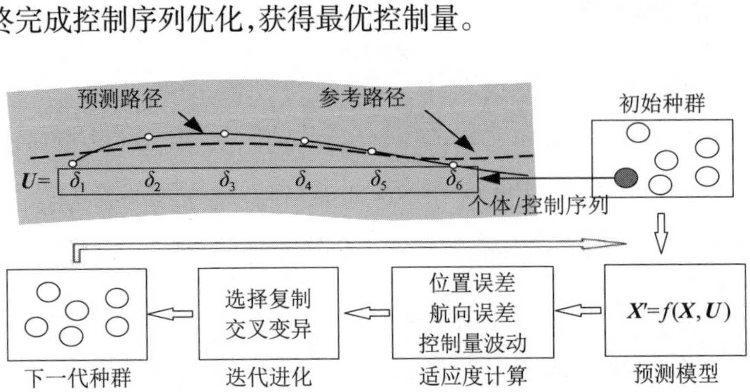

图6-21　基于遗传算法的路径规划方法基本思想

相比于传统MPC,基于遗传算法的路径跟踪控制方法的主要改进是:

(1) 遗传算法可以应对任意的非线性预测模型,也可以处理车辆运动模型的时变性,无须对车辆运动模型进行线性化和近似化处理,因而保证了预测状态和预测输出的准确性。

(2) 遗传算法能够处理任意形式的目标函数,而不仅仅限于MPC中采用的二次型目标函数。

(3) 在给定目标函数的情况下,利用遗传算法来求解优化目标,而不必转换为标准的二次规划问题,采用二次规划求解器求解。

基于遗传算法的路径跟踪控制器结构如图6-22所示。控制器的工作原理是:在每个控制周期中,根据上时刻的最优控制序列$\boldsymbol{U}^{*}(k-1)$,按照一定规则生成多个初始解序列$\boldsymbol{U}(k)$,构成初始种群。同时,获取车辆当前状态$\boldsymbol{X}(k)=[x(k), y(k), \theta(k)]$,结合预测模型,得到相应个体的预测输出$\boldsymbol{Y}_p$。另一方面,从规划模块获取规划路径path,根据当前车速对规划路径采样,得到离散的参考路径$\boldsymbol{Y}_r$。以参考路径与预测路径的偏差计算误差指标,以控制序列的波动性计算控制量变化指标,构成目标函数,最后获得每个个体的适应度。基于适应度值决定个体选择复制概率,通过遗传算法的迭代优化,持续更新种群,最后获得使得预测输出与目标路径之间偏差最小、控制序列波动最小的个体$\boldsymbol{U}^{*}(k)$作为最优个体,将其解码后作用于被控对象,完成该周期的控制任务。

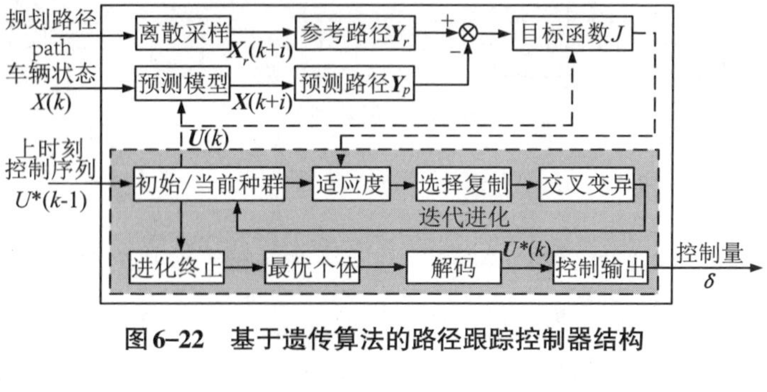

图6-22　基于遗传算法的路径跟踪控制器结构

6.3.2 控制序列编解码

以前轮偏角为控制量,将未来时刻的控制量序列编码为一个二进制串,作为一个个体,并对二进制串进行初始化赋值。

(1) 增量式编码。

采用增量式的编码方式,定义未来N_c个时刻的控制量增量分别为$\Delta\delta_1$,$\Delta\delta_2$,$\Delta\delta_3$,…,$\Delta\delta_i$,…,$\Delta\delta_{Nc}$,假设上时刻控制量为δ_0,则第i个时刻的控制量为:$\delta_i=\delta_0+\Delta\delta_1+\Delta\delta_2+\Delta\delta_3+\cdots+\Delta\delta_i$,如此构成了控制序列$[\delta_1\ \delta_2\ \delta_3\ \cdots\ \delta_i\ \cdots\ \delta_{Nc}]$。

对于每一个控制增量$\Delta\delta_i$,用固定长度的二进制字符串表示。假设采用8位二进制字符串$V_i=b_8b_7b_6\cdots b_1$表示第i个时刻的控制量增量,其中b表示0或1,则N_c个二进制字符串构成了个体的染色体编码为$P=V_1V_2V_3\cdots V_i\cdots V_N$。

定义种群数量为N_{pop},相应种群的染色体分别为$P_1,P_2,P_3,\cdots,P_{Npop}$。实际上,可以将种群定义为一个$N_{pop}$行$\times 8N_c$列的数组,如图6-23所示,数组中每个元素为0或1,每一行表示一个个体的染色体编码,每行中的连续8位二进制数表示某个时刻控制量增量的二进制编码。

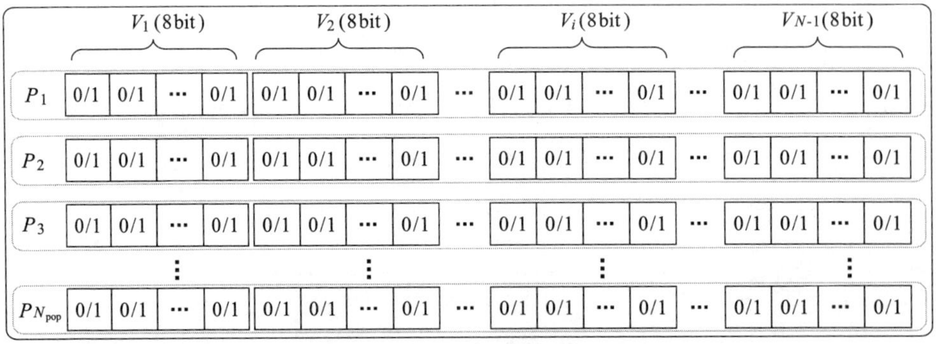

图6-23 种群编码

(2) 控制量解码。

对于任意的一个个体染色体编码,其二进制字符串形式为$P=V_1V_2V_3\cdots V_i\cdots V_{Nc}$。可以通过解码,转换为十进制数及物理量,参与后续的计算。对于染色体的第i个基因V_i,由于采用了8位二进制字符串,因此该基因对应的十进制数为

$$v_i=\sum_{k=1}^{8}b_k2^{k-1} \tag{6-24}$$

式中，v_i为[0, 255]之间的整数。由于v_i表示的是第i个时刻的控制量增量，其取值受到车辆执行器的约束。因此，需要对v_i的取值做限幅处理。在这里，近似取前轮偏角的增量范围为$[-v_{\max}, v_{\max}]$，则v_i所对应的实际物理量（第i个时刻的控制量增量）可表示为

$$\Delta\delta_i = \frac{2v_i v_{\max}}{255} - v_{\max} \tag{6-25}$$

（3）移位编码。

通常以随机编码的方式产生初始种群，使得前一控制周期的控制量与当前控制周期的控制量无任何关联。然而前一控制周期计算的最优控制序列往往代表了未来一段时间的最优控制量，未来周期内仅需要在此刻最优控制序列的基础上做少量调整即可。为了保持上一控制周期控制序列在当前控制周期的延续性，并加快搜索的速度，采用了移位编码的方式，即在控制序列初始化时，以上一周期的最优个体的编码为基础，对其进行向左移位，然后对最右空缺的编码进行随机编码，如图6-24所示。

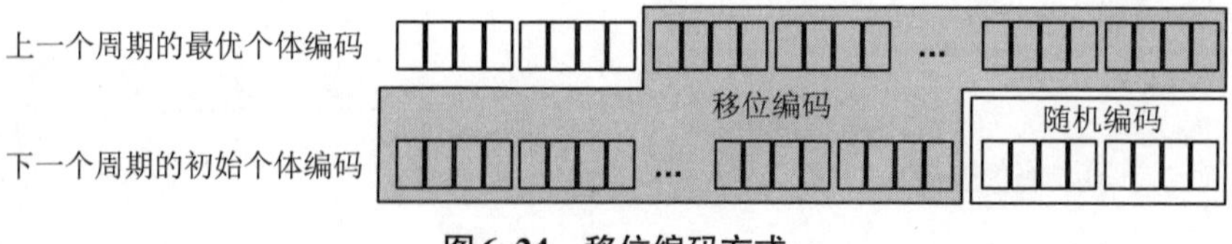

图6-24　移位编码方式

6.3.3 预测模型与目标函数

（1）预测模型。

在前面章节介绍的模型预测控制中，关于车辆运动学模型如下：

$$\begin{cases} x' = v\cos\theta \\ y' = v\sin\theta \\ \theta' = v\tan(\delta)/L \end{cases} \tag{6-26}$$

运动学模型是典型的非线性模型，可表示为

$$\begin{cases} \boldsymbol{X}'(t)=f(\boldsymbol{X}(t),\boldsymbol{U}(t)) \\ \boldsymbol{Y}(t)=\boldsymbol{C}\boldsymbol{X}(t) \end{cases} \tag{6-27}$$

在经典的模型预测控制中，首先要对上式进行线性化处理，得到误差的状态方程。线性化处理用到了泰勒展开，忽略了高阶项，同时，忽略了误差状态方程中系统矩阵的时变性。这些简化处理带来了车辆运动状态的预测误差。为了克服这一缺陷，我们直接采用了车辆的非线性时变模型，作为车辆运动的预测模型。

对于式(6-27)的非线性模型，进一步地进行离散化处理，得到离散的模型：

$$\boldsymbol{X}(k+1)=f(\boldsymbol{X}(k),\boldsymbol{U}(k),T) \tag{6-28}$$

其中，T为采样周期。

预测输出$\boldsymbol{Y}(x, y, \theta)$与参考轨迹$\boldsymbol{X}_r(x_r, y_r, \theta_r)$的误差将被作为重要的优化指标，因此设计输出方程为

$$\boldsymbol{Y}(k+1)=\boldsymbol{C}\boldsymbol{X}(k+1) \tag{6-29}$$

$$\bar{\boldsymbol{C}}=[\boldsymbol{I}_{3\times 3} \quad 0] \tag{6-30}$$

(2) 车辆轨迹预测。

对于当前种群中的每个个体，通过解码转换为实数序列，每一组实数序列代表了预设的未来车辆的控制量，结合车辆的非线性预测模型，能够预测出该个体所对应的未来车辆行驶的轨迹。

设预测时域为N_p，控制时域为N_c。个体解码为N_c个控制量$[\boldsymbol{U}(k), \boldsymbol{U}(k+1), \boldsymbol{U}(k+2), \cdots, \boldsymbol{U}(k+N_c-1)]^{\mathrm{T}}$，根据非线性预测模型，可以推测如下未来$N_p$个时域内的状态量。

$$\begin{cases} \boldsymbol{X}(k+1)=f(\boldsymbol{X}(k),\boldsymbol{U}(k),T) \\ \boldsymbol{X}(k+2)=f(\boldsymbol{X}(k+1),\boldsymbol{U}(k+1),T) \\ \vdots \\ \boldsymbol{X}(k+N_c)=f(\boldsymbol{X}(k+N_c-1),\boldsymbol{U}(k+N_c-1),T) \\ \vdots \\ \boldsymbol{X}(k+N_p)=f(\boldsymbol{X}(k+N_c),T) \end{cases} \tag{6-31}$$

同理,根据输出方程,可以推测未来N_p个时域内的输出量:

$$\begin{cases} \boldsymbol{Y}(k+1)=\boldsymbol{CX}(k+1) \\ \boldsymbol{Y}(k+2)=\boldsymbol{CX}(k+2) \\ \boldsymbol{Y}(k+3)=\boldsymbol{CX}(k+3) \\ \vdots \end{cases} \tag{6-32}$$

将上式简记作

$$\boldsymbol{Y}=\boldsymbol{CX} \tag{6-33}$$

其中,$\boldsymbol{Y}=[\boldsymbol{Y}(k+1),\ \boldsymbol{Y}(k+2),\ \cdots,\ \boldsymbol{Y}(k+N_p)]$,$\boldsymbol{X}=[\boldsymbol{X}(k+1),\ \boldsymbol{X}(k+2),\ \cdots,\ \boldsymbol{X}(k+N_p)]$。

(3) 目标函数。

与模型预测控制类似,根据参考路径和预测路径之间的误差,建立了二次型形式的目标函数:

$$J_1=(\boldsymbol{Y}-\boldsymbol{Y}_r)^{\mathrm{T}}\boldsymbol{Q}(\boldsymbol{Y}-\boldsymbol{Y}_r)=\sum_{i=1}^{N_p}q_i(\boldsymbol{Y}(k+i)-\boldsymbol{Y}_r(k+i))^2 \tag{6-34}$$

考虑到舒适性能,需要保证控制增量尽可能为0,因此,建立了控制量增量目标函数:

$$J_2=(\boldsymbol{U}(k+i)-\boldsymbol{U}(k+i-1))^{\mathrm{T}}\boldsymbol{R}(\boldsymbol{U}(k+i)-\boldsymbol{U}(k+i-1))=\sum_{i=1}^{N_c}r_i(\Delta\delta_i)^2 \tag{6-35}$$

实际上,遗传算法利用预设的个体(控制序列),结合任意的非线性运动模型，能够预测未来的状态量和输出量，在这些已知量的基础上，能够建立任意形式的目标函数，而非仅仅是二次型的形式。因此，采用遗传算法设计控制器时，对于优化目标的形式可以不做要求，具有较大的灵活性。

6.3.4 控制序列优化

（1）初始种群。

按照增量式编码和移位编码方式，产生初始种群。在初始种群中，有一部分个体继承了上一个周期最优控制序列的编码，其余个体的编码则是随机生成。如图6–23所示，采用移位编码方式，获得P_1个初始个体，为了保证种群的多样性，以随机编码方式，生成P_2个初始个体，由P_1和P_2共同构成初始种群。（图6–25）

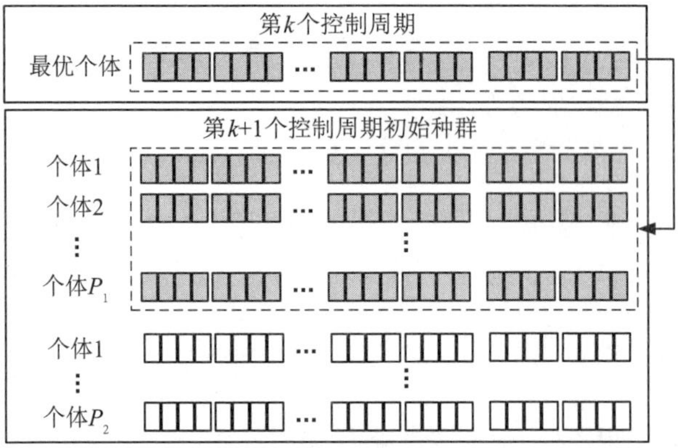

图6–25　初始种群生成

（2）适应度。

对种群中的每个个体，解码为控制序列，然后根据预测模型计算车辆未来状态，根据目标函数模型计算个体的性能指标，最终得到个体的适应度。

对于任意的一个个体，其二进制字符串形式为$P=V_1V_2V_3\cdots V_i\cdots V_{N-1}$。通过解码得到相应的控制量增量$\Delta \boldsymbol{U}=[\Delta\delta_1\ \Delta\delta_2\ \Delta\delta_3\ \cdots\ \Delta\delta_i\ \cdots\ \Delta\delta_{Nc}]$。进一步计算得到控制量序列为$\boldsymbol{U}=[\delta_1\ \delta_2\ \delta_3\ \cdots\ \delta_i\ \cdots\ \delta_{Nc}]$。再根据预测模型计算未来$N_p$个时域内的状态量和输出量：

$$\boldsymbol{X}=[\boldsymbol{X}(1)\ \boldsymbol{X}(2)\ \boldsymbol{X}(3)\ \cdots\ \boldsymbol{X}(i)\ \cdots \boldsymbol{X}(N_p)] \tag{6–36}$$

$$\boldsymbol{Y}=[\boldsymbol{Y}(1)\ \boldsymbol{Y}(2)\ \boldsymbol{Y}(3)\ \cdots\ \boldsymbol{Y}(i)\ \cdots \boldsymbol{Y}(N_p)] \tag{6-37}$$

已知未来状态量、输出量和参考量，根据建立的目标函数，计算个体的性能指标，最后得到个体的适应度。可知，个体的优劣程度取决于相应的目标函数值，个体使得目标函数值越小，个体的性能就越高，反之亦然。按此原则，可以定义第 i 个个体的适应度为

$$\text{fitness}(i)=\frac{1}{\alpha J_1(i)+\beta J_2(i)} \tag{6-38}$$

则种群的总适应度为：

$$\text{fitnessall}=\sum_{k=1}^{\text{pop}}\text{fitness}(k) \tag{6-39}$$

根据种群的总适应度值的变化情况，判断当前是否满足结束迭代进化条件。若满足，总适应度值不再发生变化，或迭代次数达到设定次数，则结束进化。结束进化后，选择适应度最大的个体作为最优个体，相应的控制序列记为最优控制量。选择最优控制序列中的第一个控制量作为实际控制量，发送至执行机构。若不满足结束条件，则继续后续的遗传进化流程，产生新一代种群。

(3) 新一代种群。

首先实施选择复制操作，以一定的概率，选择优良的个体，淘汰性能差的个体。采用轮盘赌的方式，个体的适应度值越大，被选择的概率越高。定义个体选择的概率为

$$P(i)=\frac{\text{fitness}(i)}{\text{fitnessall}} \tag{6-40}$$

其中，pop 表示种群的数量。

然后实施交叉和变异操作。将当前种群中的个体编码进行两两交换重组，随机对种群中个体的某些位编码取反，最终产生了新个体，构成了新一代种群，完成了当前代进化。

最后以新一代种群为基础，再次重复以上的过程，循环迭代。

6.3.5 算法实现

(1) 算法流程。

Step 1：初始化。

获取上一控制周期的控制序列 $\boldsymbol{U}(k-1)$，按照移位编码方式生成 P_1 个个体编码，按照随机编码方式生成 P_2 个个体编码，构成初始种群，初始种群形式为 (P_1+P_2) 行 $\times(N_c\times 8)$ 列的数组 $\mathrm{Norm}^{(\mathrm{dyn})}$，$\mathrm{dyn}=1$。dyn 为迭代次数，设定 $\mathrm{dyn}_{\max}$ 为最大迭代次数。

Step 2：个体解码。

对当前种群 $\mathrm{Norm}^{(\mathrm{dyn})}$ 进行解码，计算得到 (P_1+P_2) 个控制序列，每个控制序列包含 N_c 个控制量，第 i 个控制序列形式为 $\boldsymbol{U}=[\delta_1\ \delta_2\ \delta_3\ \cdots\ \delta_i\ \cdots\ \delta_{Nc}]$。

Step 3：状态预测。

获取车辆当前状态 $\boldsymbol{X}(k)=[x\ y\ \theta]^{\mathrm{T}}$ 和车速 v，对每一个控制序列，根据预测模型，计算相应的预测输出量 $\boldsymbol{Y}_p(k+1)$，$\boldsymbol{Y}_p(k+2)$，$\boldsymbol{Y}_p(k+3)$，……，$\boldsymbol{Y}_p(k+N_p)$。获取参考路径 path 和车速 v，计算离散的参考路径点 $\boldsymbol{Y}_r(k+1)$，$\boldsymbol{Y}_r(k+2)$，$\boldsymbol{Y}_r(k+3)$，……，$\boldsymbol{Y}_r(k+N_p)$。最后根据目标函数，计算每个个体的目标函数值 J。

Step 4：评价判断。

根据每个个体的目标函数值，计算个体相应的适应度值和种群的总适应度值。判断总适应度是否满足结束条件，或迭代次数 dyn 是否达到设定值 $\mathrm{dyn}_{\max}$。若是，则结束迭代进化，输出最优个体所对应的控制量 δ_1；若否，则进入 Step 5。

Step 5：遗传进化。

对当前种群 $\mathrm{Norm}^{(\mathrm{dyn})}$ 分别进行选择复制、交叉变异操作，产生新一代种群，定义为 $\mathrm{Norm}^{(\mathrm{dyn}+1)}$。令 $\mathrm{dyn}\leftarrow\mathrm{dyn}+1$，进入 Step 2。

(2) 算法仿真。

采用基于遗传算法的路径跟踪控制方法，在 MATLAB 环境下建立仿真模型。其中，设置种群数量 pop=30；设置预测时域 2.5 s，控制周期 $T=0.1$ s，编码长度bit=6，则个体编码长度为25×6 bit；控制增量限幅与实时车速相关，设置为$\Delta\delta_{max}=5.5/v\times\pi/180\text{rad}$；设置最大迭代次数为100次；设置车辆轴距为$L=2.5$ m。设置目标路径如下：

$$y=\frac{x}{20}\sin\left(\frac{x}{20}\right) \tag{6-41}$$

设置车辆初始位姿为$[x,\ y,\ \theta]^T=[0,\ -2,\ 0]^T$，车速为40 km/h，仿真距离为350 m。仿真结果如图6-26、图6-27所示。

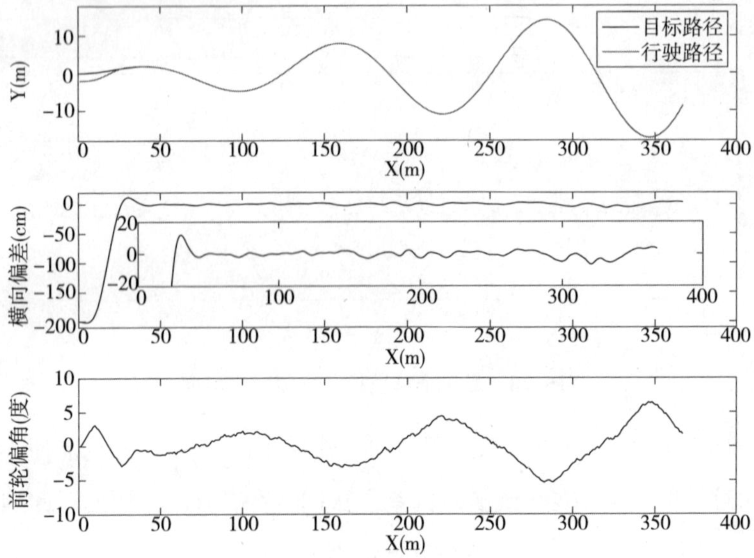

图6-26　仿真结果

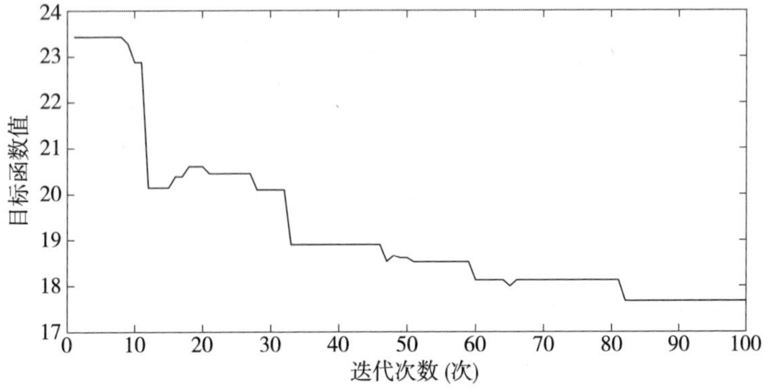

图6-27　最优个体目标函数值变化情况

设置目标路径为半径为100m的圆形路径，车辆初始位姿为$[x, y, \theta]^T=[102, 0, \pi/2]^T$，仿真结果如下：

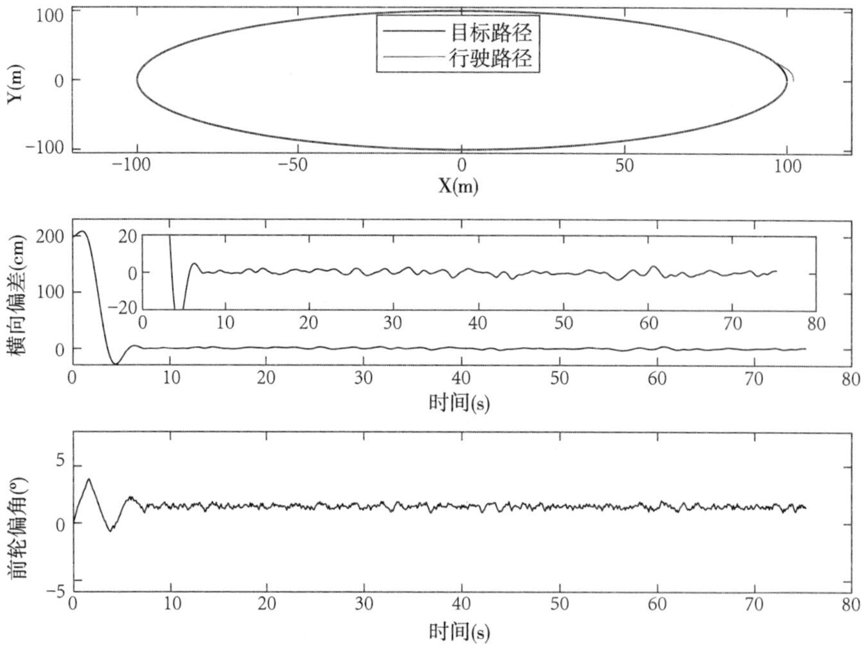

图6-28　最优个体目标函数值变化情况

从仿真结果可知，针对正弦类型和圆形的目标路径，控制器均能使车辆保持较好的跟踪性能。从初始2 m横向偏差，通过前轮偏角控制，快速返回到目标路径，当跟踪稳定后，横向偏差保持在10 cm以下。

6.4 基于遗传算法的一体化规划控制方法

遗传算法为复杂的优化问题提供了一种简单的求解方法，牺牲时间以换取求解问题的便捷性，使工程师不陷于烦琐的模型推导换算。利用这个特性，我们可以构建更复杂的优化问题，并运用遗传算法轻松的解决这些问题。本节针对自动驾驶的路径规划和跟踪控制，构建了一体化的优化问题，并利用遗传算法解决这一类复杂的优化问题。

6.4.1 人工势场基本理论

传统的人工势场法中在环境空间里要构建一个人工虚拟势场，该势场由引力势场和斥力势场组成。障碍物产生斥力势场，自动驾驶车辆在斥力势场中产生远离障碍物的排斥力；目标点产生引力势场，自动驾驶车辆在引力势场中产生指向目标点的吸引力。如图6-29所示。

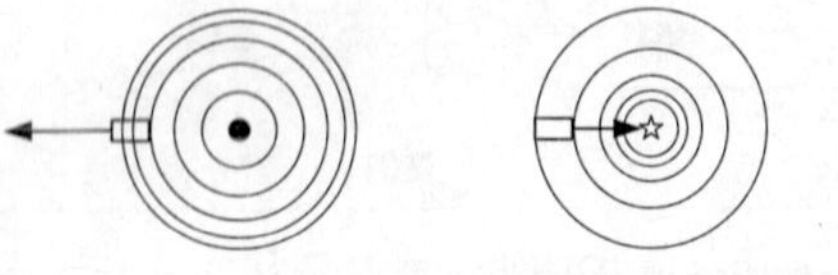

图6-29　引力势场与斥力势场

人工势场的大小取决于车辆与障碍物(目标点)之间的距离，车辆距离障碍物(目标点)的距离越大，所受到的斥力势能(引力势能)越小(大)。定义引力势场和斥力势场函数分别为

$$U_{\mathrm{att}}(X_R)=\frac{1}{2}K_a d^2(X_R,X_G) \tag{6-42}$$

$$U_{\mathrm{rep}}(X_R)=\begin{cases}\frac{1}{2}K_b\left(\frac{1}{d(X_R,X_o)}-\frac{1}{d_0}\right)^2, d(X_R,X_o)\leqslant d_0\\ 0, d(X_R,X_o)>d_0\end{cases} \tag{6-43}$$

其中，$X_G=(x_G, y_G)$表示目标点位置，$X_o=(x_o, y_o)$表示障碍物位置(将障碍物视为质点)，$X_R=(x_R, y_R)$表示车辆的位置，U_{att}表示引力势场，U_{rep}表示斥力势场，$d(X_R, X_G)$表示车辆到目标点的距离，$d(X_R, X_o)$表示车辆到障碍物的距离，K_a和K_b分别表示引力势场系数和斥力势场系数，d_0表示斥力势场影响范围，即超出障碍物d_0范围以外的位置，所受斥力影响为0。

根据人工势场理论，在人工势场中的任意点全局势场为引力势场与斥力势场之和，即$U=U_{\mathrm{att}}+U_{\mathrm{rep}}$。路径规划是通过追寻全局势场数值变弱的方向实现的，即规划的路线是沿着全局势场最弱的方向向前延伸。设自动驾驶车辆当前位置为

$X_R=(x_R, y_R)$，通过对全局势场求负梯度来表示车辆所受到的全局势场力，即

$$F(X_R)=-\left[\frac{\partial U}{\partial x_R} \quad \frac{\partial U}{\partial y_R}\right]^{\mathrm{T}} \tag{6-44}$$

最终，自动驾驶车辆在全局势场力F的作用下，将会沿着全局势场数值最快变小的方向前进，朝着目标点靠近，同时避开环境中的障碍物。如图6-30所示。

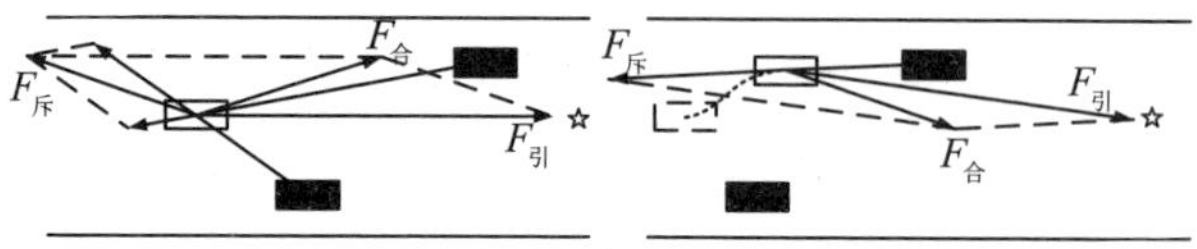

图6-30　人工势场法虚拟受力

相关研究指出了人工势场法在无人驾驶领域应用的局限性：①固定行进步长，没有考虑速度规划；②传统人工势场法每一个检测周期只考虑最近的障碍物，在面对复杂道路场景能力有限；③对设定障碍物影响距离等参数的精度要求也很高；④将机器人或小车视为质点仿真，速度不变且转角没有限制，而无人驾驶需要考虑运动学以及动力学约束等。

根据人工势场的基本原理，规划的路线是沿着全局势场最弱的方向向前延伸，可以推断出最优路径在全局势场中的势场强度是最弱的。等效地，假设有多个备选的虚拟路径，通过等间距取样得到每个路径上的离散点，对每一个取样点都可以计算出该取样点的势场强度，对所有采样点的势场强度求和，得到每个备选虚拟路径的势场强度，那么最优路径的势场强度数值是所有备选虚拟路径中最小的。

人工势场法给出了建立势场函数的基本思想，为了真实反映车辆行驶路线的势场强度，本节定义了以下势场函数。

(1) 车道势场。

车道势场指车道对车辆的影响。在车辆行驶中，期望的路径尽量保持在车道中心。假设路径点位于第i个车道，则定义道路势场函数为

$$U_{\text{lane}}=A_{\text{lane}}\exp\left(-\frac{\left(y-y_{\text{lane},i}\right)^2}{2\sigma_{\text{lane}}^2}\right) \tag{6-45}$$

其中，y表示路径点的横向坐标，$y_{\text{lane},i}$表示路径点在道路中心线上投影的横向坐标，则$y-y_{\text{lane},i}$表示路径点到当前车道中心线的距离。A_{lane}表示中心势场系数，σ为宽度参数。

(2) 边界势场。

边界势场指道路边界线对车辆的影响。在车辆行驶中，期望的规划路径尽量远离道路边界线。假设左右边界线分别为$i=1$，$i=2$，则定义道路边界势场函数为

$$U_{\text{border},i}=A_{\text{border}}\left(\frac{1}{y-y_{\text{border},i}}\right)^2 \tag{6-46}$$

其中，y表示路径点的横向坐标，$y_{\text{lane},i}$表示路径点在道路边界线上投影的横向坐标，则$y-y_{\text{border},i}$表示路径点到左/右线的距离。A_{border}表示边界势场系数。同时，当路径点超过边界线范围时，定义边界势场值为$+\infty$。

(3) 目标点势场。

目标点势场用于引导车辆向前行驶，越往前的地方，目标点势场值越小，期望车辆一直朝势场最小的方向行驶。经典人工势场法建立目标点引力势场，目的是引导车辆朝着目标点行驶。而在实际自动驾驶场景中，目标点势场用于引导车辆向前行驶，可以定义目标点势场为

$$U_{\text{goal}}=\varepsilon-k(x-x_{\text{vel}}) \tag{6-47}$$

其中，ε、k为目标点势场参数，x和x_{vel}分别表示目标点和势场范围内任意点的纵向位置。式(6-47)表明越靠近目标点的地方，势场值越小。

(4) 障碍物势场。

采用经典人工势场法建立障碍物斥力势场的思想，定义障碍物势场如下：

$$U_{\text{obs}}=\begin{cases}\dfrac{1}{2}K_b\left(\dfrac{1}{d(X_R,X_o)}-\dfrac{1}{d_0}\right)^2, d(X_R,X_o)\leqslant d_0\\ 0, d(X_R,X_o)>d_0\end{cases} \tag{6-48}$$

在采用人工势场法时，往往只考虑了距离最近的障碍对车辆的斥力场影响，相关研究分析了多个障碍物共同影响下的斥力场构建方法，以提升自动驾驶避障性能，在此不做介绍。

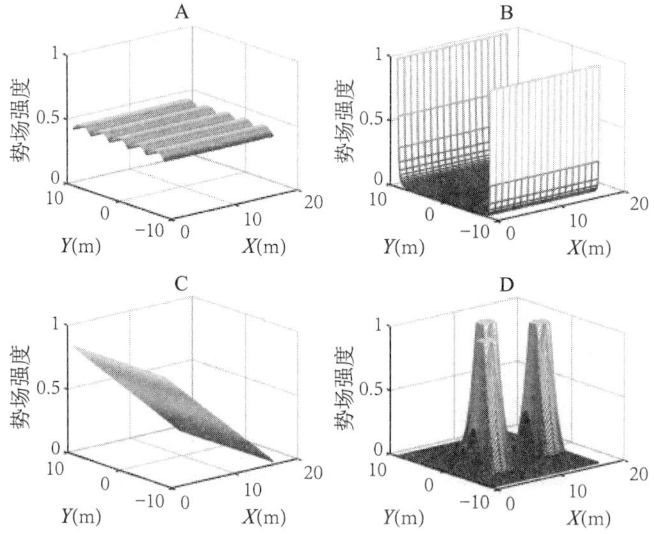

图6-31　势场强度

(A)道路势场；(B)边界势场；(C)目标点势场；(D)障碍物势场

综上所述，车辆在道路上所受到的人工势场如图6-32所示，其势场强度总和(图6-33)为

$$U=U_{\text{lane}}+U_{\text{road}}+U_{\text{obs}}+U_{\text{goal}} \tag{6-49}$$

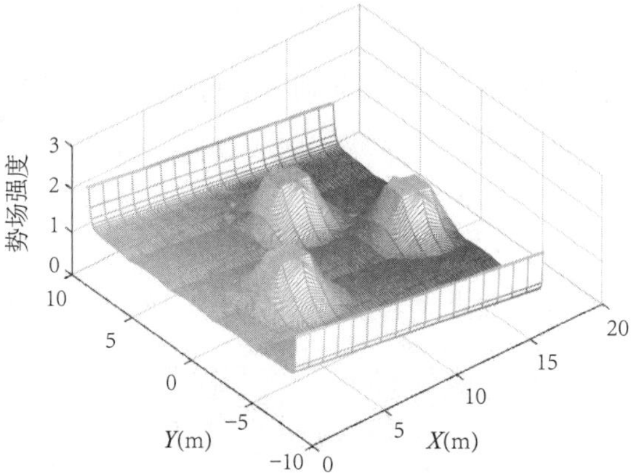

图6-32　势场强度总合

6.4.2 一体化规划控制整体思想

在前一节中，我们介绍了将遗传算法应用于路径跟踪控制，其整体思路是用个体来表示问题的一个解，通过对个体的评价（主要是路径跟踪误差指标），来判断个体的优劣程度，进而实现种群的优胜劣汰，不断迭代进化直至获得最优解。

进一步地，将路径规划的性能指标加入个体的评价中，建立新的目标函数，使得种群的进化方向是路径跟踪误差最小和路径规划代价最小。按照这样的思路，我们给出了基于遗传算法的一体化规划控制方法的整体思想：将控制量视为一个个体，从初始的种群开始，对个体的染色体编码进行进化改造，让个体所表示的控制量使路径跟踪和路径规划问题的各性能指标逐渐提高，直至最优。其中，路径跟踪的性能是指个体所决定的预测路径与参考路径的吻合度；路径规划的性能是指个体所决定的预测路径的安全性能、舒适性能等，具体地用预测路径在人工势场中的势场强度来表示。如图6–33所示。

首先，将未来I个时刻的前轮偏角组成控制序列，进行遗传编码，并生成初始种群。然后，每个个体表示了路径跟踪问题的一个解，即一组控制序列，给定了这组控制序列，就能够预测车辆未来的行驶路径。接下来，建立评价模型对每个个体的性能指标进行评价，包含三方面：①预测路径与参考路径的位姿误差指标；②预测路径在人工势场中的势场指标；③控制量波动指标。基于这3个指标，计算每个个体的适应度。最后，按照遗传算法的迭代进化流程，产生下一代种群，并重复以上过程，最终完成控制序列优化，获得最优控制量和与之相应的规划路径。

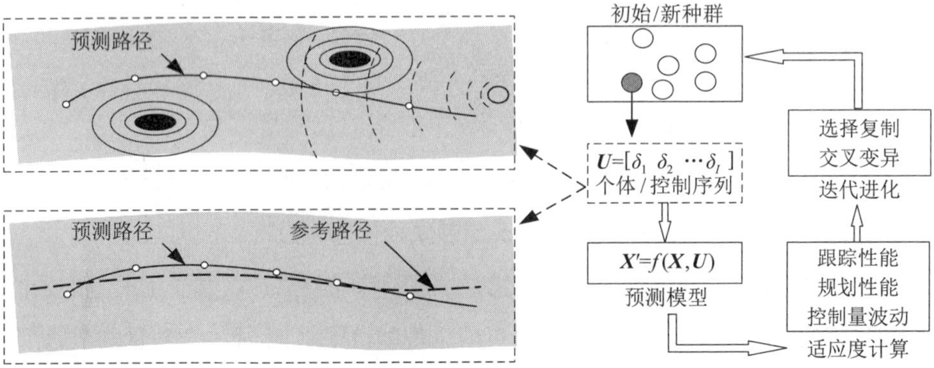

图6–33　基于遗传算法的一体化规划控制方法基本思想

基于遗传算法的一体化规划控制器结构如图6-34所示。控制器的工作原理是:在每个控制周期中,根据上时刻的最优控制序列$U^*(k-1)$,按照一定规则生成多个初始解序列$U(k)$,构成初始种群。同时,获取车辆当前状态$X(k)=[x(k),\ y(k),\ \theta(k)]$,结合预测模型,得到相应个体的预测输出$Y_p$。接下来,从地图模块获取参考路径,以参考路径与预测路径的偏差计算误差指标;从感知模块获取障碍物信息,构建人工势场,并计算预测路径在人工势场中的势场强度,得到路径规划性能指标;以控制序列的波动性计算控制量变化指标。以上述3个指标为基础,构建目标函数,最后计算得到每个个体的适应度。基于适应度值决定个体选择复制概率,通过遗传算法的迭代优化,持续更新种群,最后获得使得预测输出与参考路径之间偏差最小、势场值最低、控制序列波动最小的个体$U^*(k)$作为优个体,将其解码为最优控制量,并计算相应的最优路径。

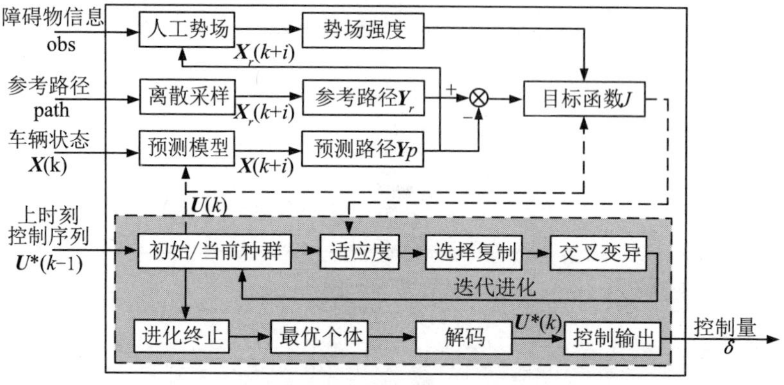

图6-34 基于遗传算法的路径跟踪控制器结构

6.4.3 控制量编码

采用增量式的编码方式,定义未来I个时刻的控制量增量分别为$\Delta u_1, \Delta u_2, \Delta u_3, \cdots, \Delta u_i, \cdots, \Delta u_I$,假设上时刻控制量为$u_0$,则第$i$个时刻的控制量为:$u_i=u_0+\Delta u_1+\Delta u_2+\Delta u_3+\cdots+\Delta u_i$,如此构成了控制序列$[u_1\ u_2\ u_3 \cdots u_i \cdots u_I]$。

同样地,在对初始种群进行初始化时,采用移位编码方式,基于上时刻的最优控制量序列的编码为基础,向左移位,并对末位随机编码,生成一定数量的个体,采用随机编码的方式,生成剩余数量的个体,共同产生由pop个个体组成的初始种群。

对于每一个控制增量Δu_i，用固定长度的二进制字符串表示。假设采用16位二进制字符串$V_i=b_{16}b_{15}b_{14}\cdots b_1$表示第$i$个时刻的控制量增量，其中$b$表示0或1，则$I$个二进制字符串构成了个体的染色体编码为$P=V_1V_2V_3\cdots V_i\cdots V_I$。

种群数量为pop，相应种群的染色体分别为$P_1,P_2,P_3,\cdots,P_{pop}$。实际上，可以将种群定义为一个pop行×16$I$列的数组，数组中每个元素为0或1，每一行表示一个个体的染色体编码，每行中的连续16位二进制数表示某个时刻控制量增量的二进制编码。如图6-35所示。

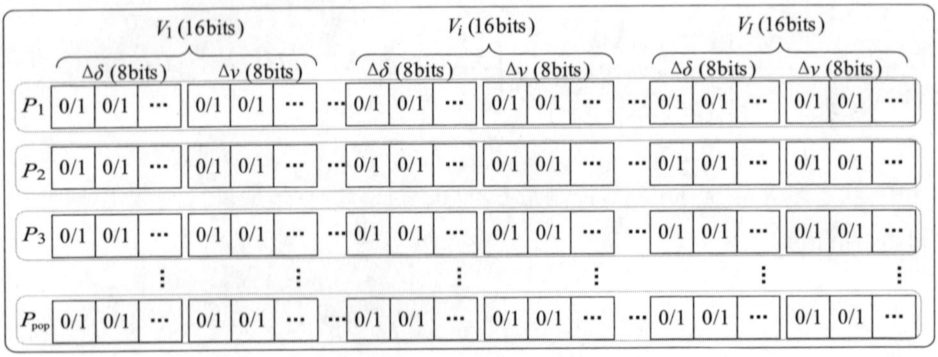

图6-35　种群编码

在模型预测控制中，控制时域一般取15个周期，优化未来1.5s内的控制量（以控制周期为0.1s为例），因而MPC能够保证车辆的行驶路径与1.5s内的期望路径吻合。规划模块为控制模块规划了未来数秒的目标路径，为了保证控制量在数秒内具有全局最优，可以延长控制时域，但这种方式带来了大量的计算量。

在这里，重新对控制序列进行了定义，不以相等的时间间隔定义控制序列，而是采用变时间间隔方式，定义未来数秒内的控制量序列。假设控制序列个数为I，第i个周期的控制量为$u(k+2^{i-2})(i>1)$，则变时间间隔方式的控制序列为

$$\begin{aligned} u&=[\,u(1)\ u(2)\ u(3)\ u(4)\ \cdots u(i)\ \cdots u(I)\,] \\ &=[\,u(k)\ u(k+1)\ u(k+2)\ u(k+4)\ \cdots u(k+2^{i-2})\ \cdots u(k+2^{I-2})\,] \end{aligned} \tag{6-50}$$

其中，控制时域为$[k,\ k+2^{I-2}]$。对于第i个控制量$u(i)=u(k+2^{i-2})$，表示了从第$k+2^{i-2}$个周期到第$k+2^{i-1}$个周期内的控制量都为$u(k+2^{i-2})$。

6.4.4 预测模型与目标函数

对于每一个个体编码，通过解码后可以产生相对应的控制序列。假设第i个个体所对应的控制量序列为

$$u(i)=\begin{bmatrix}\delta_1 & \delta_2 & \delta_3 & \cdots & \delta_N \\ v_1 & v_2 & v_3 & \cdots & v_N\end{bmatrix} \tag{6-51}$$

对于车辆运动学模型如下：

$$\begin{cases}x'=v\cos\theta \\ y'=v\sin\theta \\ \theta'=v\tan(\delta)/L\end{cases} \text{或} \begin{cases}\boldsymbol{X}'(t)=f(\boldsymbol{X}(t),\boldsymbol{U}(t)) \\ \boldsymbol{Y}(t)=\boldsymbol{CX}(t)\end{cases} \tag{6-52}$$

其中，状态量$\boldsymbol{X}=[x, y, \theta]^{\mathrm{T}}$，控制量$\boldsymbol{U}=[v, \delta]^{\mathrm{T}}$。进一步地进行离散化处理，得到离散的模型：

$$\boldsymbol{X}(k+1)=f(\boldsymbol{X}(k),\boldsymbol{U}(k),T) \tag{6-53}$$

$$\boldsymbol{Y}(k+1)=\boldsymbol{CX}(k+1) \tag{6-54}$$

$$\bar{\boldsymbol{C}}=[I_{3\times 3} \quad 0] \tag{6-55}$$

对于给定的未来控制量序列，根据预测模型，能够预测未来车辆行驶轨迹。假设对于个体i的控制序列，预测的未来行驶轨迹为$\boldsymbol{Y}$。对$\boldsymbol{Y}$进行离散化处理得到一系列采样点，将这些采样点置于人工势场中，能够计算采样点所对应势场强度为$\boldsymbol{U}(i)$。在相同场景下，人工势场值越小，所对应的行驶轨迹更优，期望自动驾驶车辆总是沿着人工势场值最小的方向行驶。设路径规划的目标函数为

$$J_1=U(i) \tag{6-56}$$

与模型预测控制类似，对参考路径离散采样，根据参考路径和预测路径之间的误差，建立路径跟踪的目标函数：

$$J_2=(\boldsymbol{Y}-\boldsymbol{Y}_r)^{\mathrm{T}}\boldsymbol{Q}(\boldsymbol{Y}-\boldsymbol{Y}_r)=\sum_{i=1}^{N_p}q_i(\boldsymbol{Y}(k+i)-\boldsymbol{Y}_r(k+i))^2 \tag{6-57}$$

同时，希望车辆行驶的速度与期望的安全速度一致，并且速度的波动小，希望车辆的转向控制量波动最小。假设期望速度为 V_{des}，其取决于道路弯曲程度，以及道路限速等信息。则控制量的目标函数为

$$J_3=\beta_1\sum_{i=1}^{N}|V_i-V_{des}|+\beta_2\sum_{i=2}^{N}|V_i-V_{i-1}|+(1-\beta_1-\beta_2)\sum_{i=2}^{N}|\delta_i-\delta_{i-1}| \quad (6\text{–}58)$$

基于以上分析，目标函数定义为

$$J=\alpha_1 J_1+\alpha_2 J_2+\alpha_3 J_3 \quad (6\text{–}59)$$

其中，α_1，α_2，α_3分别为路径规划、跟踪控制、控制量目标的权重。

6.4.5 控制量优化

首先，按照增量式编码和移位编码方式，产生由 P 个个体构成的初始种群。

然后，对种群中的每个个体，解码为控制序列，根据目标函数模型计算个体的性能指标，最终得到个体的适应度。

定义个体的适应度函数和种群的总适应度为

$$\text{fitness}(i)=\frac{1}{J(i)} \quad (6\text{–}60)$$

$$\text{fitnessall}=\sum_{k=1}^{\text{pop}}J(k) \quad (6\text{–}61)$$

判断当前是否满足结束迭代进化条件。

若满足，则结束进化。结束进化后，选择适应度最大的个体作为最优个体，相应的控制序列记为最优控制量，计算相应的最优路径。

若不满足结束条件，则继续后续的遗传进化流程，产生新一代种群。

首先实施选择复制操作，以一定的概率，选择优良的个体，淘汰性能差的个体。采用转轮盘的方式，个体的适应度值越大，被选择的概率越高。定义个体选择的概率为

$$P(i)=\frac{\text{fitness}(i)}{fitnessall} \tag{6-62}$$

然后实施交叉和变异操作。将当前种群中的个体编码进行两两交换重组，随机对种群中个体的某些位编码取反，最终产生了新个体，构成了新一代种群，完成当前代进化。

最后以新一代种群为基础，再次重复以上的过程，循环迭代。

6.4.6 算法实现

(1) 算法流程。

Step 1：初始化。

获取上一控制周期的控制序列 $\boldsymbol{U}(k-1)$，按照移位编码方式生成P_1个个体编码，按照随机编码方式生成P_2个个体编码，构成初始种群，初始种群形式为(P_1+P_2)行$\times(N_c\times8)$列的数组$\text{Norm}^{(\text{dyn})}$，dyn=1。dyn为迭代次数，设定$\text{dyn}_{\max}$为最大迭代次数。

Step 2：个体解码。

对当前种群$\text{Norm}^{(\text{dyn})}$进行解码，计算得到$(P_1+P_2)$个控制序列，每个控制序列包含$N_c$个控制量，第$i$个控制序列形式为$\boldsymbol{U}=[\delta_1\ \delta_2\ \delta_3\ \cdots\ \delta_i\ \cdots\ \delta_{Nc}]$。

Step 3：状态预测。

获取车辆当前状态$\boldsymbol{X}(k)=[x\ y\ \theta]^{\mathrm{T}}$和车速$v$，对每一个控制序列，根据预测模型，计算相应的预测输出量$\boldsymbol{Y}_p(k+1)$，$\boldsymbol{Y}_p(k+2)$，$\boldsymbol{Y}_p(k+3)$，……，$\boldsymbol{Y}_p(k+N_p)$。

Step 4：目标函数计算。

建立人工势场，计算预测路径在人工势场中的势场强度，得到路径规划的目标函数值J_1。获取参考路径path和车速v，计算离散的参考路径点$\boldsymbol{Y}_r(k+1)$，$\boldsymbol{Y}_r(k+2)$，$\boldsymbol{Y}_r(k+3)$，……，$\boldsymbol{Y}_r(k+N_p)$，得到每个个体的路径跟踪误差的目标函数值J_2，从而计算得到每个个体的目标函数值$J=J_1+J_2$。

Step 5：评价判断。

根据每个个体的目标函数值，计算个体相应的适应度和种群的总适应度。判断总适应度是否满足结束条件,或迭代次数dyn是否达到设定值dyn_{max}。若是,则结束迭代进化,输出最优个体所对应的控制量δ_1;若否,则进入Step 6。

Step 6:遗传进化。

对当前种群$Norm^{(dyn)}$分别进行选择复制、交叉变异操作,产生新一代种群,定义为$Norm^{(dyn+1)}$。令dyn←dyn+1,进入Step 2。

(2)算法仿真。

采用基于遗传算法的一体化规划控制方法,在MATLAB环境下建立仿真模型。其中,设置种群数量pop=30;设置预测时域5s,控制周期T=0.1 s,编码长度bits=6;控制增量限幅与实时车速相关,设置为$\Delta\delta_{max}=5.5/v\times\pi/180$ rad;设置最大迭代次数为100次;设置车辆轴距为L=2.5 m。设置目标路径如下:

$$y=\frac{x}{50}\sin\left(\frac{x}{50}\right) \tag{6-63}$$

设置车辆初始位姿为$[x, y, \theta]^T=[0, -2, 0]^T$,车速为30 km/h,仿真距离为500 m。设置了3个车道,车道宽度为3.5 m,参考路径为中间车道中心线。(图6-36)仿真结果如下:

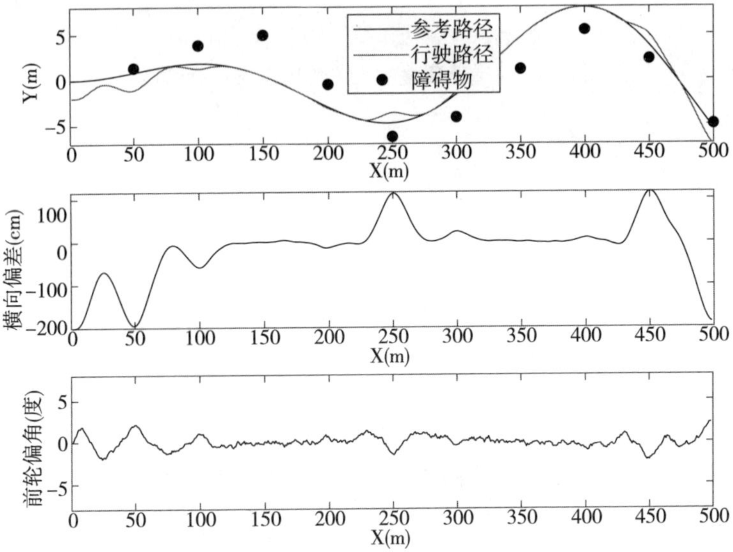

图6-36 路径跟踪性能

如图6-37所示，为建立的道路环境的人工势场图，通过一体化规划控制方法，使得车辆沿着势场强度最弱的路线行驶。

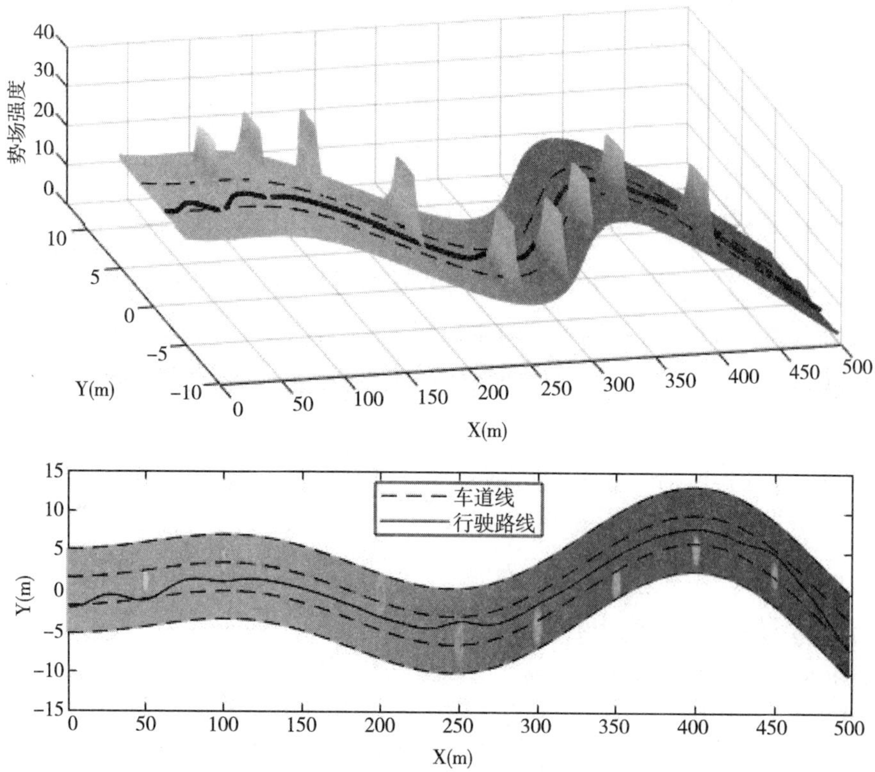

图6-37　道路环境的人工势场图与行驶路线

本章参考文献

［1］郭田德，韩丛英．从数值最优化方法到学习最优化方法［J］．运筹学学报，2019，23(4)：12.

［2］Cherry keven．传统优化算法VS智能优化算法［EB/OL］．https://blog.csdn.net/qq_43641765/article/details/111414848，2020-10-31.

［3］王正志，薄涛．进化计算［M］．长沙：国防科技大学出版社，2000.

［4］陆金桂．遗传算法原理及其工程应用［M］．徐州：中国矿业大学出版社，

1997.

[5] 苑希民. 神经网络和遗传算法在水科学领域的应用[M]. 北京:中国水利水电出版社, 2002.

[6] MENG W, SHENG L H, QING M, et al. Intelligent control algorithm for ship dynamic positioning [J]. Nephron Clinical Practice, 2014, 24(4):479-497.

后　记

从最早导航仪器仪表开发到自动驾驶摸索和示范运营，再到当前的量产应用，我们团队在自动驾驶领域的探索与实践已经有十年光景。如今在自动驾驶赛道上，百家争鸣，我们很荣幸成为其中一股力量，共同推动我国自动驾驶事业向前发展。

自动驾驶的世界十分精彩，而自动驾驶技术的探究充满未知和枯燥，归根结蒂我们都要回到技术的本源——数学理论。我们很感激数学界的先驱们和汽车界的前辈们，为我们揭示了自动驾驶所涉及的基本数学理论，奠定了本书的基本理论依据。同时，我们也十分感谢行业精英和学者们，他们无私地分享了自动驾驶领域的知识经验，给了我们很多启发。

我们团队的成长和壮大，离不开为我们提供支持的著名高校和合作企业，在国家“产、学、研、用”政策的引领下，我们建立了非常紧密的联系，各自发挥自身优势，共同进步。其中有武汉理工大学、武汉大学、华中科技大学、名古屋大学、东风商用车有限公司、岚图汽车科技有限公司、东风股份汽车有限公司、北汽福田汽车股份有限公司。

本书凝聚了我们团队每个人的贡献，有些人直接参与了编撰创作，有些人提供了技术指导，更多的则是我们一线的工程师们，他们兢兢业业的工作经验和实践总结构成了本书的主要内容，他们是党魁、祝浪、陈军、卢轮轮、刘雄、潘尧、陈辉、项炎华、叶龙娇、牛晓强、张俊、刘圣、胡福涛、刘冰、王双发、陈程、王生龙、张超、彭思、邓正兴、陶冰冰、余超、万木春、李华等。

我还要感谢我的妻子和儿子，以及我的其他家人们，他们永远在背后默默支持我的事业，为我提供了舒适、安静的创作环境。

尽管团队付出了很多精力完成本书的撰写，但是由于学识、能力和精力有限，书中恐有不足之处，诚挚欢迎读者们赐教。

最后，致敬每一位自动驾驶人，愿与你们同行，助力我国自动驾驶事业繁荣发展！

2024年3月于武汉